本书受四川省哲学社会科学重点研究基地——川酒发展研究中心资助项目"白酒行业机构投资者研究"（项目编号：CJY19-04）、"产业政策调整后川酒发展战略研究"（项目编号：CJY20-02）、"中国白酒上市公司治理研究"（项目编号：CJZ21-04）以及四川省哲学社会科学规划项目"新时代白酒产业高质量发展提升区域竞争力的战略路径研究"（项目编号：SC18EZD023）资助

中国白酒上市公司治理研究

梁利辉　何云　著

社会科学文献出版社
SOCIAL SCIENCES ACADEMIC PRESS (CHINA)

前　言

2005 年，国家发改委将"白酒生产线"列为限制类产业板块。被限后 14 年，中国白酒行业未能增加任何一条新的生产线，而白酒行业增加产能的主要方式为技改。2019 年 11 月 6 日，国家发改委发布《产业结构调整指导目录（2019 年本）》，将白酒产业从限制类产业中去掉。限制被解除意味着酒企扩充产能可以选择新建生产线的方式，同时，限制被解除也意味着优质资源、外部资本进入白酒行业变得更加容易，白酒市场的竞争将会变得更加激烈。在当前世界经济下行、酒类消费频次与容量下降的趋势下，限制被解除有助于优势产区优质产能的提升。贵州茅台和五粮液等大企业将再获机会，中小酒企生存空间会受到挤压。五粮液和贵州茅台 2019 年营业收入都跨过千亿元门槛，2020 年高端白酒的销售额也呈现稳定增长趋势。这些现象反映出白酒产业向优势企业集中的马太效应越来越明显。

中国白酒面对复杂多变的国内国际环境。2012 年以来，"塑化剂"事件、高库存、"三公消费"治理等一系列事件对白酒行业发展产生了重要影响，加之居民健康意识不断提高，国内白酒消费结构发生了较大的变化。白酒市场由政务消费和商务消费转变为以个人消费为主。白酒个人消费群体中，年轻消费者已成为当前白酒行业的新兴消费群体。长期以来白酒行业始终缺乏定位清晰的年轻时尚白酒产品，造成年轻消费群体断层的现象。在消费升级，以及"少喝酒、喝好酒"等因素带动下，优质高端白酒更受青睐，名优白酒市场空间广阔。国内市场竞争异常激烈，白酒企业纷纷开始转向国际市场。中国经济、文化实力的增强和国际影响力的不断提升，为白酒国际化发展提供了良好的发展机遇。随着中外合作的加强，及"一带一路"建设的持续推进，高端名酒不断拓展海外市场。虽然贵州茅台和五粮液已经在国际上有较好的声誉，但是，当前中国白酒国际化还处于初级阶段，我国白酒实现国际化任重道远。

近 20 年来，中国白酒行业的发展起起伏伏，从快速发展的黄金期（2003～2012 年），到行业转型期（2013～2015 年），再到当前的触底回暖期（2016 年至今），不管是在白酒行业发展的波峰还是低谷，公司治理都发挥着极其重要的作用。正是总体上有效的公司治理使得白酒行业经过一次次的考验，挺过一个个难关，迎来新的发展。白酒上市企业是白酒企业中的佼佼者，积累了丰富的公司治理经验，提供了鲜活的案例。例如，经久不衰的龙头企业贵州茅台与五粮液、迅速崛起的洋河股份、后起之秀口子窖和金徽酒等，为白酒上市公司治理研究提供了丰富的实践经验。本书根据大量的白酒行业发展数据，以白酒上市公司为研究对象，分别从股权结构、机构投资者、终极控股股东、董事会治理、高管激励、内部控制与内部审计以及发展战略七个方面对白酒行业上市公司治理进行研究，探索我国白酒上市公司治理成功的经验，研究其存在的问题及原因，提出相应的对策建议，为白酒上市公司治理和政府监管提供丰富的理论与实证依据，促进白酒行业的长足发展。

目　录

| 第 1 章 |

引言

1.1 研究背景与意义

2005 年，国家发改委发布的《产业结构调整指导目录（2005 年本）》将"白酒生产线"列为限制类。此后 14 年，中国白酒行业未能增加任何一条新的生产线，增加产能的主要方式为技改。2019 年 11 月 6 日，国家发改委发布《产业结构调整指导目录（2019 年本）》，自 2020 年 1 月 1 日起施行。新目录将白酒产业从限制类产业中去掉。这意味着白酒产业已不再是国家限制类产业。产业结构政策的调整对整个白酒行业产生了较大的影响。

限制被解除意味着酒企扩充产能可以选择新建生产线的方式，买酒厂不再是唯一方式了。同时，限制被解除也意味着优质资源、外部资本进入白酒行业变得更加容易。从全国范围看，在目前中国产能过剩、酒类消费频次与容量下降的趋势下，限制被解除有助于优势产区优质产能的提升，贵州茅台和五粮液等大企业将再获机会，中小酒企生存空间会受到挤压，白酒行业竞争将进一步加剧。白酒产业向优势企业集中的趋势更加明显。五粮液和贵州茅台 2019 年营业收入都跨过了千亿元的门槛，2020 年高端白酒的销售额也呈现稳定增长的趋势。白酒行业发展中的马太效应越来越明显。

当前，中国白酒行业的国际化还处于初级阶段。国际市场给白酒企业带来新的市场，未来发展前景广阔。中国经济、文化实力的增强和国际影响力的不断提升，为白酒行业国际化发展提供了良好的机遇。随着中外合作的加强，及"一带一路"建设的持续推进，高端名酒企业不断开拓海外市场。虽然贵州茅台和五粮液已经在国际上有较好的声誉，但是，中国白酒实现国际化任重道远。

近20年来，中国白酒行业发展起起伏伏，从快速发展的黄金期（2003～2012年），进入行业转型期（2013～2015年），再到当前的触底回暖期（2016年至今），公司治理在白酒行业的每一个发展时期都发挥着极其重要的作用。正是白酒企业总体有效的公司治理使得白酒行业一次次挺过低谷期，迎来新的发展。白酒上市企业是白酒企业中的佼佼者，积累了丰富的公司治理经验，提供了鲜活的案例。例如，经久不衰的龙头企业贵州茅台与五粮液、迅速崛起的洋河股份、后起之秀口子窖和金徽酒等，为白酒上市公司治理研究提供了丰富的实践经验。本书根据大量的白酒行业发展数据，以白酒上市公司为研究对象，分别从股权结构、机构投资者、终极控股股东、董事会治理、高管激励、内部控制与内部审计以及发展战略七个方面对白酒行业上市公司治理进行研究，探索我国白酒上市公司治理成功的经验，研究其存在的问题及原因，提出相应的对策建议。本书为白酒上市公司治理和政府监管提供丰富的理论与实证依据，以期为白酒行业长足发展贡献绵薄之力。

1.2　研究内容

本书从股权结构、机构投资者、终极控股股东、董事会治理、高管激励、内部控制与内部审计和发展战略七个视角，运用实证研究和案例分析相结合的方法，对白酒上市公司治理进行研究，结合白酒行业发展状况和白酒企业特征，提出提高白酒上市公司治理效率的政策建议。本书内容共分 8 章。第 1 章介绍了本书的理论基础与中国白酒行业发展状况。第 2 章研究了中国白酒上市公司股权结构的状况及其变化、大股东公司治理，以及股权结构对公司绩效的影响。第 3 章研究中国白酒上市公司机构投资者的类别、规模，及其异质性对公司绩效的影响。第 4 章研究了中国白酒上市公司终极控股股东性质和类别、控制权与现金流权，以及终极股东对公司绩效的影响。第 5 章对中国白酒上市公司董事会治理进行研究，分析了董事会特征及其变化，实证分析了董事会对公司绩效的影响。第 6 章对中国白酒上市公司高管激励进行了研究，重点分析了上市酒企高管特征及其变化、高管激励机制及其对公司绩效的影响。第 7 章对中国白酒上市公司内部控制与内部审计进行了研究，重点分析了上市酒企内部控制与内部审计的现状、存在的问题，并提出了相应的对策。第 8 章研究了白酒上市公司发展战略，主要包括白酒区域发展战略和白酒企业发展战略。

1.3　理论基础

（1）委托代理理论

委托代理理论是契约理论的一个重要分支，是对契约理论的重要发展，它主要关注企业内部关系治理，核心问题是如何降低代理成本。代理问题的产生源于信息不对称及其导致的契约不完善，经理在机会主义和道德风险影响下可能滥用控制权而出现逆向选择以牟取私利，从而损害委托人的利益。降低代理成本的关键在于建立良好的激励机制和约束机制。斯密在《国富论》中指出："股份公司中的经理人员使用别人而不是自己的钱财，不可能期望他们会有像私人公司合伙人那样的觉悟性去管理企业……因此，在这些企业的经营管理中，或多或少地疏忽大意和奢侈浪费的事总是会流行。"

委托代理理论包括三个方面的内容。第一是股东与债权人的委托代理关系。企业为了自身发展必定会进行投资融资，金额通常比较大，因此企业会选择向银行或关联方贷款，这时股东有可能为增加自身的财富而选择加大债权人风险的政策。而债权人为了保护自己的利益，需要对企业加以限制。通常债权人会在签署贷款合同时设置限制性条款来限制企业的股利支付水平。第二是股东与管理层的委托代理关系。当企业存在较多自由现金流时，可能出现"投资过度"的情况，即把现金投放于低回报甚至负回报的项目，或为获得私人利益而追求额外津贴及进行在职消费等。因此，实施高股利支付率政策有利于防止经理人员利用剩余的现金做损害股东利益的事情。相反，当企业陷入财务困境时，经理人员为规避风险往往会放弃净现值为正的投资项目，从而使企业无法按期偿还债务，为了缓解"投资不足"的问题，可以通过套期保值来降低财务风险。第三则是大股东与中小股东之间的委托代理关系。我国企业股权相对集中，所有权与控制权属于一个或少数几个股东，由于控股股东权力较大从而可以直接出任或直接指派管理层，此时管理层与大股东利益趋于一致。由于所有权相对集中，控股股东为了自身利益最大化有可能会想方设法侵害中小股东的利益，因为他们的权力与信息掌握程度都远远超过中小股东。此时，二者之间的代理冲突就会显现出来。如果外部法律制度比较健全，则中小股东投资就会受到重视和保护，二者之间的代理成本也会大大降低，企业可以较为灵活地实施合理的股利分配政策。但是如果市场法律制度不够健全，无法全面保护中小投资者时，控股股东很容易侵害外部投资者利益进而获得更多的公司控制权，最终导致其对股利分配政策进行过多干预，仅仅考虑自身利益最大化而损害他人利益。因此，当外部法律制度滞后时，中小投资者更愿意接受多分配少留存的股利支付方式，以防止控股股东滥用权力。所以当下一些企业为了获得良好声誉或是扭转不良声誉，往往会通过多分配少留存的政策向外界传递企业正在快速成长或转亏为盈的信号，给投资者以投资信心，从而提高企业声誉。

（2）信息不对称理论

信息不对称是在市场竞争环境下存在的一种普遍现象，参与市场经济活动的所有相关人员掌握信息的程度不一样，获取信息资源较充分的人员通常在竞争中处于有利地位，获取信息资源相对匮乏人员，处于相对不利的地位。信息不对称是现代企业理论最重要的研究领域之一。由于利益双方掌握信息程度的不同，委托人只能通过设计合理有效的激励机制以降低经理层可能出现的道德风险，从而使双方利益趋于一致。信息不对称理论认为内部人员与外部投资者拥有企业投资的机会与获得收益的能力存在较大差异，即企业内部人员比外部投资者掌握更多内幕信息，如企业经营状况、发展前景、重大交易与变革等，而这些信息都会对外部投资决策造成影响，因此呈现信息不对称的局面。

信息不对称现象普遍存在于企业与其他利益相关者之间，比如消费者、供应商、政府机构、所在社区等。近年来白酒行业遭遇的种种风波与消费者对白酒正常生产工艺的了解不足密不可分。因此，白酒企业应尽可能让消费者知晓白酒的生产加工过程、认准优质酒类品牌、了解企业相关信息，最终打破这种信息不对称的局面，让投资者和消费者放心，让白酒类产品的质量问题透明化、公开化。同时，企业应主动接受社会公众监督，绝不能出于自身利益而欺骗、误导消费者。另外，一些酒类企业偷税漏税数额巨大，这也是政府无法全面掌握企业的税收信息，加之疏于监管导致的结果，最终企业面临巨额罚款，严重影响了企业多年形成的良好声誉。

（3）投资者保护理论

投资者保护是指法律对投资者的保障程度以及相关法律的有效实施程度。委托代理机制带来的信息不对称导致公司的管理者以及大股东可能因私利侵犯投资者的权益，投资者保护机制就是为解决这一问题而产生的。现代企业财务理论认为，企业的大股东，或者是内部投资人存在对外部中小投资者的利益进行侵害的行为。例如，大股东可能存在价格转移、资产剥离、使用不合理价格与上市公司进行关联方交易、用发行股票的手段稀释中小投资者的持股比例，以及通过其他手段限制中小投资者在股东大会的投票权等行为。公司治理很大程度上是外部投资者为保护其利益免于被公司内部人攫取的一种制度安排。研究认为，以银行为中心还是以市场为中心不是区分各国金融体制和公司治理机制的有效方式，从法律对投资人利益保护的视角出发能更好地理解国家间公司治理的差异情况。在法律对投资人保护较好的国家，公司治理机制更为合理，资本在企业间的配置更有效率；而在法律对投资人保护较弱的国家，企业具有更高的股权集中度并受强制性股利政策的约束。

（4）两权分离理论

1932年《现代公司与私有财产》一书问世。在此书中，研究者伯利和米恩通过对200家位于美国的大公司的统计分析发现，这些大公司中有很大一部分掌握公司控制权的不是大股东，而是没有掌握公司股权的经理层管理人员。他们由此得出结论：现代公司的所有者和控制者已经不再由股东兼任，即所有权与控制权出现分离，职业经理人已经取代大股东成为公司的管理者。伯利和米恩的研究结论形成两权分离理论的基础。哈佛大学钱德勒教授在其著作《看得见的手》中也认为股权分散的趋势和公司对管理专业化的刚性需求使得集专业化管理理论和管理经验于一身的职业经理代替公司大股东成为现代公司的实际控制人或者说管理人，促使现代公司所有权与控制权实现了分离。两权分离理论认为，生产资料的所有权可被归纳为所有权和经营权。所有权和经营权既可统一又可分离。在分离的情形下，经营权是对公司的占有权、使用权、管理权。

（5）控制权理论

伯利和米恩以两权分离的研究作为基础，提出控制权是对公司董事会成员的选举具有重大影响的法定权力。随后许多学者进一步对不完全契约理论进行持续研究，认为现代企业的契约性质决定了产权是一系列契约的组合，契约本身不可能将交易的未来发生之所有可能涵盖在内。在交易费用、有限理性以及机会主义等噪音的干扰下，契约条款的模糊性和对未来预知的不确定性成为企业控制权和收益权无法完全确定的重要成因。企业的控制权会带来控制权收益，二者相伴而生，不可分割，具有独占性，控制权收益只属于控制权的拥有者。不同控制权主体获取控制权私人收益的方式可能不尽相同，而在不同的代理冲突模式下表现为不同主体之间的利益侵占，包括经理人控制权私利引发其对股东的利益侵占、大股东控制权私利引发其对中小股东的利益侵占。管理层的控制权私利获取是借助过度投资、构建商业帝国等投资行为实现对上市公司资源的大量控制。

（6）激励理论

在企业中，激励是使企业成员效率最大化的重要方式，在很大程度上可以影响企业成员的行为。而激励理论是对采用何种方式、方法满足人们的需求以及调动人们积极性的探究。激励理论一般可以分为两类，一类是以美国著名心理学家马斯洛（Maslow）提出的需求层次理论为代表的内容激励理论。在该理论中他认为人有从低到高五类需求且与生俱来，这些不同层级的需求会激励并引领人的行为。同时，不同层级的需求由不同水平的薪资来支撑，即需求的水平越高对应所需的薪资水平就越高，而人的需求只会越来越高，因此通过构建薪酬激励机制能有效促进雇员发挥最大产能。另一类则是行为激励理论，期望理论是其中的代表。期望理论认为，如果一个人预料到一种特定的行为会导致极具诱惑的某种特定结果时，那么他会选择将此动机转变为现实的行为。激励强度的衡量标准是每个个体努力所产生的特定绩效程度与对特定结果的感知程度的乘积。对于公司的高级管理人员而言，如果他们认为在工作中通过努力可以改善公司的绩效，同时会促使其拿到更高的薪资，他们就会为了实现自己的期望目标而更加辛勤地工作。相反，如果没有实现上述效果，则管理层可能会变得不情愿或不努力工作。总而言之，作为公司运营主体的管理者，其采取的决策和计划会影响整个公司的生存和发展。因此，制定能够充分激发高管激情和创造力的激励政策，是现代公司运营发展过程中必不可少的环节。

（7）企业发展理论

企业发展理论包括战略管理理论、企业生命周期理论、需求生命周期理论、市场结构理论和区域分工理论。企业战略管理是企业日常业务决策同长期计划决策相结合而形成的。战略管理对企业来说至关重要。战略管理需要全员的参与，也需要重视环境对企业的影响。企业在经营管理过程中应该加强战略的实施，并为企业整体优化程度的提高适当修订战略。因此，战略管理不仅包含战略分析和战略选择，还包括战略实施。企业生命周期理论是指企业的发展与成长的动态轨迹，包括创立、成长、成熟、衰退几个阶段。企业生命周期理论的研究目的在于试图为企业找到一个相对较优的模式保持企业的发展能力。需求生命周期理论是假定顾客有某种特定的需求希望能够得到满足，在不同的时候会有不同的产品来满足这些需求。市场结构理论是建立在平衡法则基础之上，以结构型技术为主导，形成的独特而完整的技术分析和交易决策体系。通过对中国整个白酒市场结构的分析，有助于中国白酒上市企业和其他白酒企业快速准确地定位，帮助企业找到合适的发展方向。区域分工理论指社会分工的空间形式，是指相互关联的社会生产体系受一定利益机制的支配而在地理空间上发生的分异。从个别区域的角度来看，它表现为区域生产专门化，即各地区专门生产某种产品，有时是某一类产品甚至是产品的某一部分。区域分工是区域之间经济联系的一种形式，为了提高经济效益，各个区域在经济交往中就必然要按照比较利益的原则，选择和发展具有优势的产业。比如四川得天独厚的优势决定了四川白酒在我国白酒产业中有着举足轻重的地位。区域分工理论可为各区域白酒企业今后的发展趋势预测提供支撑。

1.4　中国白酒行业发展状况

1.4.1　白酒行业发展状况

我国的酿酒业始于公元前 10 世纪的西周。西周时期，各个行业都设置了专门的部门，以及掌管的人员。中国酿酒技术的发展经历了从浊酒到清酒，再发展到蒸馏酒的过程。

新中国成立以后，白酒产业发展加快。在白酒品牌方面，国家自

1952 年开始陆续进行了多次名酒评选，评选出贵州茅台、五粮液、泸州老窖、西凤等"中国名酒"产品，在一定程度上奠定了我国白酒产业发展的基石。从新中国成立以来主要年份的产量增速来看，"五五""六五""七五""八五"各个五年计划期间的增长率分别为 69%、57%、52%、50.6%。但到了"九五"计划期间，增长率下降到 23% 左右。"九五"以前，我国白酒行业发展相当迅速，"九五"期间，经过国家产业政策调控，白酒产量开始回落。21 世纪之初，我国白酒产业开始转型发展，受宏观调控和产业政策影响，白酒产业发展的势头有所减缓。整个"十五"期间，白酒产量稳中有降，年产量从 2001 年的 420.19 万千升下降至 2005 年的 349.37 万千升。"十一五"期间，白酒产量增长迅速，从 2006 年的 397.08 万千升增长至 2013 年的 1226.2 万千升。

2013 年以前是白酒行业发展的黄金时期。这期间中国白酒消费市场呈现"量价齐升"的现象，白酒价格的增长幅度远超同期粮食等原材料价格上升的幅度，导致白酒行业利润总额持续增长。但是，2013年以来，受政府严控"三公消费""塑化剂"等事件的影响，高端白酒消费受到较大冲击，传统高端白酒企业的销售受到不同程度的影响，白酒行业进入深度调整期。2016 年起，我国白酒行业开始复苏，终端用户白酒消费需求有所上升，白酒行业收入和利润有所增长。2017 年以来，白酒行业呈现良好的发展局面，中高端白酒复苏回暖较为显著。2018 年，白酒行业迎来销售收入、利润总额和利润率齐涨，行业利润率达到 23.32%。

2005 年，国家发改委在公布的《产业结构调整指导目录（2005 年本）》中首次把"白酒生产线"列入"限制类"目录。至 2019 年，我国白酒发展一直受制于该限制条款。中国白酒产业未能增加任何一条新的生产线，增加产能的主要方式为技改。2019 年 11 月 6 日，国家发改委发布《产业结构调整指导目录（2019 年本）》，"白酒生产线"从"限制类"产业中被移除，不再是国家限制类产业。"非限制类"产业结构发展政策对白酒产业在土地供给、税收、贷款等方面都产生重要影响。

当前，伴随着生活水平提高，人民对健康饮酒有了更高的要求。

同时，科学技术飞速发展，为控制酒精含量提供了技术支撑，白酒行业的产品结构出现了向低度化调整的趋势。新的品牌特别是地产白酒不断涌现，白酒企业纷纷走上规模化、多元化之路。

1.4.2 白酒企业概况

据中商产业研究院统计，截至 2020 年 1 月 9 日，我国共有 200957 家产品、品牌或经营范围含"白酒"，且状态为在业或存续的企业。从我国各省份白酒相关企业数量排行榜来看，截至 2020 年 1 月 9 日，全国共有 6 省份白酒企业数在 10000 家以上。其中四川省白酒企业遥遥领先，共有 36578 家，占全国白酒企业的 18.20%。贵州省有 22722 家白酒企业，全国白酒企业数量排名第二，占比 11.31%。云南以 18151 家企业排名第三，占比 9.03%。白酒相关企业排名前三的省份企业合计占比为 38.54%，具体榜单见表 1-1。

表 1-1 2020 年中国白酒企业数量排行榜

单位：家

序号	省份	白酒企业数量	序号	省份	白酒企业数量	序号	省份	白酒企业数量
1	四川	36578	12	山东	5739	23	福建	843
2	贵州	22722	13	河北	4705	24	青海	587
3	云南	18151	14	湖南	4515	25	新疆	553
4	湖北	17664	15	广东	4373	26	天津	495
5	辽宁	10803	16	内蒙古	3970	27	海南	410
6	黑龙江	10619	17	广西	3261	28	宁夏	321
7	重庆	9770	18	陕西	2930	29	北京	211
8	吉林	9575	19	浙江	2928	30	西藏	201
9	安徽	8374	20	山西	2634	31	上海	30
10	河南	7058	21	江苏	2485	合计		200957
11	甘肃	6003	22	江西	2449			

资料来源：根据企查查、中商产业研究院提供数据整理而得，https://www.sohu.com/a/250275091_498750。

从成立时间来看，近 5 年来，白酒企业数量逐年增加。2019 年共成立了 33346 家，2020 年全国新增 28341 家白酒相关企业。从区域分布来看，2020 年我国新增白酒相关企业集中在贵州省（4391 家）、云南省（3817 家）和湖北省（1979 家）等地。

白酒企业数量总体呈增加趋势，但是规模以上企业数量在减少。据统计，2019 年 1～4 月规模以上企业进一步减少到 1176 家，与 2018 年同期相比减少了 274 家。2019 年全年规模以上白酒企业减少至 1098 家。我国以白酒为主营业务的上市公司 18 家，其上市时间见表 1－2。

表 1－2　白酒上市公司上市时间

序号	代码	上市时间	名称
1	600809	1994 – 01 – 06	山西汾酒
2	000568	1994 – 05 – 09	泸州老窖
3	600702	1996 – 05 – 24	舍得酒业
4	000596	1996 – 09 – 27	古井贡酒
5	600779	1996 – 12 – 06	水井坊
6	000799	1997 – 07 – 18	酒鬼酒
7	000858	1998 – 04 – 27	五粮液
8	600199	1998 – 08 – 12	金种子酒
9	000860	1998 – 11 – 04	顺鑫农业
10	600197	1999 – 09 – 16	伊力特
11	000995	2000 – 08 – 07	皇台酒业
12	600519	2001 – 08 – 27	贵州茅台
13	600559	2002 – 10 – 29	老白干酒
14	002304	2009 – 11 – 06	洋河股份
15	603369	2014 – 07 – 03	今世缘
16	603198	2015 – 05 – 28	迎驾贡酒
17	603589	2015 – 06 – 29	口子窖
18	603919	2016 – 03 – 10	金徽酒

如表 1－2 所示，在我国白酒上市公司中，大多数企业在 2000 年前获准上市。山西汾酒和泸州老窖于 1994 年最早上市。舍得酒业、古

井贡酒和水井坊 3 家企业紧随其后，于 1996 年上市。酒鬼酒于 1997 年上市，五粮液、金种子酒和顺鑫农业都在 1998 年上市，伊力特 1999 年完成 IPO。2000～2010 年白酒上市企业较少，仅有皇台酒业、贵州茅台、老白干酒和洋河股份 4 家企业。2010 年后上市的白酒企业有 4 家，分别是今世缘、迎驾贡酒、口子窖和金徽酒。

根据中国报告网的数据①，自 2015 年以来，我国规模以上白酒企业产量整体呈下降趋势，到 2018 年降至 871 万千升，同比下降 27.30%；2019 年我国规模以上白酒企业产量为 786 万千升，同比下降 9.76%；2020 年 1～11 月我国规模以上白酒企业产量为 618.4 万千升。在销量方面，我国规模以上白酒企业自 2016 年后销量趋势与产量趋势基本保持一致，到 2018 年白酒企业销量降至 855 万千升，同比下降 26.42%；2019 年我国规模以上白酒企业销量为 756 万千升，同比下降 11.58%。2019 年我国白酒行业营业收入最高的企业是贵州茅台，为 854.30 亿元，其次是五粮液和洋河股份，分别为 501.18 亿元和 231.26 亿元。2019 年白酒企业营业收入前 10 位企业情况见图 1-1。

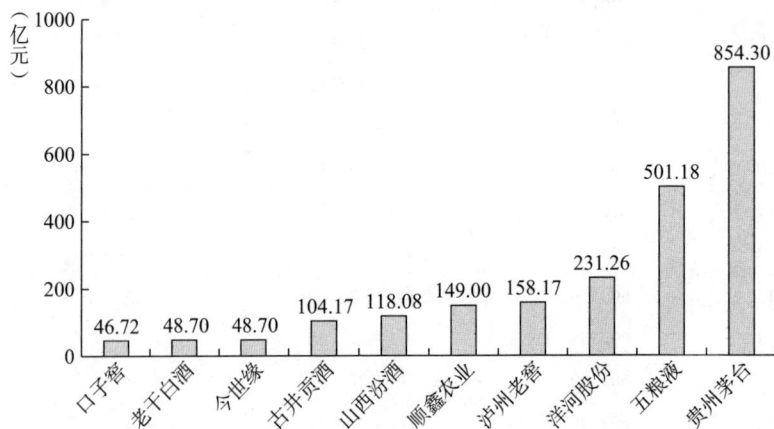

图 1-1　2019 年白酒行业企业营业收入前 10 位

2020 年，我国高端酒销量持续高增长。其中，2020 年 10 月，贵

---

① http://baogao.chinabaogao.com/jiulei/528479528479.html.

州茅台线上销量为 158147 件；五粮液线上销量为 157609 件；泸州老窖线上销量为 53307 件。部分白酒品牌线上销量见图 1 - 2。

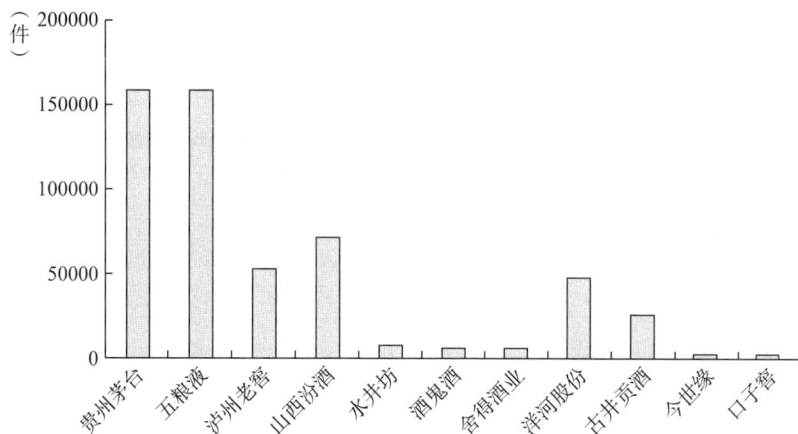

图 1 - 2　2020 年 10 月部分白酒品牌线上销量

当前，许多白酒企业向外拓展，纷纷走向国际市场。这些企业以弘扬中华传统文化为主线，以酒文化浸润式营销进行市场培育，并通过参加或赞助各种国际活动实现事件营销的目的，推动白酒产品向外输送。在战术上，不同企业采取的措施不同，比如泸州老窖主打公关活动，贵州茅台主打区域推介会，山西汾酒尝试姊妹酒合作并参与各种论坛，各个白酒企业都在以自己的方式试水国际市场。综合目前的市场现状来看，中国白酒国际竞争力不强，白酒的国际市场拓展之路任重道远。

1.4.3　外部环境

（1）白酒行业面临的机遇

我国白酒的核心产区资源丰富。新时代科技的发展使得手机和网络迅速普及，通信业和交通运输业的发展对我国白酒行业的发展有促进作用。需求要素方面，国民收入提高，城乡居民的收入也不断增加，生活质量提升，白酒消费市场不断扩大。近年来粮食产量也逐年上升，有利于白酒行业的发展。税率的下调及广告费可能在税前扣除两项新规的实施，对于白酒行业来说构成双重利好。

（2）白酒行业面临的挑战

白酒行业面临的挑战主要体现在以下几个方面。第一，新进入者的威胁。白酒是一个吸金行业，吸引各类资本的投入。多个地方政府把出售、整改白酒企业作为招商引资的项目来抓。第二，替代品或替代服务的威胁。酒类市场上不仅有白酒，啤酒的销售收入也占较大比例。啤酒较白酒来说更有市场，对于大众来说更有亲和力。同时，黄酒、葡萄酒的销售对白酒行业也产生了一定的竞争。第三，市场对进口酒产品的需求量增加，尤其是年轻一代比较愿意选择国外的红酒、威士忌、伏特加等。很多国际集团不断抢占市场并且向国内白酒领域渗透。在中国市场就有将近 60 个国际酒品牌参与竞争。第四，客户谈判压力较大。年轻人对白酒的需求没有那么旺盛，"90 后"在白酒、红酒和啤酒中更倾向于后两者。因此，白酒行业客户谈判压力增大。

（3）白酒行业内竞争

白酒行业主要存在香型和产品类型的竞争，如浓香和酱香的竞争、白酒和酒饮料的竞争。从渠道上看，存在线上网络和线下实体店的竞争；从价格定位上来看，存在高中档的竞争。我们重点从产品香型、渠道变革和行业技术三方面来看白酒行业内的竞争态势。

①白酒主导香型的竞争

1979 年，全国第三届评酒会将白酒分为酱香、清香、浓香、米香和其他香五种香型。随着白酒产品的不断丰富，增加了芝麻香、兼香型、凤香型、豉香型和特香型五种，合称为十大香型白酒。随着产品技术的进步和营销理念的涌现，更多新香型不断出现。尽管部分香型未得到国家认可，但是在消费者心中仍占有一席之地。十大白酒香型中，"清、浓、酱"三大香型一直主导着白酒市场竞争和企业发展。20 世纪 70 年代以前，白酒消费市场以清香型为主，山西汾酒和老白干等是其中的代表，市场占有率超过 70%。20 世纪 90 年代以后为浓香型主导阶段，浓香型白酒市场占有率一度超过 75%。直至 2007 年，白酒还是以浓香型为主。2010 年,以贵州茅台为代表的酱香型白酒崛起。尽管当下浓香型白酒仍然占据市场主导,但是酱香型白酒在价格和认知方面的优势已经确立。

②白酒营销渠道的竞争

白酒营销渠道的变化不是一蹴而就的,而是随着消费习惯和消费理念的变革而自然演变的。白酒行业营销渠道变化发展历程如下。

第一个阶段(1985 ~ 1995 年):这一时期经历了国企改制,市场经济的地位尚未完全确立,白酒行业以国营转型企业为主。1988 年国家放开价格管制,经济体制由计划经济向市场经济转变,个体户和经销商迎来成长契机,国营糖酒公司"统购统销"模式被取消。但是,因经销商并没有掌握产品和品牌,所以,这一时期白酒销售还是以厂家为主导,销售模式相对简单。

第二个阶段(1996 ~ 2005 年):这一时期市场经济不断发展,消费者收入增加,零售业态发生了巨大的变化,大型商场和超市、烟酒店等不断兴起。政务消费和团购消费带动了一大批有实力的经销商,经销商和分销商完成了整个配送、销售活动。以金六福、老村长等为代表的低端品牌和以口子窖、种子酒等为代表的中端品牌在这一时期实现了持续增长,而孔府家酒等因为公关事件逐步没落。

第三个阶段(2006 年至今):这一时期,消费者的购买习惯和消费行为更加多样化,商场已经不是主要的购买途径,连锁便利店、网络、烟酒店、小杂货店等多种消费渠道交错。消费习惯方面,宴请自带酒水已经成为趋势。2013 年前后,酒品电商开始兴起,产生了酒仙网、中酒网、购酒网、也买酒等白酒电商销售平台。其中,酒仙网、中酒网等随着互联网的快速推进实现了发展和新三板的上市。2015 年国家倡导互联网 + 转型,O2O(即将线下的商务机会与互联网结合)方兴未艾,酒类连锁 1919、易酒批等线上线下融合新型运营模式陆续涌现出来。加上大型电商平台京东和天猫的发展,电商渠道在白酒消费中起着越来越重要的作用。这种作用不仅仅体现为销售额的飞速提升,更重要的是改变了人们的消费方式,实现了从"后备厢模式"到最后一公里配送的转变。在新零售时代，互联网将深度改变白酒营销渠道运营模式，贵州茅台大力推广其自有平台"茅台云商"就是其中的典型。

③白酒行业技术

在消费结构不断升级的趋势下，白酒研发和营销模式发生巨大变化是以白酒行业技术发展为支撑的。研发技术方面，随着机械化设备的增加，及微机勾兑和酒体调香技术等的广泛应用，白酒行业采用微生态学、分子酶学、分子生物学等现代生物技术手段，围绕白酒产业共性的、关键的科学与技术问题进行创新性研究，建立了风味化学物定向的微生物和酶技术的平台，对白酒年份酒、白酒中微量成分、白酒中风味化合物、白酒中异味化合物及白酒风味定向功能微生物方面的研究都取得了巨大突破。各酒企研发的适宜年轻人饮用的低度用酒、特色酒、花酒，以及对风湿、胃寒有一定缓解作用的保健酒等不断涌现。

信息技术方面，移动支付、O2O、完善的快递配送网络解决了通达性和便利性问题。借助先进的购物平台，很多订单可以实现当天预订、当天送达，并可以实现无理由退货等，大大方便了购物。

营销技术发展方面，多年以来，白酒行业一直沿用以消费或购买场所作为营销主渠道的业务模式。在这种营销模式下，制造商主要通过商品购买或消费场所的推动力来实现销售，同时消费者的选择权也为渠道所左右，商品价格被各销售环节层层提高。高额终端费用最终损害的是消费者的利益。优秀的品牌和消费者同时呼唤一种新的营销模式。现在市场已经出现这种现象，如今团体购买量逐步上升，而以团体销售为主的酒行和名烟名酒店销量逐步攀升，电商新零售等网络渠道兴起。白酒企业必须创新销售渠道，给消费者带来独特的购买体验，为其提供更为人性化的服务，提供多种方式任消费者选择。例如采用"一对一营销"，或者利用"大客户营销"让消费者有满意的消费体验，通过网络营销或者微信营销等其他方式，拉近消费者与产品的距离。作为人文性和社交性颇强的白酒，在信息高度发达的今天，白酒营销结构已经不仅仅是从工厂到消费者手中，不再是单一的广告宣传，圈子文化、意见领袖的分享等各种营销方式不断呈现。

1.4.4　发展趋势

（1）白酒行业资源聚集于核心产区

白酒是典型的地域资源型产品。对于白酒生产企业来说，得天独厚的地域资源优势至关重要。我国白酒行业发展具有显著的区域性特征。按所处地理位置及战略联盟关系分，我国白酒分为 6 个核心区域，即川黔区域、苏皖区域、两湖区域、鲁豫区域、华北区域和东北区域。其中，川黔区域是指包括四川和贵州两省在内的白酒生产区域。川黔两地是中国白酒的主要生产地。两地的白酒产量占全国白酒总产量的 50% 以上，已经开发出众多家喻户晓的知名品牌。例如，四川省的五粮液、泸州老窖、沱牌曲酒、剑南春、郎酒、全兴大曲等；贵州省的贵州茅台、习酒、董酒、国台、珍酒等。

白酒核心产区在地理位置、气候、优质水源保障、优质原粮供应、酿酒技艺传承等方面均具优势。核心产区各级政府和主管部门出台了系列支持白酒产业升级发展的政策和配套措施，吸引了产业资本的进入。在白酒核心产区当地大型名优酒企的带动下，产区及周边建立了包装园区、配套辅料生产园区和物流仓储园区等，白酒及其上下游产业资源不断向核心产区聚集。

（2）白酒行业有效产能聚集于优势企业

2016 年以来，白酒行业进入分化发展阶段。在行业整体产量和销售收入仍处于下降趋势时，以中、高端产品为主的优势白酒企业却进入恢复增长期，体现出显著的消费升级特点。随着优势企业营收规模的扩大以及盈利能力的提升，其在产品开发、服务体系完善、人力资本建设等方面的投入资源将更多，能更好地激发并满足消费者的需求。而缺乏核心竞争力的中小企业、手工作坊生产的白酒产品的消费需求则不断萎缩，白酒产业的有效产能加速向优势企业聚集。

当前，白酒行业产能仍然过剩，挤压式增长的竞争格局将长期存在。白酒行业仍处于结构性繁荣为特征的新一轮增长的周期，高端白酒继续引领行业结构性增长，行业进一步向优势品牌、优势企业、优势产区集中。在白酒行业由高速度增长迈向高质量发展的新阶段下，企业竞争主要呈现以下三个发展趋势。一是品质至上。在居民收入提高和消费持续升级背景下，以名优白酒为代表的品质消费更加契合消费者日益增长的美好生活需要。二是分化加剧。市场竞争逐步进入挤压式增长和结构性繁荣新常态，大酒企、名优品牌市场竞争优势更加明显。三是集中度提升。行业市场份额将加速向优势品牌、优势产能和优势企业集中。白酒企业竞争的马太效应越来越明显。

（3）白酒产品需求聚集于中高端及以上品类

随着人们的消费水平和消费质量的提高，白酒产品需求越来越聚集于中高端及以上品类。无论是社交消费还是礼品消费，消费者会更倾向于为高定价的白酒产品买单，以满足更高层次的需求。从贵州茅台和泸州老窖近年来的市场占有率的变化中可以看到这一点。贵州茅台和泸州老窖 2016 年的市场占有率分别是 5.99% 和 0.93%，2019 年两个企业的市场占有率分别增加到 12.86% 和 2.09%。

（4）白酒行业传统工艺技术与现代科学技术研究成果融合

白酒传统的生产工艺主要有固态发酵法、固液结合发酵法、液态发酵法。白酒行业在沿用传统酿造工艺的基础上，不断引入现代科学技术和新型机器设备为白酒发展助力。例如，白酒产业在传统生产技术的基础上加速"现代智造"进程。通过智能化改造，出窖、拌糟、上甑等多个环节实现全自动机械化，建立全新的全自动机械化酿酒车间。白酒企业纷纷以科技作支撑，为白酒高质量发展赋能。例如，四川省内白酒重点产区和名优酒企，在巩固传承传统酿造工艺的基础上，大力实施创新驱动战略，加快技术创新和工艺创新，加强关键技术突破及设备研发，推进新一轮技术升级改造，稳步推进重点项目实施。2018 年 9 月 9 日，第八届中国（贵州）国际酒类博览会开幕。在酒博会上，四川展区展示了近年来传统与创新融合发展推出的白酒新产品，并现场进行鸡尾酒调酒展示及表演，这成为此次酒博会上的亮点。同时，随着生物技术和分析技术的突破及其在酿酒中的不断应用，白酒酒质更加稳定，成品酒生产效率得到进一步提高，白酒行业传统工艺技术与现代科学技术研究成果融合的效果突出。

| 第 2 章 |

白酒上市公司股权结构研究

2.1　国内外研究现状

2.1.1　股权结构对公司价值的影响

股权结构对公司价值的影响受到国内外学者的关注。国外学者对此的研究成果丰富。现有研究认为，股权结构对公司价值有影响，但关于股权结构对公司价值的影响方式尚未达成一致结论。例如，Mcconnell 和 Servaes（1990）通过对 1000 多家公司的研究发现，股权集中度与企业价值二者之间呈倒 U 形关系，即企业价值随着股权集中度的上升会出现先上升再下降的趋势。Hilli 等（2013）研究发现，企业中存在最优股权结构，同时间接验证了股权结构对企业价值的影响是复杂的，而不只是线性关系那么简单。Torben 等（2003）以欧洲大型上市公司为研究对象，实证研究发现当企业的控股股东是机构和法人时，企业价值随着股权集中度的提高而增加；当企业的控股股东是政府机构时，企业价值随着股权集中度的提高而降低；当企业的控股股东是家族或个人时，企业价值不随着股权集中度的变动而上下波动。Georgeta 等（2015）在研究公司股东类型时也发现，不同的股东类型与企业价值的关系不同：如股东为内部职工时，股权集中度与企业价值负相关；股东为国有企业时，股权集中度与企业价值没有显著关系；股东为机构时，股权集中度与企业价值呈非线性关系。但是，Kapopoulos 等（2007）在研究 175 家希腊上市公司时发现，股权集中度越高的企业，企业价值越高，表明股权高度集中能够促进企业价值提升。

股权结构对公司价值的影响同样受到国内学者的关注。其中，有学者研究认为，股权相对集中能够缓解股东与经营者之间的矛盾，从而减少代理成本，提高企业价值。例如，郭世辉和汤小莉（2009）通过实证研究发现，上市公司中民营企业的股权集中度与公司价值之间呈倒 U 形关系。但是，杨晨（2017）研究指出，股权过度分散或过度集中都会影响企业价值的提升。在最优股权结构下，以股权集中度衡量的股权结构与企业价值之间应该呈倒 U 形关系。孙锴泽（2020）结合我国创业板上市公司 2014 ~ 2018 年的数据进行回归分析，数据表明，第一大股东持股比例处于 20% ~ 50% 时，股权集中度与公司价值正相关，其他情况下则股权集中度与公司价值不显著相关。安烨和钟廷勇（2011）认为，由于中国资本市场的独特性，小股东一般都是进行短期投资，获取收益，不会对公司经营管理进行监督，因此股权过度分散会导致经营者缺乏监督，经营者为了自身的利益伤害股东利益的机会增加，从而降低企业价值，因此股权集中度与企业价值应呈正相关关系。

国内还有学者结合股权性质就股权结构对公司价值的影响进行了研究，认为股权结构与公司价值之间的关系受股权性质的影响。例如，杨梅（2015）研究发现企业中国有股占比越高，越不利于企业价值的提升。朱幸平（2016）通过研究 2015 年沪深两市上市公司数据发现，考虑了股权属性后，股权结构与企业价值之间的关系并非简单的线性关系。温彩璇和李晓鹏（2017）以 2015 年河北省内市辖区上市企业为研究对象，发现上市公司大股东为国有法人有助于提升企业价值，并且企业价值与限售股比例反向变化。汪茜（2019）研究表明第二大股东通过现金分红对公司价值产生显著的正向影响。付瑶等（2020）指出对于国有企业来说，其存在多个大股东，即股权制衡度高，会削弱多元化战略对公司价值的负向影响。

2.1.2 股权结构对公司治理的影响

公司治理通过一系列的制度安排实现对公司有效的控制，降低委托代理成本，增加公司价值。Jensen 和 Meckling（1976）根据有无投票权将股东分为内部股东和外部股东，他们认为内部股东所占股份的比例越高，公司的价值也越高。同时，对于股权极其分散的公司而言，对经理层采取单纯的年薪制和股票期权激励，对制止经理人员侵害中小股东利益的行为作用有限。他们认为有效的办法是让经理人员持有股权，以使他们的利益与股东的利益保持一致。Grossman 和 Hart（1980）指出，在股权分散的情况下，对经理人员的监督会成为一个棘手的问题。公司的股东监督机制会因为小股东没有动力或能力支付监督成本而失效；对于股权集中的公司，股东的监督机制会因为大股东具有对经理人员实施有效监督的能力和动力而发挥作用。这一观点得到国内学者孙永祥和黄祖辉（1991）的支持。他们研究发现，与股权高度集中和股权高度分散的结构相比较，有一定集中度、有相对控股股东并且有其他大股东存在的股权结构，总体而言最有利于经营激励、收购兼并、代理权竞争、监督机制等治理机制的发挥。余澳（2014）通过对 633 家民营上市公司的股权结构进行分析，发现我国民营上市公司的股权集中度整体较高；股权制衡度低，其股权制衡度均值是 0.739，与 1（最宜标准）相比存在差距；我国民营上市公司实际控制人所有权与控制权分离度高，实际控制人仅需投入较少的现金或者持有较少的股份就可以拥有较大的控制权，这样会使实际控制人有更大的动机产生道德风险。王满四和邵国良（2007）研究了以股东、董事会、债权人、经营者为参与者的各种治理机制之间的关系，分析了大股东治理在民营上市公司中有其存在的合理性，但是它确实呈现负的公司治理效应；虽然有少数其他治理机制能与大股东治理机制发生相互作用，但并不能对大股东形成有效制约。李庚（2018）指出一些白酒企业通过混合所有制改革逐渐提升了其公司治理的效率和经营业绩，总体来看其混合所有制改革的成效是积极和显著的。

国内有学者致力于通过研究股权结构现状发现我国公司治理中存在的问题，并提出解决方案。例如，张晓玫（2017）指出我国上市公司股权结构和公司治理机制中最为突出的问题就是股权结构不合理，主要的表现就是股权分置改革涉及国有股的限制。她提出为了全面提升公司的治理绩效水平，需要对上市公司进行适度的股权结构调整，确保公司治理符合要求。对于国有股份，需要全面开放，要尽快取消流通限制；另外，要根据我国目前的机构特点，进行相应的培养，确保多元化的投资主体建设水平符合要求。邓伟锋（2017）指出国内企业股权结构存在股权集中度过高、流通股过少和国有股占比过高的问题。他认为可以适度降低股权集中度以保障民主管理，可以调整流通股比例优化治理结构，还可以依托外部市场进行股权分散。王延平和刘欣然（2020）指出通过增加债权人及额外的独立监事，拆分大股东股权并促进董事会独立，以及强化银行在公司治理结构中的作用，可以弥补公司治理过程中的不足，进而提高公司治理效率。李井林和崔文清（2021）研究发现公司股权结构存在动态调整行为，这对于实现公司价值最大化和建立良好的公司治理机制具有较强的启示意义。

2.1.3　股权结构对公司绩效的影响

公司绩效是指一定经营期间的公司经营效益和经营者业绩。公司的经营效益水平主要表现在盈利能力、偿债能力等方面。经营者业绩主要通过经营者在经营管理企业的过程中在企业经营、成长、发展方面所取得的成果和所做出的贡献来体现。国内外学者在股权结构对公司绩效影响方面研究成果非常丰富。例如，Burkhart 等（1997）认为大股东若对企业管控过严，就会使经理层失去许多管理权限、丧失经营企业的动力，最终导致公司盈利下降。Demsetz 等（1985）发现，前五大股东持股比例、前十大股东持股比例或者代表产业集中度的赫芬达尔指数都与公司绩效关系不显著。国内有学者认为股权集中度与公司绩效呈正相关关系。例如，徐二明和王智慧（2000）研究发现，较高的股权集中度会促进公司的成长，激励大股东提高公司的绩效，这一观点得到张红军（2000）的支持，其主要研究第一大股东股权集中度对公司绩效的影响。张松（2013）通过对17家白酒行业上市公司2008~2011年股权结构与经营绩效的关系进行研究发现，第一大股东持股比例与经营绩效显著正相关。但是，也有学者持相反意见，他们认为股权集中度与公司绩效负相关。例如，胡国柳和蒋国洲（2004）以我国非金融业上市公司作为研究对象进行研究发现，无论是第一大股东持股比例还是前五大股东持股比例都与公司绩效显著负相关。关于股权集中度与公司绩效之间的关系还有第三种观点，那就是不相关。例如，宋勇（2011）将研究对象细分至家电企业，以其中上市的20家企业1994~2001年的数据为样本进行研究发现，股权集中度与公司绩效不相关。于东智（2001）以923家上市公司1999年的数据为样本进行多元线性回归分析，得到相同的结论。

学者们从股权性质的视角就股权结构与公司绩效之间的关系进行了探讨。施东辉（2000）选取440家企业作为研究对象，探析其股权结构对公司绩效的影响。数据表明控股股东的性质若为社会法人，则股权分散型公司绩效显著优于法人控股型公司，法人控股型公司绩效又优于国有控股型公司，并在进行回归分析后发现国有股东和流通股东在公司治理中效率低下，其持股比例与公司绩效的关系不显著。徐晓东和陈小悦（2003）研究指出，如果企业的第一大股东为国有性质，则其资产收益率、托宾Q值、主营业务收益率以及净资产收益率都显著低于第一大股东为非国有股的公司。朱明秀（2005）对2003年以前上市的1056家样本公司进行研究，发现内部人控制现象普遍出现在国有股比例较高的企业，公司绩效随之受到影响，即国有股比例越高，公司绩效越低。谢军（2006）在将研究对象分为13个行业大类的基础上研究第一大股东性质与公司绩效的关系，指出法人股和流通股股东控制的公司经营成果增长明显高于国有股东控制的公司。

但是，李平生和史煜筠（2006）通过对在我国 A 股上市的 1181 家公司 2002～2004 年的数据进行统计分析后发现，第一大股东为国有股的上市公司绩效显著高于第一大股东为非国有法人股的上市公司。

关于股权制衡度与公司绩效的关系，学者们研究认为二者关系受股权集中度、股权性质的影响。其中，张光荣和曾勇（2008）认为，中国资本市场中充斥着大量无效率以及杂乱无章的资源配置问题，这种违背市场规律的情形很大程度上是因为大股东间的互相倾轧，产生了损耗效应，公司的股权制衡度高抑制了公司经营业绩的提高。曹西茜（2012）在现有研究的基础上，就交叉上市公司股权结构与公司绩效相关性进行研究，发现对于交叉上市类公司，股权集中度、股权制衡度、流通股比例、高管人员持股比例及机构持股比例与公司净资产收益率之间均不存在显著的相关性。顾问和许纪校（2014）在垄断性和竞争性两种不同行业特征下，分别对股权制衡与公司绩效之间的关系进行了实证研究，研究发现垄断性行业股权制衡度与公司绩效无显著相关性，竞争性行业股权制衡度与公司绩效呈倒 U 形关系。段淑迅（2016）研究发现，在垄断性行业中，股权制衡度与公司绩效之间呈倒 U 形关系，但是并不显著，换句话说股权制衡度对公司绩效的影响并不是很明显。

贾佩雷和黄阳（2019）基于 2015～2017 年中小板上市公司数据的研究发现，中小板上市公司的股权越集中，越有利于公司的经营绩效提升，股权越分散，越不利于经营绩效的提升。秦斐和葛玉辉（2020）研究混合所有制企业中股权制衡度、高管团队特征与企业绩效三者之间的关系，发现股权制衡度与企业绩效之间呈显著的 U 形关系，高管团队特征对股权制衡度与企业绩效的中介作用不显著，而股权制衡度在高管团队特征与企业绩效之间起到调节作用。

2.1.4　文献评述

股权结构对公司价值、公司治理和公司绩效的影响一直以来是国内外学者关注的热点问题，取得了丰富的研究成果。但是，由于各国制度环境不同，经济发展水平和公司治理效果差异较大，学者们研究得出的股权结构与公司价值、公司治理和公司绩效之间关系的结论也存在差异。同时，股权结构对公司价值、公司治理和公司绩效的影响也存在行业差异。

白酒行业是我国重要的行业之一。首先，从税法的角度来看，我国白酒类产品的税目较多，税率较高，尤其是消费税，是各级重要的财政来源之一。其次，就行业发展过程来看，尤其是受到"三公消费""禁酒令"，以及"塑化剂"事件等的影响，2013年以来，白酒行业进入深度调整期，白酒消费结构发生重要变化，进而不可避免地对股权结构产生一定的影响。因此，对白酒上市公司股权结构进行研究显得尤为重要。现有文献关于白酒行业股权结构对公司绩效影响的研究较薄弱。本章拟对白酒上市公司股权结构现状与发展变化以及白酒上市公司股权集中度、股权制衡度与公司绩效之间的关系进行深入研究。

2.2 白酒上市公司股权结构现状及其变化

股权结构包括股权性质和股权集中度两个方面内容。股权性质通常由第一大股东性质决定。根据股权集中度，学界通常将公司股权结构分为三种。一是股权高度集中，指公司存在绝对控股股东。绝对控股股东一般拥有公司股份的50%以上，对公司拥有绝对控制权。二是股权高度分散，公司没有大股东，所有权与经营权基本完全分离，单个股东所持股份的比例在10%以下。三是公司拥有较大的相对控股股东，同时还拥有其他大股东，所持股份比例为10%~50%。截至2019年12月31日，我国以白酒为主营业务的上市公司有18家。本章从股权性质和股权集中度两个方面对我国白酒上市公司股权结构现状及其变化进行具体分析。

2.2.1　股权性质

我国酒类企业众多，从数量上看，民营企业在酒类行业中占据了绝对优势；从分布上看，民营酒类企业遍布全国各地。但酒类上市公司中以国有企业为主。为了直观地了解公司个体间股权性质的变化，本书对 2008 年已在 A 股上市的 11 家白酒公司在 2008 年和 2019 年两个时间节点的股权性质数据进行了整理，见表 2-1。

表 2-1　白酒上市公司股权性质情况

股票代码	公司名称	股权性质①		股权性质变化情况
		2008 年	2019 年	
000568	泸州老窖	1	1	无
000596	古井贡酒	1	1	无
000799	酒鬼酒	1	1	无
000858	五粮液	1	1	无
600197	伊力特	1	1	无
600199	金种子酒	1	1	无
600519	贵州茅台	1	1	无
600559	老白干酒	1	1	无
600702	舍得酒业	1	0	有
600779	水井坊	0	0	无
600809	山西汾酒	1	1	无

资料来源：国泰安研究服务中心 CSMAR 系列数据库《十大股东文件》（2021 年）。

如表 2-1 所示，我国白酒上市公司以国有企业为主。在 2008 年上市的白酒企业中，唯有舍得酒业 1 家企业股权性质发生了变化。舍得酒业响应国家政策的号召，于 2014 年启动了混合所有制改革，采用"引入战略投资者"方式，借助战略投资者在渠道和管理等方面的优势提升国有企业的经营效率。在此背景下，天洋集团控股有限公司

---

① 股权性质国有为"1"，其他为"0"。

（以下称"天洋控股"）通过间接控股，于 2016 年顺利成为舍得酒业第一大股东，舍得酒业因此改制为民营白酒企业。2008 年以后上市的白酒企业股权性质未发生改变。例如，2009 年上市的洋河股份和 2014 年上市的今世缘 2 家公司股权性质一直为国有性质，而 2015 年上市的迎宾贡酒、口子窖和 2016 年上市的金徽酒股权性质则保持为非国有性质。

2.2.2　股权集中度

公司股权集中度一般用第一大股东持股比例、前三大股东持股比例、前五大股东持股比例和前十大股东持股比例等指标衡量。本章对我国白酒上市公司 2008～2019 年股权集中度数据进行了统计，结果见表 2-2。

表 2-2　2008～2019 年白酒上市公司股权总体集中度

单位：%

股权集中度	最大值	最小值	均值	标准差
第一大股东持股比例（CR1）[①]	79.658	18.261	42.596	14.879
前三大股东持股比例之和（CR3）[②]	84.890	31.000	52.967	13.160
前五大股东持股比例之和（CR5）[③]	89.840	31.000	56.861	13.712
前十大股东持股比例之和（CR10）[④]	90.275	31.000	61.422	13.690

注：①CR1 为第一大股东持股比例；②CR3 为前三大股东持股比例；③CR5 为前五大股东持股比例；④CR10 为前十大股东持股比例。

资料来源：国泰安研究服务中心 CSMAR 系列数据库《十大股东股权集中文件》（2021 年）。

如表 2-2 所示，2008～2019 年，白酒上市公司第一大股东持股比例均值为 42.596%，股权集中度比较高。前三大股东持股比例之和的均值为 52.967%，即第二和第三大股东持股比例之和的均值为 10.371%。前五大股东持股比例之和的均值为 56.861%，比前三大股东持股比例之和的均值只多近 4 个百分点，即第四和第五大股东持股之和的均值为 3.894%，与第二大股东和第三大股东持股之和的均值相比，均值显著降低。前十大股东持股比例之和均值为 61.422%，比前五大股东持股比例之和的均值高不到 5 个百分点，即第六至第十大股东持股比例之和平均不到 5%。数据表明，我国白酒上市公司股权主要集中在第一大股东手中，第二到第十大股东持股较少，股权集中度较低。本章对我国白酒上市公司 2008~2019 年股权集中度平均水平进行了统计，见表 2-3。

表 2-3 2008~2019 年白酒上市公司股权集中度

单位：%

年份	CR1	CR3	CR5	CR10
2008	47.921	54.138	56.665	59.946
2009	44.107	53.642	57.550	62.071
2010	43.626	52.392	56.488	60.975
2011	43.500	51.430	55.354	59.957
2012	42.109	51.181	55.028	59.321
2013	40.368	49.568	52.780	56.411
2014	40.286	49.974	53.945	58.629
2015	43.544	55.782	60.406	65.493
2016	42.993	53.319	57.338	61.941
2017	42.884	53.374	57.156	62.173
2018	41.577	55.339	59.437	64.262
2019	40.460	54.672	58.984	64.085

资料来源：国泰安研究服务中心 CSMAR 系列数据库《十大股东股权集中文件》（2021 年）。

如表 2-3 所示，除了 2015 年第一大股东持股比例较 2014 年相比增加外，其余年度白酒上市公司第一大股东持股比例总体呈下降趋势。尽管如此，直到 2019 年，白酒上市公司第一大股东平均持股依旧超过 40%。数据表明我国白酒上市公司"一股独大"的现象明显。根据表 2-3 的数据，本书绘制了 2008~2019 年白酒上市公司大股东持股趋势，见图 2-1。

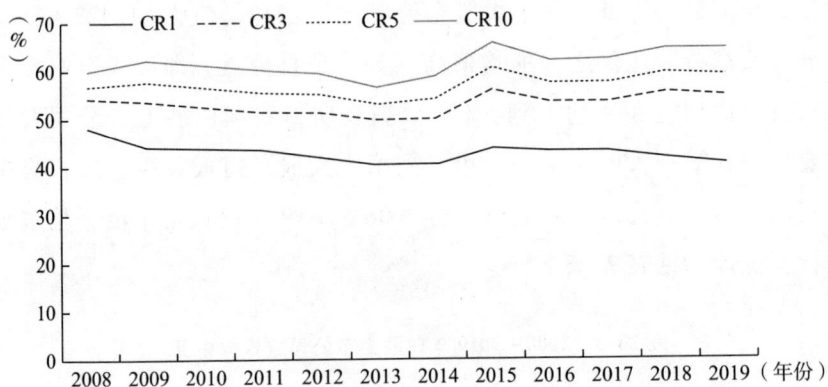

图 2 – 1   2008 ~ 2019 年白酒上市公司大股东持股趋势

从图 2 – 1 可知，2008 ~ 2019 年，我国白酒上市公司第一大股东、前三大股东、前五大股东和前十大股东的持股比例变动趋势基本一致。其中，2013 ~ 2016 年，第一大股东、前三大股东、前五大股东和前十大股东的持股比例出现了明显的波动。2013 ~ 2014 年，即白酒行业进入深度调整时，股权集中度有小幅降低。但是，2015 年，也就是白酒行业经过深度调整后开始回暖，除第一大股东外，前三大股东、前五大股东和前十大股东的持股比例出现了较大幅度的增加。这是白酒上市公司股权集中度的总体情况。但是，各公司的股权集中度存在较大差异。为了更深入地了解上市白酒企业个体间股权集中度的变化，本章对 2008 年已在 A 股上市的 11 家白酒公司在 2008 年和 2019 年两个时间节点的股权集中度的数据进行了统计，见表 2 – 4。

表 2 – 4   白酒上市公司第一大股东持股比例变化情况

单位：%

股票代码	公司名称	第一大股东持股比例	
		2008 年	2019 年
000568	泸州老窖	53. 52	26. 02
000596	古井贡酒	61. 15	53. 89
000799	酒鬼酒	32. 15	31. 00
000858	五粮液	56. 07	35. 21

续表

股票代码	公司名称	第一大股东持股比例	
		2008 年	2019 年
600197	伊力特	50.73	41.43
600199	金种子酒	34.19	27.10
600519	贵州茅台	61.71	58.00
600559	老白干酒	36.08	25.63
600702	舍得酒业	31.85	29.88
600779	水井坊	39.71	39.71
600809	山西汾酒	69.97	58.14

资料来源：国泰安研究服务中心 CSMAR 系列数据库《十大股东文件》（2021 年）。

如表 2 - 4 所示，从大股东持股比例来看，2008 年，白酒上市公司第一大股东持股比例都较大。与 2008 年相比，我国白酒上市公司 2019 年第一大股东持股比例出现了不同程度的下降。在这 11 家白酒上市公司中，2019 年第一大股东持股比例与 2008 年相比下降幅度超过 20% 的公司有 2 家，分别为泸州老窖和五粮液，占比为 18.18%；下降幅度为 10% ~20% 的有 2 家，分别为老白干酒和山西汾酒，占比为 18.18%；其余 7 家白酒上市公司下降幅度均小于 10%。从股权集中类型来看，古井贡酒、贵州茅台、山西汾酒在 2019 年第一大股东持股比例仍在 50% 以上，股权集中类型未发生改变，均为股权高度集中。其余 8 家白酒上市公司 2019 年股权集中类型均为股权相对集中型。

为了解我国白酒上市公司股权集中度的具体类型，本书根据国泰安研究服务中心 CSMAR 系列数据库《十大股东文件》数据进行整理，见表 2 - 5。如表 2 - 5 所示，我国白酒上市公司股权集中度可以分为三种类型：股权高度集中型、股权相对集中型和股权高度分散型。2008 ~2019 年，没有一家白酒上市公司的股权集中度是股权高度分散型。2008 年，我国白酒上市公司股权高度集中型的公司数量只比股权相对集中型的公司数量多了 1 家。到了 2019 年，股权相对集中型的公司数量远大于股权高度集中型的公司数量，多数白酒上市公司的股权结构为股权相对集中型。股权相对集中可以避免股权高度集中和股权高度分散对公司治理产生的不利影响。这可能是当前多数白酒上市公司选择股权相对集中型结构的主要原因。

表 2 - 5　2008 ~ 2019 年白酒上市公司股权集中度类型

单位：家

年份	公司总数	股权高度集中公司数量	股权相对集中公司数量	股权高度分散公司数量
2008	11	6	5	0
2009	12	5	7	0
2010	12	5	7	0
2011	13	5	8	0
2012	13	4	9	0
2013	14	4	10	0
2014	15	4	11	0
2015	14	5	9	0
2016	17	6	11	0
2017	17	6	11	0
2018	17	5	12	0
2019	17	5	12	0

资料来源：国泰安研究服务中心 CSMAR 系列数据库《十大股东文件》（2021 年）。

2.2.3　行业比较

电力行业是我国国民经济中重要的基础性行业，有着资金密集和技术密集的特征，股权集中度较高。食品饮料行业是与国民生活息息相关的重要民生产业，白酒是食品饮料行业中重要的子行业。本章将白酒、食品饮料和电力上市公司行业的股权集中度进行对比。图 2 - 2 列示了白酒、食品饮料与电力上市公司第一大股东持股比例的情况。

如图 2 - 2 所示，2008 ~ 2019 年我国电力上市公司和食品饮料上市公司的第一大股东持股比例较高，且相对稳定，第一大股东持股比例均值未发生大幅变动。其中，电力上市公司第一大股东持股比例总体上略高于食品饮料上市公司，而白酒上市公司第一大股东持股比例总体上高于电力和食品饮料同期平均水平。

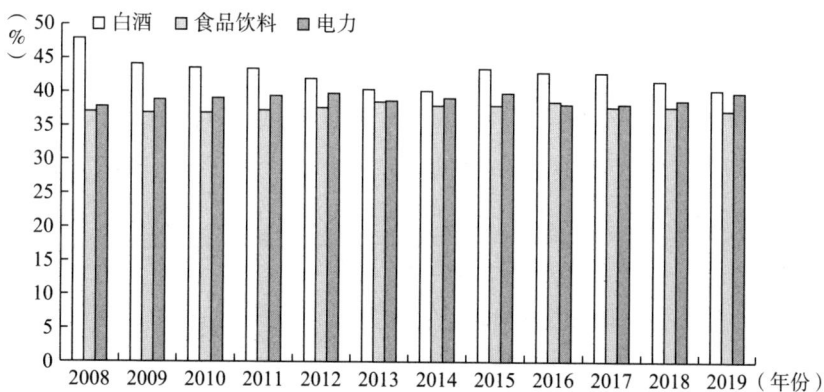

图 2-2　白酒、食品饮料和电力上市公司第一大股东持股比例均值

表 2-6 列示了 2008～2019 年我国白酒、食品饮料与电力上市公司第一大股东、前三大股东、前五大股东和前十大股东的平均持股比例对比情况。

表 2-6　2008～2019 年白酒、食品饮料与电力上市公司股权集中度对比

单位：%

年份	CR1			CR3			CR5			CR10		
	白酒	食品饮料	电力	白酒	食品饮料	电力	白酒	食品饮料	电力	白酒	食品饮料	电力
2008	47.92	37.11	37.91	54.14	47.64	50.38	56.67	51.12	53.65	59.95	55.35	56.22
2009	44.11	37.02	38.94	53.64	49.10	50.70	57.55	52.55	53.45	62.07	56.90	55.53
2010	43.63	37.01	39.10	52.39	51.11	51.70	56.49	55.68	54.90	60.98	60.73	57.85
2011	43.50	37.32	39.53	51.43	51.63	52.50	55.35	56.60	55.63	59.96	61.74	58.67
2012	42.11	37.62	39.93	51.18	52.00	52.99	55.03	56.91	56.41	59.32	61.88	59.73
2013	40.37	38.48	38.73	49.57	51.89	52.19	52.78	56.31	55.99	56.41	60.94	59.54
2014	40.29	37.95	39.19	49.97	51.90	52.73	53.95	56.26	56.72	58.63	60.94	60.39
2015	43.54	38.12	39.82	55.78	52.80	53.40	60.41	57.29	57.19	65.49	62.04	60.91
2016	42.99	38.02	38.30	53.32	52.72	52.71	57.34	57.61	56.75	61.94	62.68	61.17
2017	42.88	37.93	38.24	53.37	53.19	54.18	57.16	58.11	59.17	62.17	63.41	63.88
2018	41.58	37.95	38.73	55.34	53.63	54.77	59.44	58.80	59.56	64.26	64.07	64.10
2019	40.46	37.34	40.12	54.67	53.22	56.44	58.98	58.23	61.16	64.09	63.35	65.41

资料来源：国泰安研究服务中心 CSMAR 系列数据库《十大股东股权集中文件》（2021 年）。

根据表 2-6 所示的数据，2008～2019 年，白酒、食品饮料与电力上市公司前三大股东持股比例之和与第一股东持股比例差异的均值分别是 10.12%、14.08% 和 13.85%，前五大股东持股比例之和与第一股东持股比例差异的均值分别是 13.98%、18.63%、17.67%，前十大股东持股比例之和与第一股东持股比例差异的均值分别是 18.49%、23.51% 和 21.23%。由此可见，2008～2019 年，在股权集中度方面，食品饮料上市公司股权集中度高于电力上市公司，而白酒上市公司股权集中度低于电力上市公司。

白酒、食品饮料和电力上市公司 2008～2019 年国有性质公司占比情况如图 2-3 所示。2008～2019 年，白酒行业国有上市公司占比为 66%～86%，虽然有两次轻微波动，但是总体呈下降趋势，从 2008 年的 84.62% 降至 2019 年的 66.67%，2009 年和 2014 年在上一年度的基础上有小幅增加，分别增长为 85.71% 和 80.00%。

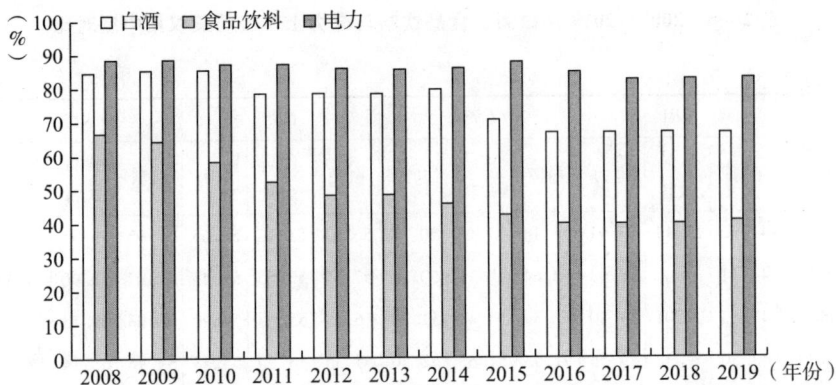

图 2-3　白酒、食品饮料和电力上市公司 2008～2019 年国有性质公司占比情况

食品饮料行业国有上市公司占比为 39%～70%，且呈逐年下降趋势，从 2008 年的 66.67% 降到 2018 年的 39.53%，2019 年有小幅增加，达到 40.70%；电力行业国有上市公司占 80% 以上，占比稳定。数据表明，越来越多的民营公司进入食品饮料行业，使得食品饮料市场充满活力。白酒上市公司中的国有企业占比介于电力行业和食品饮料行业之间。

2.3 舍得酒业大股东治理案例分析

2.3.1 舍得酒业简介

舍得酒业原名沱牌股份，以白酒类产品的设计、生产和销售为主要业务，于 1996 年 5 月在上海证券交易所成功上市。舍得酒业于 2016 年 6 月 30 日引入战略投资者天洋控股进行股权改制，开了中国名酒企业混合所有制改革的先河。2016 年，天洋控股的实际控制人周政成为舍得酒业的实际控制人。

舍得酒业的核心竞争力有三。一是品质优势。舍得酒业的基酒储量、生态酿酒技术和生产技术全国领先。二是品牌优势。舍得酒业的产品沱牌曲酒与五粮液、泸州老窖、郎酒、全兴大曲、剑南春并称为川酒"六朵金花"。舍得酒业拥有"沱牌""舍得"两大中国驰名白酒品牌。世界品牌实验室发布的 2019 年《中国 500 最具价值品牌》中提及"舍得"和"沱牌"两个品牌价值共超过 800 亿元。三是机制优势。舍得酒业引入战略投资者天洋控股进行股权改制，彻底打破了体制桎梏。新的管理层也带来全新的管理理念，改变了以前重生产轻营销的管理模式。高效灵活的民营机制为未来的可持续发展和倍量级增长奠定了坚实的基础。随着天洋控股入主舍得酒业，舍得酒业由国有资本控股成为民营资本控股。2016 年改制后舍得酒业的股权关系见图 2-4。

2.3.2 舍得酒业大股东侵占资金

2020 年 8 月 19 日，舍得酒业发布《关于公司自查控股股东及其关联方资金占用事项的提示性公告》称，经自查，公司间接控股股东天洋控股及其关联方存在通过四川省蓬溪县蓬山酒业有限公司（以下

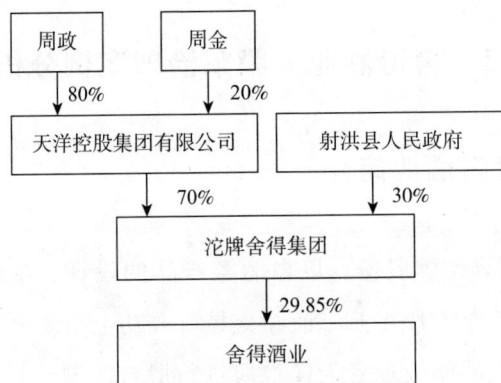

图 2 - 4   2016 年舍得酒业引进战略投资者后的股权控制情况

简称"蓬山酒业")非经营性占用公司资金的情形。根据公告，2019年以来，天洋控股及其关联方通过蓬山酒业长期侵占舍得酒业资金，2019 年度约为 21.6 亿元，至 2020 年 8 月 19 日发生金额约为 18.5 亿元；截至 2020 年 8 月 19 日，公司尚未收回资金约为 4.75 亿元。2020年 9 月 21 日，舍得酒业发布公告称在 9 月 22 日恢复交易后，股票将在风险警示板交易。

导致舍得酒业发生资金侵占问题的原因是多方面的。本章从股权结构、实际控制人和公司内部控制三个层面分析这一问题。从股权结构来看，"一股独大"加上股权制衡度低的现象为舍得酒业大股东进行资金占用创造了机会。表 2 - 7 列示了 2008～2019 年舍得酒业前五大股东持股比例及股权制衡度数据。

如表 2 - 7 所示，2008～2019 年，舍得酒业第一大股东绝对控股，第二至第五大股东持股比例较低，是典型的"一股独大"。如果以第二至第五大股东持股比例之和与第一大股东持股比例之比衡量股权制衡度，舍得酒业 12 年间股权制衡度都相对较低。虽然这期间的股权制衡度由 2008 年的 0.248 增加到 2019 年的 0.325，但是增加幅度非常小。即便是在 2016 年引入战略投资者后，舍得酒业股权制衡度仍然没有显著提高。"一股独大"和微弱的股权制衡为天洋控股通过沱牌舍得集团绝对控制舍得酒业和侵占其资金创造了机会。

表 2 - 7　2008 ~ 2019 年舍得酒业前五大股东持股比例及股权制衡度

年份	第一大股东	第二大股东	第三大股东	第四大股东	第五大股东	股权制衡度
2008	31.85%	3.49%	2.23%	1.19%	0.98%	0.248
2009	31.85%	3.49%	1.19%	0.69%	0.55%	0.186
2010	31.85%	3.49%	2.96%	1.48%	1.19%	0.286
2011	31.85%	3.49%	2.67%	2.56%	2.22%	0.343
2012	31.85%	3.49%	2.75%	2.62%	1.78%	0.334
2013	29.85%	3.49%	2.73%	1.81%	1.19%	0.309
2014	29.85%	3.49%	2.76%	1.88%	1.85%	0.334
2015	29.85%	3.49%	3.31%	1.63%	1.23%	0.324
2016	29.85%	3.49%	2.89%	1.63%	1.38%	0.315
2017	29.85%	3.49%	2.68%	2.49%	1.80%	0.350
2018	29.85%	3.49%	3.36%	2.67%	2.20%	0.393
2019	29.88%	3.49%	2.67%	1.91%	1.65%	0.325

资料来源：国泰安研究服务中心 CSMAR 系列数据库《十大股东文件》（2021 年）。

实际控制人方面，天洋集团存在掏空动机。舍得酒业实际控制人产生两权分离，自 2016 年自然人周政成为舍得酒业的实际控制人以来，直至 2020 年，舍得酒业的实际控制人均未发生变化。2016 ~ 2020 年，舍得酒业实际控制人股权控制图见图 2 - 4，唯一有所不同的只是 2019 年沱牌舍得集团对舍得酒业的持股由之前的 29.85% 变为 29.88%，2020 年又变为 29.95%。资料显示，周政与周金兄妹二人于 1993 年共同创立天洋控股，分别持有天洋控股集团股份的 80% 和 20%，为天洋控股集团的一致行动人。2020 年舍得酒业实际控制人周政的现金流量权为 16.772%（80% × 70% × 29.95%），控制权为 29.95%，实际控制人现金流量权与控制权分离，分离度为 13.178%（29.95% - 16.772%），高于白酒上市公司终极控股股东两权分离度的均值（9.188%）。两权分离度越高，实际控制人将从上市公司获得更多私有利益，掏空上市公司的动机也就越强。

此外，舍得酒业内部控制存在重大缺陷。舍得酒业有关内部控制的文件是健全的，也有相应的内部控制流程，对相关事项的分工与授权、执行与监督，不相容职责分离要求均有明确规定。然而，舍得酒业大股东违规占用巨额资金的现象表明，舍得酒业内部控制流于形式，缺乏有效性。这从信永中和会计师事务所关于对舍得酒业股份有限公司控股股东及关联方非经营性资金占用相关事项的问询函的回复中能得到证实。该回复指出，"平账过程中，其中 23.40 亿元款项的支付舍得酒业及舍得营销均无相应付款审批流程"。舍得酒业内控人员显然对这些问题视而不见。

舍得酒业实际控制人存在强烈的掠夺动机，加之股权结构创造的条件和公司内控重大缺陷，舍得酒业大股东巨额资金侵占就这样"顺理成章"地暗中发生。大股东非经营性侵占资金导致舍得酒业正常生产经营受到影响，因而被证监会予以特别处理。2020 年 9 月 22 日，由于天洋控股及其关联方未在承诺期限，即 9 月 19 日前归还非经营性资金占用本金及利息，公司股票名称由原来的"舍得酒业"变更为如今的"ST 舍得"。根据 ST 舍得 2020 年 10 月 27 日公告，截至该公告日，公司尚未收到间接控股股东天洋控股集团有限公司及其关联方非经营性占用的资金本金及利息，天洋控股集团有限公司及其关联方尚未解决非经营性占用资金事项。ST 舍得全资子公司四川沱牌舍得营销有限公司已就上述资金占用事项向四川省遂宁市中级人民法院申请对天洋控股、三河天洋城房地产开发有限公司采取财产保全措施。四川省遂宁市中级人民法院裁定对天洋控股持有的沱牌舍得集团 70% 的股权予以冻结，冻结金额以 6.7 亿元为限，冻结日期为 2020 年 8 月 18 日至 2023 年 8 月 17 日。2021 年 1 月 5 日上海豫园旅游商城（集团）股份有限公司通过司法拍卖持有沱牌舍得集团 70% 的股权，ST 舍得的实际控制人变更为郭广昌。舍得酒业大股东侵占对中小股东的影响也是非常严重的。2020 年 9 月 22 日至 2020 年 9 月 25 日，ST 舍得股价连续 4 个交易日跌停，公司总市值跌破百亿元大关。舍得酒业资金侵占的相关责任人因此付出代价，受到相应处罚。

2015 年 5 月，国务院国资委明确指出要推动地方国资委发展混合所有制经济，从 2015 年下半年开始，国企的改革幅度明显加大。舍得酒业在此背景下进行混改，引入战略投资者天洋控股。天洋控股入驻舍得酒业 4 年时间，将舍得酒业变为其取款机，不但没有促进公司发展，反而严重干扰公司正常经营，致使公司被特别处理。舍得酒业大股东侵占资金引起社会各界对国企混合所有制改革的深入思考。混合所有制改革本身是值得鼓励的，但是混改制度在推进过程中诸多问题尚待解决，例如，在引入民营资本时应该看中竞价企业的哪些方面？通过舍得酒业被"ST"，引起思考，相关政府应该看中的不应仅是报价，更应该看中竞价企业所拥有的经验、资源、能力等。

2.4 白酒上市公司股权结构与公司绩效

2.4.1 研究假设

股权结构是公司治理结构与效果的重要决定因素。我国上市公司股权普遍较为集中，第一大股东对公司治理影响较大。现有文献鲜少分析白酒行业股权结构与公司绩效的关系。本章从股权集中度与股权制衡度两个方面实证分析白酒上市公司股权结构对公司绩效的影响。

（1）股权集中度与公司绩效

集中的股权结构对公司治理可能产生消极和积极两个方面的影响。消极方面，在股权制衡度较低的公司中，集中股权结构下的控股股东对公司具有绝对控制权。在自利动机的诱使下，大股东参与公司治理过程中可能采取有利于自己的战略与决策，从而增加公司的运营风险。控制股东的行为可能忽略中小股东的权利和利益，甚至侵害中小股东利益。在集中的股权结构中，因为大股东的操纵，更容易出现大股东转移公司利益或资源的现象。积极方面，在股权集中的情况下，较高的持股比例使得大股东出于自身利益的考虑，不得不密切关注和参与公司治理，提高公司治理效率，提升公司价值。国内外学者在上市公司股权集中度对公司绩效的影响上并未得出一致结论，因为各国的政治经济环境和研究对象所处行业都对研究结果产生重要的影响。我国白酒上市公司股权相对集中，第一大股东持股比例较高。近年来，白酒上市公司股权集中度有下降的趋势，但是在 2019 年，白酒上市公司第一大股东持股均值仍在 40% 以上。大股东相对于其他股东来说更有动力去监督经理层行为，降低委托代理成本，从而提升公司价值。同时，股权集中可以减少被并购的风险。我国白酒上市公司的发展历程表明股权结构总体上对提高公司绩效是积极有效的。综上所述，本书提出以下假设。

假设 H1：第一大股东股权集中度与白酒上市公司绩效正相关。

（2）股权制衡度与公司绩效

股权制衡是通过股东之间的相互牵制，相互监督，使企业不被任何一个大股东单独控制。通过这种方式既可以保留企业各股东股权相对集中的优势，又可以有效制约大股东对公司利益的侵害。股权制衡可以缓解股权集中与分散之间的矛盾，保护企业中小股东利益，促进企业价值的实现，提高企业绩效。股权制衡度越高，外部股东的影响力相对于控股股东就越强，相应地外部股东对控股股东监督的动机和能力也就越强，控股股东侵害其他股东的能力就会被极大地削弱。但是如此一来，大股东之间可能产生矛盾或引起权利争斗，导致企业决策效率低下，从而不利于绩效的提高。

我国白酒行业垄断性特征比较突出。一般来讲，垄断性行业具有资源稀缺性和进入壁垒高等特点，行业内公司持续经营能力较强。经营的稳定性是公司经营绩效良好的重要前提和基础。现有研究发现，在垄断性行业中，股权制衡度对公司绩效的影响并不是很明显。例如，顾问和许纪校（2014）就垄断性和竞争性两种不同行业特性分别对股权制衡与公司绩效之间的关系进行了实证研究，发现垄断性行业股权制衡度与公司绩效无显著相关性，而竞争性行业股权制衡度与公司绩效呈倒 U 形关系。段淑迅（2016）基于垄断性和竞争性行业对比的视角，得出"对于垄断性行业而言，股权制衡度与公司绩效之间的相关关系并不显著"的结论。因此，本章认为我国白酒上市公司股权制衡度与公司绩效无显著相关关系。综上所述，本书提出以下假设。

假设 H2：股权制衡度与企业绩效之间无显著相关关系。

2.4.2 研究分析

（1）研究样本与数据来源

本书以 2008～2019 年白酒上市公司为研究对象，并按照以下标准进行筛选：①剔除被 ST 公司的数据样本，由于这些公司面临退市的风险，若将其纳入研究样本，可能会影响结果的可靠性；②剔除白酒类商品收入不是企业主营业务收入（占所有营业收入 50% 以下）的公司；③剔除数据异常、数据不完整的公司。本书最终得到 172 个观测值，实证检验白酒上市公司股权结构对公司绩效的影响。股权制衡度根据公司年报数据计算而得，其他数据源于国泰安研究服务中心 CS-MAR 系列数据库。

（2）变量设计

①被解释变量

本书的被解释变量是公司绩效。本书参照李维安和孙文（2007）、韩慧林和孙国辉（2014）、蒋泽芳和陈祖英（2019）等的研究，将综合性较强的净资产收益率作为衡量公司绩效的指标，并以 ROE 表示，然后使用托宾 Q 值（TOBIN）替代进行稳健性检验。

②解释变量

国内外学者常以第一大股东持股比例、前三大股东持股比例、前五大股东持股比例、前十大股东持股比例、H 指数和 CR 指数等作为股权集中度的衡量指标，并分为股权高度集中、股权相对集中和股权高度分散三类。本书借鉴谢军（2006）、陈德萍和陈永圣（2011）、贾佩雷和黄阳（2019）等的研究，以第一大股东持股比例来衡量股权集中度，并以 CR1 表示。当控股股东夺取私人收益的时候，受损失最大的就是另外的一些持股比例较大的股东。这些股东有动力，通常也有能力干涉控股股东的侵害行为。一般认为，股权制衡度大于等于 1 时，控股股东受到其他大股东的制衡；当股权制衡度小于 1 时，控股股东的控制程度较高。因此，股权制衡对于监督控股股东行为和实现权力制衡，并保护投资者利益具有十分重要的作用。借鉴陈德萍和陈永圣（2011）、于文领等（2020）、秦斐和葛玉辉（2020）等的研究，本书以公司第二至第五大股东持股比例之和与第一大股东持股比例的比值来衡量股权制衡度，并以 *GQZH* 表示。

③控制变量

本书将公司规模、资产负债率和公司成长性作为控制变量，并分别以 *SIZE*、*DEBT* 和 *GROW* 表示。变量定义见表 2 - 8。

表 2 - 8　变量定义

类型	名称	符号	定义
被解释变量	净资产收益率	*ROE*	净利润/加权平均净资产（%）
	托宾 Q 值	*TOBIN*	公司市值/总资产（%）
解释变量	股权集中度	*CR*1	第一大股东持股数/股东持股总数（%）
	股权制衡度	*GQZH*	第二至第五大股东持股比例之和/第一大股东持股比例
控制变量	公司规模	*SIZE*	年末总资产的自然对数
	资产负债率	*DEBT*	年末总负债/年末总资产（%）
	公司成长性	*GROW*	（本年营业收入 - 上年营业收入）/上年营业收入（%）

（3）基本模型的选取

为了实证分析白酒上市公司股权结构对公司绩效的影响，本书根据上述变量与定义，并运用 Stata16.0，采用多元线性回归的方法，参照贾佩雷和黄阳（2019）、张硕（2020）、王希为等（2020）的研究，构建模型如下：

①股权集中度与公司绩效关系，模型（2 - 1）：

$$ROE_{it} = \alpha + \beta_1 CR1_{it} + \beta_2 SIZE_{it} + \beta_3 DEBT_{it} + \beta_4 GROW_{it} + \varepsilon \quad 模型（2 - 1）$$

②股权制衡度与公司绩效关系，模型（2 - 2）：

$$ROE_{it} = \alpha + \beta_1 GQZH_{it} + \beta_2 SIZE_{it} + \beta_3 DEBT_{it} + \beta_4 GROW_{it} + \varepsilon \quad 模型（2 - 2）$$

其中，α 为常量，it 代表第 i 个公司第 t 年的指标，β 是自变量以及控制变量 $SIZE$、$DEBT$、$GROW$ 的回归系数，ε 代表回归残差。

2.4.3　实证检验

（1）描述性统计

如表 2 - 9 所示，2008 ~ 2019 年白酒上市公司净资产收益率（ROE）的平均数为 18%，最小值为 - 29.570%，最大值为 54.310%，标准差为 13.374%。数据表明，白酒上市公司净资产收益率总体较高，但是各公司差异较大。第一大股东持股比例均值为 42.595%，最大值为 79.66%，最小值为 18.26%。综合描述性统计的结果可以反映我国白酒上市公司股权相对集中，公司之间差异非常大。股权制衡度均值仅为 0.512，小于 1，表明我国白酒上市公司股权制衡度总体水平较低，其他股东对第一大股东控制权的制衡作用较小；同时，股权制衡度最小值为 0.022，最大值为 14.552，说明各白酒上市公司之间的股权制衡度差异较大。

表 2 - 9　变量描述性统计

	N	均值	标准差	最小值	最大值
ROE（%）	172	18.000	13.374	- 29.570	54.310
$CR1$（%）	172	42.595	14.878	18.260	79.660
$GQZH$	172	0.512	1.158	0.022	14.552
$SIZE$	172	22.607	1.233	19.965	25.933
$DEBT$（%）	172	35.606	13.610	13.092	76.965
$GROW$（%）	172	15.585	24.842	- 70.312	90.380

（2）股权结构与公司绩效回归分析

本书为了检验股权集中度与公司绩效的关系，对模型（2 - 1）进行了多元线性回归分析，回归结果如表 2 - 10 所示。

表 2 - 10　第一大股东股权集中度与公司绩效的回归分析

变量	模型（2 - 1）
CR1	0. 122 **
	（ - 2. 430）
SIZE	4. 083 ***
	（6. 500）
DEBT	- 0. 194 ***
	（ - 3. 400）
GROW	0. 251 ***
	（8. 280）
α	- 76. 510 ***
	（ - 5. 190）
样本数	172
调整的 R^2	0. 486
F	41. 400 ***

注：表中括号内数字为方差一致的 t 统计值，* 、 ** 、 *** 分别表示在 10% 、 5% 和 1% 的显著性水平上显著。

从表 2 - 10 可知，根据评价模型的检验统计量，得到调整后的 R^2 为 0. 486，说明模型拟合效果较好。F 值在 1% 的水平上显著，说明第一大股东股权集中度较好地解释了公司绩效的变化。第一大股东持股比例与公司绩效的相关系数 β_1 为 0. 122，且在 5% 的水平上显著，表明第一大股东持股比例与公司绩效显著正相关，假设 H1 得到验证。

表 2 - 10 回归结果显示，我国白酒上市企业股权集中度与净资产收益率之间呈显著正相关关系，即股权集中度对公司绩效有正向影响。统计数据表明，我国白酒上市公司一定比例的股权集中有助于提高公司治理效果。

表 2 - 11 是股权制衡度与公司绩效关系的回归分析结果。根据评价模型的检验统计量，可以得到调整后的 R^2 为 0. 468，说明模型拟合度较高。股权制衡度与公司绩效的系数 β_1 为 - 0. 058，但是并未通过显著性检验。实证数据表明股权制衡度与公司绩效之间无显著相关关系，假设 H2 得到验证。我国白酒上市公司股权制衡度与公司绩效无显著相关关系，主要原因是白酒上市公司股权制衡度较低，股权制衡

度对公司绩效的促进作用未有效发挥。

表 2 – 11　股权制衡度与公司绩效的回归分析

变量	模型（2 – 2）
GQZH	– 0. 058
	（ – 0. 090）
SIZE	4. 262 ***
	（6. 710）
DEBT	– 0. 205 ***
	（ – 3. 530）
GROW	0. 257 ***
	（8. 300）
α	– 75. 045 ***
	（ – 5. 01）
样本数	172
调整的 R^2	0. 468
F	38. 560 ***

注：表中括号内数字为方差一致的 t 统计值，*、**、*** 分别表示在 10%、5% 和 1% 的显著性水平上显著。

2.4.4　稳健性检验

为了检验回归分析结果的稳定性，本书以托宾 Q 值替代净资产收益率，对股权集中度、股权制衡度与公司绩效的关系进行了回归分析，回归结果分别见表 2 – 12 和表 2 – 13。

表 2 – 12　CR1 稳健性检验回归结果

变量	模型（2 – 1）
CR1	0. 023 ***
	（2. 920）
SIZE	0. 069
	（0. 71）
DEBT	– 0. 008
	（ – 0. 890）

续表

变量	模型（2-1）
GROW	0.027 ***
	(5.800)
α	0.513
	(0.230)
样本数	172
调整的 R^2	0.210
F	12.330 ***

注：表中括号内数字为方差一致的 t 统计值，*、**、*** 分别表示在 10%、5% 和 1% 的显著性水平上显著。

如表 2-12 所示，当采用托宾 Q 值研究股权集中度与公司绩效的相关关系时，股权集中度与托宾 Q 值的相关系数为 0.023，并通过了 1% 的显著性检验。即第一大股东持股比例与公司绩效之间存在显著正相关关系，这与原结论并无不同，该结论通过了稳健性检验。

如表 2-13 所示，当使用托宾 Q 值衡量公司绩效时，股权制衡度与托宾 Q 值的相关系数为 -0.151，但是并没有通过显著性检验，即股权制衡度与公司绩效之间存在不显著相关关系，这与原结论是一致的，说明原结论是具有稳健性的。

表 2-13 *GQZH* 稳健性检验回归结果

变量	模型（2-2）
GQZH	-0.151
	(-1.51)
SIZE	0.105
	(1.06)
DEBT	-0.011
	(-1.21)
GROW	0.029 ***
	(6.00)
α	0.842
	(0.36)
样本数	172

续表

变量	模型（2 - 2）
调整的 R^2	0.18
F	10.39 ***

注：表中括号内数字为方差一致的 t 统计值，*、**、*** 分别表示在 10%、5% 和 1% 的显著性水平上显著。

2.5 研究结论及对策建议

2.5.1 研究结论

本书从股权性质和股权集中度两个方面对我国白酒上市公司 2008 ～ 2019 年的股权结构特征、变化，以及其对公司绩效的影响进行了深入研究，结论如下。

第一，在股权性质方面，我国白酒上市公司以国有企业为主导。只有少数上市酒企性质发生了变化，例如，舍得酒业 2016 年由国有资本控股变为民营资本控股。

第二，在股权集中度方面，我国白酒上市公司股权相对集中，第一大股东持股比例高，"一股独大"普遍存在。但是，白酒上市公司股权集中度总体呈下降趋势，除古井贡酒和山西汾酒等少数公司之外，其他白酒上市公司从股权高度集中型转向股权相对集中型，股权结构进一步优化。

第三，在对公司绩效的影响方面，股权集中度有助于提高公司绩效，但是影响较小。当前我国白酒上市公司股权结构总体上处于较优状态，不适宜再通过提高第一大股东持股比例提升公司绩效。白酒上市公司股权制衡度对公司绩效没有显著影响，主要原因是股权制衡度过低，股权制衡优化公司治理的作用未得到有效发挥。

2.5.2　对策建议

（1）完善法律法规，提高大股东违规成本

本书在查阅近年来其他大股东违规占用上市公司资金的处罚决定时发现，大股东因违规行为受到的惩罚过轻。监管部门对其控股股东做出处罚的依据都是严重违规信息披露，而不是控股股东的巨额利益侵占。究其根本，相关的法律法规不够完善，大股东违规成本过低，这在某种程度上助长了大股东违规的行为。应完善投资者保护制度，增加大股东违规成本，提高公司治理效率。

（2）保持合理的股权制衡度，形成良好的公司治理机制

良好的公司治理需要合理的股权制衡度。当股权制衡度较低时，企业其他股东因持股比例限制而发言权少，难以形成相互制衡的态势，容易出现大股东"一言堂"现象，不利于保护其他投资者的利益。但是，如果股权制衡度过高，大股东之间容易因为各自利益之争，出现决策意见分歧，造成股东之间的耗损，从而影响企业经营决策进度。股权制衡度过高或者过低，均不利于企业良好的公司治理机制的形成。因此，我国白酒上市公司应该调节企业大小股东的持股比例，保持合理的股权制衡度。

（3）完善公司内部控制，提高风险管理能力

内部控制是加强企业管理的重要手段，内部控制的完善能在一定程度上提升企业的经营管理水平，规避经营风险，提高公司治理效率。白酒上市公司应健全内部控制制度。舍得酒业被 ST，显现了其"内部控制流于形式，在执行过程中缺乏有效性"的问题。白酒上市公司中，内控存在缺陷的公司不止舍得酒业一家。针对该问题，企业要建立一套完整的内部控制流程，并确定目标及行为规范标准，尤其应加强对实际控制人的权力监督。另外，需要保证内部信息交流和传递的畅通，当管理层违规行使权力时，公司内部可以及时收到消息。同时应建立风险预警机制。近年来，大数据的发展给企业的经营管理带来

了一些新思路，通过建立跨系统、全流程的大数据风险控制系统，可以更全面地了解企业的内部信息。将风险分析模型和风险评估标准应用于企业的资金管理上，通过选取一系列风险预警指标，及时发现和处理酒企管理中存在的问题，能降低风险，增加公司价值。

（4）加强道德教育建设，提升从业人员的风险合规意识

要加强对企业的道德教育建设，提高管理者的思想道德水平。通过系统持续的道德教育，树立从业人员心中的道德标杆。只有管理人员的道德水平提高了，对违规行为产生羞愧感，才能减少信息违规披露行为的发生，抑制大股东侵占资金的行为发生。大部分公司员工会存在一些认知盲区，风险识别能力较弱，只知道服从上级领导指示，未能从根源上理解违规行为的严重影响。要组织公司内部各级人员进行系统学习，开展专题业务培训，深入学习国家颁布的公司法律法规以及证监会的各项规章制度。公司掌舵人必须有红线意识，时刻牢记自己的社会责任，严格遵守法律法规和职业准则。

| 第 3 章 |

白酒上市公司机构投资者研究

3.1 国内外研究现状

国内学者对我国机构投资者参与治理对公司绩效的影响研究主要有三种观点。第一种观点认为，我国机构投资者参与治理并不能对公司绩效产生积极影响。虽然我国的资本市场发展时间相对于西方发达国家的资本市场发展时间更晚，但是发展速度较快。我国资本市场还存在较多需要完善的地方。在相对不完善的资本市场中，机构投资者更倾向于进行短线投机操作，而并非长期投资。因此，机构投资者参与公司治理的积极性降低，从而给企业带来不利影响。例如，王永海等（2007）的研究指出，机构投资者参与公司治理的监督成本与其投资公司治理结构的完善程度负相关。首先，机构投资者会优先考虑其自身的目标与其他利益相关者是否一致，如果二者不一致，会增加机构投资者的治理成本，他们参与公司治理的动力便会大大降低；其次，机构投资者自身是否也存在治理问题，如若是，他们的监督有效性会大大降低；最后，机构投资者虽然有一定资金、信息、技术等优势，但机构投资者更关注投资收益，而他们普遍缺乏管理经验并且对有一定风险的外部信息存在一定程度的依赖。因此，机构投资者参与公司治理对企业绩效造成的影响很可能是负面的。

第二种观点认为，机构投资者参与公司治理有助于公司绩效的提升。例如，石美娟和童伟华（2009）的研究显示，机构投资者持股比例与其公司绩效正相关。在股权分置改革的条件下，股东的利益与公司的股价紧密相连，机构投资者为了自身的利益积极参与公司治理，可以提升企业价值。同时，机构投资者具有一定的信息优势以及其自身的专业性，他们的行为会受到中小股东们的关注，所以机构投资者存在信息传递效应。唐跃军和宋渊洋（2010）研究了持股比例变动对公司绩效的影响，他们发现机构投资者具有一定的价值创造能力。甄红线和王谨乐（2016）通过现金价值模型研究发现，机构投资者持股比例与公司现金价值负相关。这说明了机构投资者对企业的信息披露有着积极的作用，会增强信息的透明度，减少信息不对称，为其创造更好的融资环境。学者们同时还研究发现，机构投资者异质性导致各类机构投资者对公司绩效的影响不同。例如，信恒占（2017）研究发现，股权分置改革后，机构投资者的持股持续期与公司绩效正相关；不同类型的机构投资者在改善公司绩效方面存在显著差异，长期机构投资者以及基金和境外机构投资者（以下简称 QFII）能够改善公司绩效，而短期投资者以及券商、信托公司和保险公司不能改善公司绩效。杜勇等（2018）探究了不同类型的机构投资者增持股票对亏损公司未来业绩的影响差异，研究发现，压力抵制型机构投资者增持股票对亏损公司未来业绩的正面影响比压力敏感型机构投资者增持股票的正面影响更强。梅洁和张明泽（2016）与汪玉兰和易朝辉（2017）等研究认为，机构投资者对其持股公司盈余管理具有抑制作用，证券投资基金对盈余管理抑制作用更大。

第三种观点认为，机构投资者对公司不仅会产生消极影响，也会产生积极影响。例如徐琳等（2019）通过对沪深两市的互联网上市公司的研究，发现互联网公司的财务绩效与机构投资者对其公司持股情况呈现倒 U 形关系，即随着机构投资者持股比例的提高，会先呈现积极的正向提升作用，当其比例超过一定值时，便会呈现负面削减作用。

3.2　白酒行业机构投资者现状

3.2.1　机构投资者类型

长期且持续的丰厚利润使得白酒比其他非金融行业都更吸金。机构投资者对白酒股的青睐由来已久。2003 年，基金和券商等机构投资者已经进入贵州茅台和五粮液，保险和 QFII 也分别于 2004 年和 2005年进入白酒行业。到了 2018 年，所有的白酒上市公司都拥有机构投资者，包括基金、QFII、券商、保险、社保基金和信托等，其中基金最普遍，并且每一家白酒上市公司往往同时拥有多类机构投资者。如五粮液 2018 年拥有基金、QFII、券商、保险和社保基金 5 类机构投资者。

近年来，买入白酒股的投资者越来越多，机构投资者抱团白酒的现象有所加剧。天相投顾数据显示，截至 2020 年第四季度末，共计1361 只公募基金持有贵州茅台的市值达 1251.09 亿元，1063 只公募基金持有五粮液的市值达到 980.52 亿元，贵州茅台、五粮液成为公募基金前 2 大重仓股。此外，还有泸州老窖、山西汾酒，也出现在公募基金前 20 大重仓股之列，成为机构投资者的"真爱"。2019 年 4 月中国证券网报道，白酒是 2019 年公募偏股基金一季度加仓方向主要集中行业之一。截至 2019 年一季度末，基金前 10 大重仓股中，贵州茅台和五粮液分别名列第 2 和第 3，在基金加仓前 10 大股票中，白酒股有 4只，分别是五粮液、贵州茅台、泸州老窖和古井贡酒。2018 年 11 月 7日，91 名机构投资者在洋河南京营运中心进行调研活动。以上种种迹象表明，机构投资者对白酒行业的影响越来越大。

机构投资者按其性质通常包括券商、保险、QFII、基金、社保基金、信托等，不同类型的机构投资者参与公司治理程度各异。Brickley等（1988）研究发现，投票行为是机构投资者类型的函数。他们依据机构投资者与所投资的企业是否有业务关系或是投资合约，将机构投资者区分开来。机构投资者的这种异质性使得它们参与公司治理的能力、积极性和目标有很大差异。其中，保险和信托与所投资的公司一般有商业关系或希望形成商业关系，由于潜在的利益冲突，它们缺乏参与公司治理的积极性和能力，这种类型的机构投资者被称为压力敏感型机构投资者。而社保基金和所投资的公司缺乏这种潜在的商业关系，因而具有参与公司治理的积极性，属于压力抵制型机构投资者。

3.2.2　机构投资者持股比例

（1）白酒上市公司机构投资者持股研究

为了深入了解各类酒企机构投资者持股比例及持股稳定性，本书对贵州茅台、五粮液、泸州老窖、古井贡酒、水井坊、洋河股份6家典型酒企2013～2020年各公司的机构投资者持股比例进行个案研究。

①贵州茅台的机构投资者持股比例

如表3－1所示，2013～2020年，基金机构投资者持有贵州茅台股份比例最高达到11.44%，QFII最高持股比例达到4.39%，券商最高持股比例达到2.99%，保险最高持股比例为1.65%，社保基金最高持股比例达到1.30%。其中，保险、社保基金持有贵州茅台的股份比例均不超过2%，基金的持股比例相对保险、社保基金而言变动幅度较大。QFII在2013～2020年均持有贵州茅台的股份，持股比例在5%以下。券商自2015年9月30日持有贵州茅台的股份，持股比例在3%以下。总的来说，机构投资者中基金持有贵州茅台的股份最多。在大部分年份中，QFII、券商、保险、社保基金持股比例总和不及基金持股比例。2013～2020年，贵州茅台机构投资者持股比例总和最高为2013年6月30日的13.83%，最低的持股比例总和为2014年12月31日的5.73%。

表 3 - 1 贵州茅台机构投资者持股比例

单位：%

日期	基金	QFII	券商	保险	社保基金
2013/03/31	7.36	1.06	–	1.65	–
2013/06/30	11.44	1.06	–	1.33	–
2013/09/30	8.98	1.06	–	0.91	–
2013/12/31	6.09	1.72	–	0.97	–
2014/03/31	5.32	3.06	–	0.54	–
2014/06/30	6.62	3.32	–	0.54	–
2014/09/30	4.14	4.10	–	0.54	–
2014/12/31	1.34	3.80	–	0.59	–
2015/03/31	3.39	4.39	–	0.79	–
2015/06/30	2.31	3.81	–	0.56	0.44
2015/09/30	2.20	2.73	2.99	0.54	0.42
2015/12/31	2.65	2.74	2.57	0.45	0.46
2016/03/31	2.49	3.32	2.95	–	0.46
2016/06/30	3.50	3.10	2.78	0.40	0.43
2016/09/30	2.98	3.09	2.53	–	0.41
2016/12/31	3.60	1.93	2.35	0.43	0.41
2017/03/31	3.13	1.89	2.02	0.40	0.41
2017/06/30	3.69	1.88	1.97	0.35	0.38
2017/09/30	3.63	2.08	1.56	–	0.38
2017/12/31	3.97	1.35	1.29	0.27	–
2018/03/31	3.57	1.55	0.67	–	–
2018/06/30	4.12	1.52	0.56	–	–
2018/09/30	4.12	1.26	0.64	–	0.21
2018/12/31	4.18	1.29	0.64	–	–
2019/03/31	4.09	1.30	0.64	–	1.30
2019/06/30	5.52	0.55	0.64	–	0.55
2019/09/30	5.37	–	0.64	0.26	–
2019/12/31	5.22	–	0.64	–	–
2020/03/31	5.32	–	0.04	0.30	–

日期	基金	QFII	券商	保险	社保基金
2020/06/30	5.65	–	0.64	0.31	–
2020/09/30	6.19	–	0.64	0.31	–

资料来源：国泰安研究服务中心 CSMAR 系列数据库（2020 年）。

②五粮液的机构投资者持股比例

如表 3 - 2 所示，2013～2020 年，基金机构投资者持有五粮液股份比例最高达到 10.79%，QFII 持股比例最高达到 3.25%，券商持股比例最高达到 2.93%，保险最高持股比例达到 1.96%，社保基金持股比例达到 1.84%。QFII、券商、保险和社保基金的持股比例均不超过 4%。总的来说，除基金持有比例较高外，其他机构投资者持有五粮液股份比例相对较低。在这期间，机构投资者持股比例总和最高为 2017 年 12 月 31 日的 14.41%，最低为 2015 年 3 月 31 日的 3.74%。

表 3 - 2 五粮液机构投资者持股比例

单位：%

日期	基金	QFII	券商	保险	社保基金
2013/03/31	4.85	0.34	–	1.42	–
2013/06/30	8.07	0.35	–	1.42	–
2013/09/30	4.08	0.35	–	1.83	–
2013/12/31	5.08	0.45	–	1.96	–
2014/03/31	3.30	0.45	–	1.96	0.61
2014/06/30	7.00	0.92	–	1.96	0.91
2014/09/30	4.17	0.77	–	0.98	1.05
2014/12/31	5.31	–	–	1.74	1.05
2015/03/31	1.19	–	0.32	1.81	0.42
2015/06/30	5.52	0.68	0.34	1.83	0.97
2015/09/30	3.28	–	1.93	1.66	1.71
2015/12/31	5.20	–	1.93	1.61	1.84
2016/03/31	5.39	2.09	1.84	0.66	1.45
2016/06/30	7.58	2.00	1.93	0.57	1.21

续表

日期	基金	QFII	券商	保险	社保基金
2016/09/30	4.02	3.25	1.85	–	0.48
2016/12/31	6.36	2.76	1.53	–	0.58
2017/03/31	6.65	2.35	0.67	–	0.45
2017/06/30	9.84	2.25	0.88	0.45	–
2017/09/30	9.11	2.14	0.71	0.40	–
2017/12/31	10.79	1.50	1.71	0.41	–
2018/03/31	6.71	0.85	2.19	0.45	–
2018/06/30	8.06	0.38	2.93	0.83	–
2018/09/30	4.96	0.37	2.88	0.44	–
2018/12/31	5.36	–	2.88	0.41	–
2019/03/31	6.81	0.33	2.88	0.46	0.33
2019/06/30	9.18	0.32	2.88	0.81	0.32
2019/09/30	7.56	0.29	2.88	0.85	0.29
2019/12/31	7.93	–	2.88	0.87	–
2020/03/31	7.09	0.32	2.88	0.88	0.32
2020/06/30	9.51	–	2.88	0.86	–
2020/09/30	9.72	–	2.88	0.85	–

资料来源：国泰安研究服务中心 CSMAR 系列数据库（2020 年）。

③泸州老窖的机构投资者持股比例

如表 3-3 所示，2013~2020 年，基金机构投资者持有的泸州老窖股份比例最高为 18.91%，高于贵州茅台和五粮液基金持股比例最大值，除 2014 年和 2015 年持股比例下降外，其他时间总体呈上升趋势。泸州老窖 QFII 持股比例非常低，仅在 2014 年 6 月 30 日持有1.31% 的股份。券商于 2015 年开始持有泸州老窖股份，最高持股比例为 2016 年 3 月 31 日的 4.42%。保险和社保基金多数时候持有泸州老窖股份，二者在此期间持股最大值分别是 1.80% 和 3.41%。泸州老窖的机构投资者持股比例总和均超过了 6%，甚至在 2017 年 6 月 30 日之后均超过了 15%。总的来说，泸州老窖的机构投资者持股比例相对更高，最高的持股比例总和为 2019 年 6 月 30 日的 22.94%，最低的持股比例总和为 2014 年 9 月 30 日的 6.13%。

表 3 – 3　泸州老窖机构投资者持股比例

单位：%

日期	基金	QFII	券商	保险	社保基金
2013/03/31	10.33	–	–	–	–
2013/06/30	16.88	–	–	–	–
2013/09/30	6.58	–	–	0.84	1.03
2013/12/31	12.17	–	–	0.90	2.34
2014/03/31	4.39	–	–	1.53	0.68
2014/06/30	7.78	1.31	–	1.00	0.68
2014/09/30	4.32	–	–	1.00	0.81
2014/12/31	8.67	–	–	1.80	1.36
2015/03/31	4.08	–	–	1.32	1.80
2015/06/30	6.81	–	–	0.79	2.31
2015/09/30	2.72	–	2.99	0.66	2.93
2015/12/31	6.42	–	4.19	0.77	1.81
2016/03/31	4.73	–	4.42	–	1.82
2016/06/30	12.63	–	4.13	–	2.03
2016/09/30	7.86	–	3.15	0.76	3.28
2016/12/31	11.54	–	2.72	–	3.41
2017/03/31	9.35	–	0.81	–	3.02
2017/06/30	17.62	–	0.66	0.61	0.69
2017/09/30	14.08	–	0.60	0.51	–
2017/12/31	17.19	–	1.74	0.53	–
2018/03/31	13.26	–	2.10	–	–
2018/06/30	17.35	–	2.38	–	–
2018/09/30	12.50	–	2.31	0.73	–
2018/12/31	14.40	–	2.31	1.08	0.71
2019/03/31	12.60	–	2.31	0.73	–
2019/06/30	18.91	–	2.31	1.72	–
2019/09/30	14.39	–	2.31	1.04	–
2019/12/31	17.77	–	2.31	0.80	–

续表

日期	基金	QFII	券商	保险	社保基金
2020/03/31	12.88	–	2.31	–	–
2020/06/30	16.67	–	2.31	–	–
2020/09/30	16.41	–	2.31	–	–

资料来源：国泰安研究服务中心 CSMAR 系列数据库（2020 年）。

④古井贡酒的机构投资者持股比例

如表 3 - 4 所示，2013 ~ 2020 年，保险和社保基金持有古井贡酒的股份比例非常低，且时间短。其中，保险仅在 2016 年持股 0.90%，持有股份比例不仅低且时间非常短；社保基金也仅在 2013 年、2014 年和 2016 年持股古井贡酒，持股比例最高也仅为 1.14%。基金是持有古井贡酒股份比例最多的机构投资者，其持股比例波动较大，最高持股比例为 2018 年 6 月 30 日的 13.45%。总的来说，机构投资者持有古井贡酒的股份相对较少，波动较大，最高的持股比例总和为 2018 年 6 月 30 日的 16.34%，最低的持股比例总和为 2015 年 3 月 31 日的 1.59%。

表 3 - 4　古井贡酒机构投资者持股比例

单位：%

日期	基金	QFII	券商	保险	社保基金
2013/03/31	3.26	–	2.98	–	–
2013/06/30	6.74	–	2.98	–	–
2013/09/30	0.45	–	3.50	–	–
2013/12/31	2.66	–	3.91	–	0.58
2014/03/31	0.02	0.99	3.88	–	–
2014/06/30	2.63	1.09	3.86	–	1.14
2014/09/30	1.55	1.12	3.70	–	–
2014/12/31	6.85	1.14	2.98	–	–
2015/03/31	0.06	1.53	–	–	–
2015/06/30	3.84	1.68	0.73	–	–
2015/09/30	0.21	1.83	2.07	–	–
2015/12/31	2.81	1.99	1.88	–	–

续表

日期	基金	QFII	券商	保险	社保基金
2016/03/31	5.01	1.99	1.04	–	–
2016/06/30	9.07	2.43	–	–	–
2016/09/30	1.15	2.35	–	–	–
2016/12/31	2.22	3.04	–	0.90	0.99
2017/03/31	5.55	3.73	–	–	–
2017/06/30	9.03	2.92	–	–	–
2017/09/30	4.50	2.92	–	–	–
2017/12/31	9.44	2.92	–	–	–
2018/03/31	5.47	2.92	–	–	–
2018/06/30	13.45	2.89	–	–	–
2018/09/30	7.27	2.59	–	–	–
2018/12/31	9.51	2.58	–	–	–
2019/03/31	7.95	3.51	–	–	–
2019/06/30	12.12	1.59	–	–	–
2019/09/30	7.33	2.64	–	–	–
2019/12/31	12.34	1.03	–	–	–
2020/03/31	7.13	1.40	–	–	–
2020/06/30	11.69	–	–	–	–
2020/09/30	8.26	1.40	–	–	–

资料来源：国泰安研究服务中心 CSMAR 系列数据库（2020 年）。

⑤水井坊的机构投资者持股比例

如表 3－5 所示，2013～2020 年，基金机构投资者持有水井坊股份比例在 2016 年以前较低，最高为 2017 年 12 月 31 日的 18.64%。QFII 持股比例不超过 10%，最高持股比例为 9.15%。社保基金持股比例未超过 2%，最高持股比例为 2017 年 6 月 30 日的 1.98%。在此期间，保险仅在 2013 年持有水井坊的股份，券商未曾持有古井贡酒的股份。总的来说，机构投资者在 2016 年以前持有水井坊的股份较少，之后出现增加趋势。水井坊机构投资者持股比例总和最高为 2017 年 12 月 31 日的 26.25%，最低为 2014 年 9 月 30 日的 1.17%，波幅较大。

表 3 - 5　水井坊机构投资者持股比例

单位：%

日期	基金	QFII	券商	保险	社保基金
2013/03/31	1.37	2.98	–	0.55	0.79
2013/06/30	3.17	2.91	–	–	0.79
2013/09/30	0.48	3.48	–	–	0.83
2013/12/31	0.57	3.49	–	–	–
2014/03/31	–	3.44	–	–	–
2014/06/30	0.41	0.82	–	–	–
2014/09/30	–	1.17	–	–	–
2014/12/31	–	1.20	–	–	–
2015/03/31	0.71	0.55	–	–	–
2015/06/30	0.83	1.64	–	–	–
2015/09/30	–	2.23	–	–	–
2015/12/31	0.28	3.62	–	–	–
2016/03/31	–	4.44	–	–	–
2016/06/30	7.69	5.56	–	–	–
2016/09/30	2.63	7.68	–	–	0.92
2016/12/31	7.18	9.15	–	–	0.92
2017/03/31	7.21	6.06	–	–	–
2017/06/30	10.09	7.41	–	–	1.98
2017/09/30	10.80	5.96	–	–	1.42
2017/12/31	18.64	6.52	–	–	1.09
2018/03/31	14.41	3.01	–	–	1.30
2018/06/30	16.44	2.61	–	–	0.96
2018/09/30	5.70	0.76	–	–	1.25
2018/12/31	7.59	0.63	–	–	1.08
2019/03/31	4.73	0.63	–	–	–
2019/06/30	9.40	–	–	–	–
2019/09/30	8.56	–	–	–	–
2019/12/31	10.25	–	–	–	–
2020/03/31	7.04	–	–	–	–

日期	基金	QFII	券商	保险	社保基金
2020/06/30	13.82	–	–	–	–
2020/09/30	11.04	–	–	–	–

资料来源：国泰安研究服务中心 CSMAR 系列数据库（2020 年）。

⑥洋河股份的机构投资者持股比例

如表 3 - 6 所示，2013 ~ 2020 年，相比上述 5 个公司，基金机构投资者对洋河股份的持股总体更少，其持股比例最高为 2020 年 9 月 30 日的 7.00%。QFII、券商、保险和社保基金最高持股比例分别为 3.04%、0.98%、0.50% 和 1.09%，且券商在 2017 年才开始持股，保险仅在 2019 年持有洋河股份的股份，社保基金多数时间未持股洋河股份。总的来说，机构投资者持有洋河股份的比例之和最高为 2019 年 6 月 30 日的 8.72%，最低为 2013 年 9 月 30 日的 0.73%。

表 3 - 6　洋河股份机构投资者持股比例

单位：%

日期	基金	QFII	券商	保险	社保基金
2013/03/31	1.00	–	–	–	0.70
2013/06/30	3.91	–	–	–	0.42
2013/09/30	0.29	–	–	–	0.44
2013/12/31	0.38	–	–	–	0.46
2014/03/31	2.34	2.07	–	–	–
2014/06/30	2.48	2.08	–	–	0.46
2014/09/30	0.97	2.08	–	–	–
2014/12/31	0.17	2.74	–	–	–
2015/03/31	2.95	2.74	–	–	–
2015/06/30	2.87	3.04	–	–	–
2015/09/30	1.29	1.10	–	–	–
2015/12/31	0.98	1.70	–	–	–
2016/03/31	2.70	1.87	–	–	–
2016/06/30	2.58	1.84	–	–	–

续表

日期	基金	QFII	券商	保险	社保基金
2016/09/30	0.70	1.99	–	–	–
2016/12/31	2.12	2.89	–	–	–
2017/03/31	1.37	2.82	–	–	–
2017/06/30	2.45	1.84	–	–	–
2017/09/30	1.80	1.63	–	–	–
2017/12/31	4.45	1.47	0.91	–	–
2018/03/31	2.80	1.54	0.98	–	–
2018/06/30	5.17	1.58	0.96	–	–
2018/09/30	4.38	1.23	0.92	–	–
2018/12/31	6.13	1.22	0.92	–	–
2019/03/31	2.57	1.09	0.92	0.44	1.09
2019/06/30	6.24	0.53	0.92	0.50	0.53
2019/09/30	3.02	0.52	0.92	–	0.52
2019/12/31	5.51	0.48	0.92	–	0.48
2020/03/31	2.15	1.05	0.92	–	1.05
2020/06/30	5.72	0.70	0.92	–	0.70
2020/09/30	7.00	–	0.92	–	–

资料来源：国泰安研究服务中心 CSMAR 系列数据库（2020）。

（2）白酒行业机构投资者持股概况

为了更加直观地认识白酒上市公司机构投资者持股水平及变动趋势，本章列示了 2003～2019 年 6 家白酒上市公司机构投资者持股（基金、QFII、券商、保险、社保基金持股比例之和）趋势，见图 3-1。

如图 3-1 所示，6 家白酒上市公司机构投资者持股情况在 2003～2019 年的波动较大。总体而言，在 2008 年以前，6 家公司机构投资者持股比例均呈上升趋势，2008 年后开始下降，2013 年和 2014 年达到谷底，2015 年后再次呈增加趋势，但是增幅较小。其中，泸州老窖机构投资者的持股波动最大，其次是水井坊、贵州茅台、古井贡酒和五粮液，洋河股份波动相对较小。这 6 家公司机构投资者持股变化的趋势随白酒行业发展的变化而变化，即在行业发展良好时期，机构投资者持股增加，在行业发展困境时期，机构投资者持股减少。这 6 家公司机构投资者持股变动是白酒行业机构持股状况的一个缩影。有研究认为，机构投资者能够发挥对公司的监督作用，参与公司治理，从而促进公司治理水平的提高。白酒机构投资者持股随行业发展状况的变化而变化的现象意味着机构投资者是白酒上市公司的长期投资者，还是短期利益追求者呢？从前面对 6 家公司的案例分析中可见，各个公司不仅每年年末机构投资者的持股比例变化大，而且年内各季度持股比例变化也很大。这表明机构投资者频繁交易，换手率高。换手率高说明机构投资者是出于短期投资的目的，短期频繁交易不利于公司治理和资本市场的稳定。

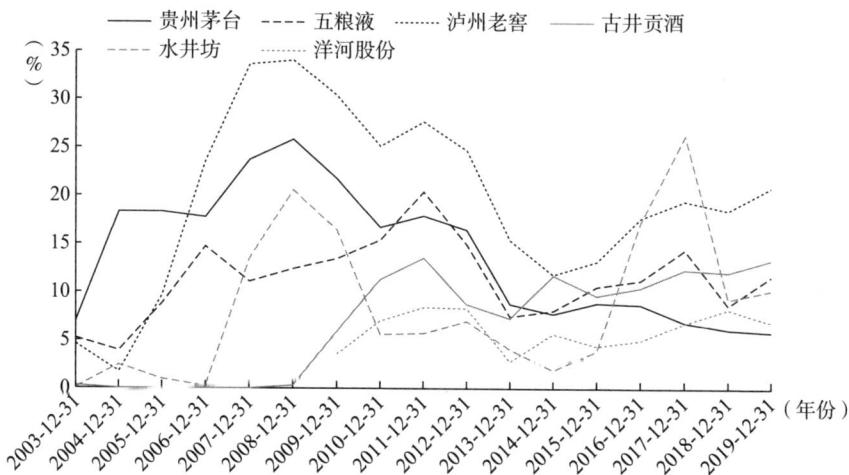

图 3 - 1　2003 ~ 2019 年机构投资者总体持股趋势

上市酒企中，基金是最主要的机构投资者。图 3 - 2 反映了 2003 ~ 2019 年 6 家白酒上市公司的基金持股变化趋势。

对照图 3 - 1 与图 3 - 2 发现，白酒基金持股的变动趋势与机构投资者总体持股变动趋势相似，也随着行业发展状况的变化而变化。其中，泸州老窖的波动幅度最大。在 2005 年之前，泸州老窖的基金持股比例不到 1%，但在 2006 年一度激增至 21.47%，随后的三年更是保持在 30% 以上，在 2013 年之后又降至 10% 左右的水平，基金持股不稳定。贵州茅台、水井坊和五粮液的基金持股比例波动较大，基金机构投资者 2009 年开始持有洋河股份和古井贡酒较少的股份，波动也相对更小。

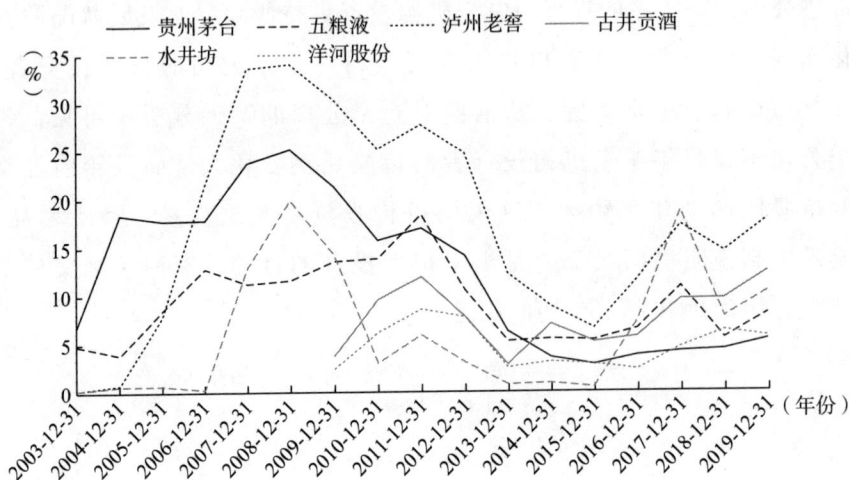

图 3－2　2003～2019 年基金机构投资者持股趋势

3.3　白酒行业机构投资者参与公司治理研究

3.3.1　机构投资者参与公司治理途径

（1）调研活动

学者们研究认为，机构投资者通过调研、私下协商和股东提案、管理层薪酬及股利政策等途径参与公司治理。其中，调研是最主要的参与方式。本书对上市酒企机构投资者调研进行了深入研究。

①关于白酒行业上市公司机构投资者调研次数及规模的研究

A. 白酒行业上市公司机构投资者调研次数及规模

调研次数能够反映机构投资者对被调研对象的关注度。表 3－7 列示了 2012～2019 年白酒上市公司接受机构投资者调研次数的分布情况。

表 3 - 7　2012 ～ 2019 年机构投资者调研白酒上市公司次数统计

年度	调研次数（次）	标准差	最小值	最大值	调研机构数均值（家）
2012	1	0	0	2	2
2013	0	0	0	0	0
2014	42	7.58	0	40	6.83
2015	34	6.14	0	26	6.79
2016	38	10.28	0	45	8.16
2017	44	7.26	0	39	5.75
2018	38	17.23	0	80	14.55
2019	63	11.58	0	65	11.87
合计	260	—	—	—	—

资料来源：东方财富网（2020 年）。

如表 3 - 7 所示，2012 ～ 2019 年，机构投资者对白酒上市公司调研共计 260 次，平均每年调研 32.5 次。其中，2013 年没有机构投资者对白酒上市公司进行调研；2012 年仅有 1 次，且这次调研只有 2 家机构投资者参与。在此期间，白酒行业正值多事之秋，2012 年 "三公消费"① 政策颁布，政务消费用酒大量削减；同年，"塑化剂" 事件使得白酒行业再受冲击。2014 年，白酒上市公司机构投资者调研次数骤然增加，达到 42 次，此后每年机构投资者调研次数 30 ～ 70 次，且相对稳定。2014 年后，白酒行业经过之前较长时间的行业调整后逐渐回暖，投资环境也趋于好转，机构投资者调研次数和规模都呈现增加趋势。其中，2017 年机构投资者调研 44 次，而且平均每次有 5 家机构投资者参与；2018 年，白酒上市公司接待的机构投资者调研次数显著增加，平均每次有 14 家机构投资者参加；2019 年的调研次数达到峰值。从机构投资者对白酒上市公司调研的情况来看，机构投资者调研频率和规模受行业发展的影响，行业发展处于低谷时期，调研次数更少，规模相对更小。

---

① 2012 年 10 月 1 日起，县级以上政府将 "三公消费" 纳入预算管理中，并且要求定期公布。

B. 白酒行业机构投资者调研次数月度分布研究

调研次数月度分布是机构投资者调研在年度内的时间安排，反映机构投资者对被调研对象关注的时间点。本书对 2012～2019 年我国白酒上市公司机构投资者调研次数月度分布及趋势进行了统计，见表 3 – 8 和图 3 – 3。

表 3 – 8　2012～2019 年白酒上市公司机构投资者调研次数月度分布

单位：次

年度＼月份	1	2	3	4	5	6	7	8	9	10	11	12
2012	0	0	0	0	0	0	1	0	0	0	0	0
2013	0	0	0	0	0	0	0	0	0	0	0	0
2014	3	1	3	4	6	2	2	6	6	2	2	5
2015	2	1	1	1	5	4	2	3	3	2	8	2
2016	4	0	4	3	6	3	2	1	1	1	9	4
2017	2	0	8	1	7	4	4	3	4	2	5	4
2018	3	1	1	1	7	2	3	2	5	3	5	5
2019	3	2	4	4	20	8	9	0	4	1	7	1
合计	17	5	21	14	51	23	23	15	23	11	36	21

资料来源：根据东方财富网（2020 年）数据整理而得。

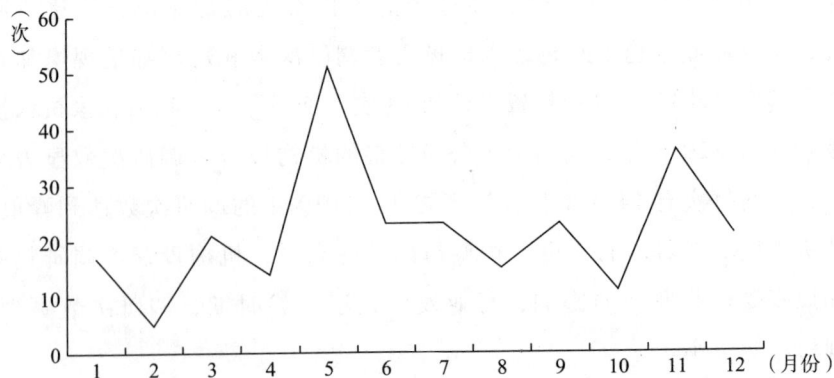

图 3 – 3　2012～2019 年白酒上市公司机构投资者调研次数月度分布

如表 3 – 8 和图 3 – 3 所示，2012～2019 年机构投资者月平均调研次数为 21.67 次。其中，2 月份调研次数最少，仅为 5 次。出现这一现象可能是受中国传统节日——春节的影响。5 月和 11 月调研次数最多，分别是 51 次和 36 次，说明机构投资者调研集中在第二季度和第四季度。李昊洋等（2018）的研究发现，我国机构投资者更倾向于选择年报公布前后的第二季度对公司进行调研，获取关于年报的详细信息，同时预先了解公司当年的经营情况，或在第四季度进行调研以获取公司年度相关信息。白酒行业机构投资者调研时间分布表现出相同的特征。

C. 机构投资者重点调研的酒企分析

从接受调研的次数和规模来看，2012～2019 年，洋河股份是接待机构投资者调研次数最多的白酒上市公司，8 年共接待机构投资者调研 79 次，占白酒上市公司机构投资者调研总数的 30.38%。其次是泸州老窖和五粮液，分别为 56 次和 41 次，占比分别为 21.54% 和 15.77%。本书对 2013～2019 年机构投资者调研最多的这 3 家企业机构投资者持股与调研情况进行分析，见图 3－4。

如图 3－4 所示，泸州老窖机构投资者持股从 2013 年开始大幅下降，2015 年到谷底，2016 年大幅回升，至 2018 年趋于稳定，2019 年有小幅下滑。从机构投资者调研次数来看，泸州老窖 2014 年和 2015 年均接受 10 次调研，2016 年和 2017 年分别为 9 次和 8 次，2018 年和 2019 年每年接受调研 7 次。数据显示，泸州老窖机构投资者持股在 2013～2016 年波动较大，这期间机构投资者调研次数相对密集。

五粮液机构投资者持股在 2013～2017 年一直呈增长趋势，2018 年大幅下降后 2019 年小幅回升。从机构投资者调研次数来看，2014 年调研 8 次，2015～2017 年共调研 7 次，2018 年和 2019 年分别为 6 次和 12 次。五粮液机构投资者持股在 2018 年和 2019 年波动较大，这两年机构投资者调研活动显著增加，总计 18 次。

洋河股份 2013～2018 年总体机构投资者持股都呈缓慢增长趋势，2014 年增幅相对较大。从机构投资者调研次数来看，2014～2019 年，每年接受调研都在 10 次及以上，2014 年和 2017 年均为 14 次。2019

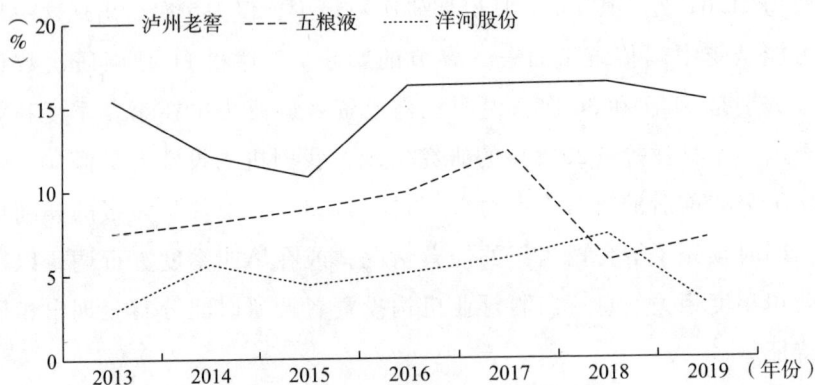

图 3-4　机构投资者持股占比情况

资料来源：国泰安研究服务中心 CSMAR 数据库（2020 年）。

年机构投资者持股占比大幅度降低，但调研也达到 10 次。

另外值得注意的是，上市相对较晚的酒企迎驾贡酒、今世缘、金徽酒和口子窖中，金徽酒相对吸金。其机构投资者持股从 2016 年的 0.09% 大幅上升到了 2017 年的 14.05%，公司接受机构投资者调研从 2016 年的 5 次增加到 2017 年的 11 次，超过了接受调研酒企排名第 2 和第 3 的泸州老窖和五粮液。金徽酒 2016～2019 年共接受 19 次调研，是机构投资者调研比较密集的新兴酒企。

以上酒企机构投资者调研数据表明：第一，总体而言，机构投资者持股与调研行为存在一定的联系，通常持股越多，调研越频繁；第二，机构投资者对公司持股波动幅度越大，调研越密集，此现象表明调研获取私有信息可能是机构投资者投资决策的重要依据；第三，机构投资者对酒企持股的稳定期间，调研活动也相对稳定。

②关于调研白酒行业的机构投资者状况研究

A. 调研白酒上市公司的机构投资者数量统计

如表 3-9 所示，2012～2019 年，白酒上市公司共接受 843 家机构调研，排列前 5 的分别是券商、基金、投资公司、资产管理公司和保险公司。调研白酒上市企业的机构投资者规模年度分布见图 3-5。

表 3 – 9　2012～2019 年调研白酒上市公司的机构投资者数量统计

类型	个数（家）	占比（%）
券商	278	33.0
基金	165	19.6
投资公司	85	10.1
资产管理公司	63	7.5
保险公司	41	4.9

资料来源：根据东方财富网（2020 年）机构投资者调研信息整理而得。

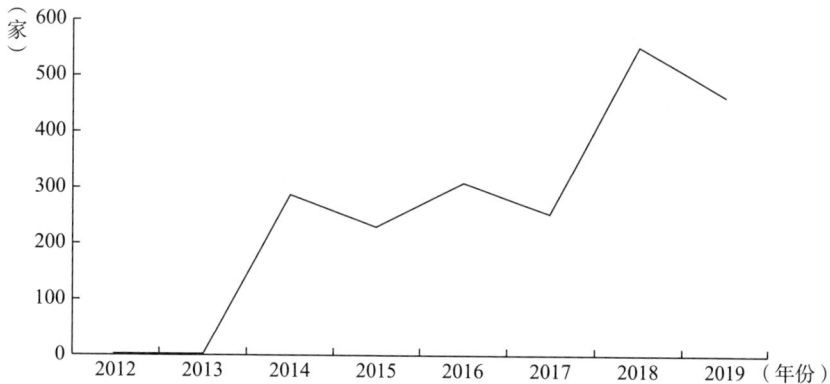

图 3 – 5　2012～2019 年白酒上市公司接受调研的机构投资者数量分布

　　2012～2013 年只有 2 家机构投资者调研白酒上市公司，2014～2017 年调研白酒行业的机构投资者为 250～300 家，2018 年达到峰值，超过 500 家，2019 年有所下降。由此可见，市场经济日益活跃，机构投资者也越来越注重对信息的收集和利用，调研频繁，调研规模也增大。其中，洋河股份在 2012～2019 年共接受 499 家机构投资者调研。调研最多的是招商证券，总共调研了 13 次，调研规模最大的一次是在 2018 年 11 月 7 日，有 91 名机构投资者在洋河南京营运中心进行调研。

　　B. 白酒上市公司接受机构投资者调研的方式研究

　　我国白酒行业机构投资者调研方式包括特定对象调研、分析师会议、现场参观、业绩说明会、股东大会、来访和媒体采访等，其中，特定对象调研是最主要的形式。本书对特定对象调研形式进行逐年分析后发现，2012 年和 2013 年没有采用该方式。2014 年，特定对象调研 30 次。2015 年，特定对象调研 30 次。2016 年，特定对象调研 26 次，有小幅下跌。2017 年，特定对象调研 22 次，与此同时，当年白酒行业接待投资者调研的方式明显向多元化方向发展。2018 年，特定对象调研 19 次。2019 年，该种调研达到峰值 39 次。虽然机构投资者调研方式趋向多元化，特定对象调研仍是白酒行业机构投资者调研采用的最主要方式。

C. 机构投资者调研内容

白酒上市公司机构投资者调研内容涉及公司战略、竞争优势、运营监管、财务管理等，各类调研形式占比见图 3 - 6。本书就机构投资者对白酒上市公司提出的问题进行整理发现，2012 ~ 2019 年共 260 次的调研中，机构投资者向调研酒企共提出 1806 个问题，问题涉及公司战略、竞争优势、运营监管、财务管理、产品销售、市场现状与前景展望、公司产品介绍以及其他共 8 个方面。从图 3 - 6 可见，机构投资者关于公司产品介绍所提的问题最多，有 468 个，占总数比重为 25.9%；其次是公司战略方面的问题，有 334 个，占总数比重为 18.5%；关于市场现状与前景展望、产品销售、财务管理方面的问题所占比重相对均匀，为 13% ~ 15%；运营监管、其他和竞争优势方面的问题占比较小，竞争优势方面的问题占比最小，问题仅为 37 个，占总数比重为 2%。数据表明，上市酒企的产品和战略是机构投资者关注的焦点。

（2）私下协商和股东提案

机构投资者采用正式信函、电话、私下见面等非正式对话的方式与目标上市公司就业绩、公司治理等问题进行沟通，通过这种“轻柔”方式向管理层表达自己的诉求和解决相关问题。以机构投资者为主发起的股东提案也是机构投资者常用的一种积极参与公司治理的行动方式，机构投资者可以通过征集投票权来获得更多的支持，若能得到较高的支持率，机构投资者将会对公司治理产生比较大的影响。肩负着双重代理角色，机构投资者有责任针对公司治理方面存在的问题提出具有建设性的意见，通过此种手段优化公司的治理结构，也间接

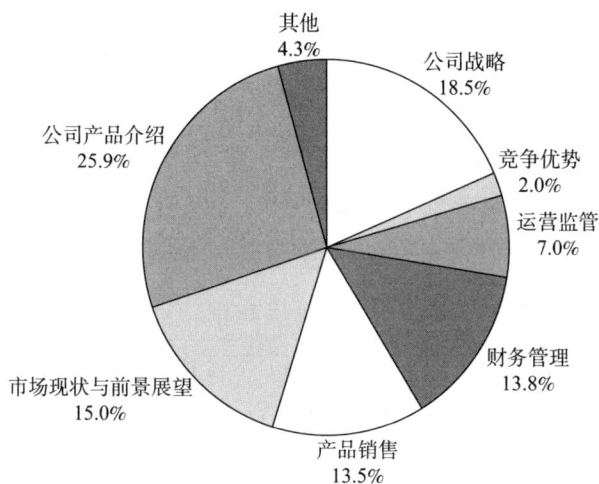

图 3 - 6　白酒上市公司机构投资者调研内容分布

资料来源：根据东方财富网（2020 年）数据整理而得。

推进公司价值的实现，从而保证投资收益人利益最大化。两种方式都是机构投资者参与公司治理比较好的选择，前者成本更低，因此广大机构投资者都倾向于通过私下协商的方式来解决问题，这也是近年来机构调研频繁的主要影响因素。

通过查询各白酒上市公司在巨潮网站发布的关于股东临时提案的公告，发现提出临时提案的股东大部分是前几大股东，其中，实业企业大股东居多，极少有个人投资者提起临时提案，并没有发现任何一家机构投资者采用股东提案参与公司治理。相反，私下协商却是广大机构投资者十分喜欢采用的一种参与公司治理的方式，而投资者调研是私下协商沟通的主要方式。

（3）管理层薪酬

机构投资者具有较强的监控能力，他们相对于个人投资者而言具有更强的能力和专业优势。机构投资者可能通过对薪酬结构的监管参与公司治理。他们可能采用私下协商的方式影响高管薪酬结构，也可能采用诸如表决权、股东积极主义以及董事会席位影响管理层薪酬结构。已有研究表明，机构投资者整体上对高管薪酬水平有显著的影响，即机构投资者持股有效地提高了高管薪酬水平和业绩 – 薪酬敏感度。但是研究发现，只有基金对高管薪酬水平和业绩 – 薪酬敏感度有显著影响，券商、QFII 等其他机构投资者对其影响不显著。对此，本书对白酒行业上市公司机构投资者持股与业绩 – 薪酬敏感度的关系进行了研究。本书选取了五粮液、洋河股份和古井贡酒 3 个不同层次的白酒品牌企业为例，研究机构投资者持股与业绩 – 薪酬敏感度之间的关系。其中，业绩 – 薪酬敏感度参照现有研究，根据上市公司高管前 3 名薪酬总额与净资产收益率比值的对数得到，前 3 名高管薪酬数据来自 CSMAR 数据库（见图 3 - 7、图 3 - 8、图 3 - 9）。

通过观察发现 2014 ~ 2018 年，3 个白酒企业机构投资者持股比例之和波动较大，洋河股份和古井贡酒业绩 – 薪酬敏感度几乎没有什么变化。五粮液业绩 – 薪酬敏感度与机构投资者持股比例之和两者变化趋势基本相同，其他两个企业业绩 – 薪酬敏感度与机构投资者持股比例之和变动趋势没有表现出一定的关联性。这一现象表明机构投资者通过管理者薪酬参与公司治理的形式在白酒企业之间差异较大。

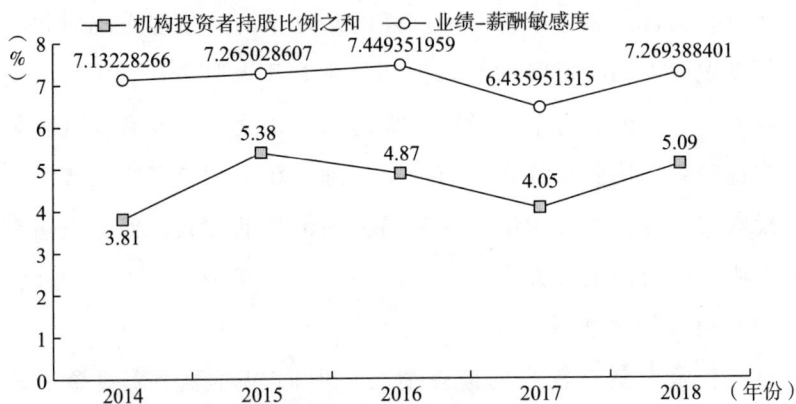

图 3 - 7　五粮液机构投资者持股比例之和与业绩 – 薪酬敏感度

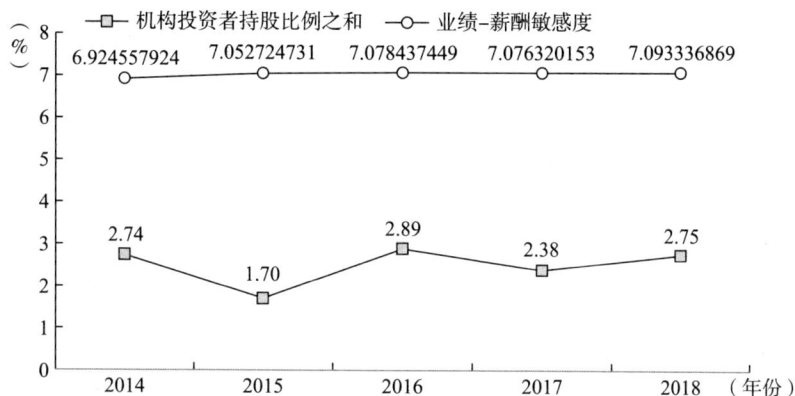

图 3 - 8　洋河股份机构投资者持股比例之和与业绩 – 薪酬敏感度

图 3 - 9　古井贡酒机构投资者持股比例之和与业绩 – 薪酬敏感度

资料来源：国泰安研究服务中心 CSMAR 数据库（2019 年）。

（4）股利政策

机构投资者可能通过影响公司的财务决策参与公司治理。在我国上市公司中存在着高派现行为，主要表现为超能力派现（赵英林、王秋霞，2007）。超能力派现是指每股现金股利大于每股经营现金净流量，也就意味着进行股利分配需要动用以前年度累计的货币资金。这种行为不仅会影响上市公司以后年度的派现，而且可能导致上市公司因现金短缺而丧失某些投资机会。机构投资者作为企业超能力派现行为的受益者，会是选择眼前的利益而不干预公司的股利政策还是放眼于长期的投资收益，积极参与企业股利政策的制定呢？图3-10展示了2011~2018年存在超能力派现行为的白酒上市企业的总数。

如图3-10所示，我国2011~2018年白酒上市企业超能力派现的情况较为普遍。尤其是2013~2015年，即白酒行业发展处于瓶颈时期，这与当时白酒行业处于深度调整期的背景有着密切联系。现有研究指出，超能力派现会引起现金的短缺，使企业丧失一些好的投资机会，进而影响企业的长期发展。但是白酒企业普遍存在的超能力派现行为的情况使我们不得不思考企业超能力派现的战略性意义。股利分红政策主要取决于股东大会的决定，也就是说持股比例越大的股东对公司股利政策影响越大。经过前文研究发现，2013~2015年我国白酒行业的机构投资者倾向于持股实力比较雄厚的高端酒企，且机构投资者在这期间调研次数相对更加频繁，调研规模也有增加。这些一方面表现出白酒行业机构投资者的逐利本性，另一方面也可能在一定程度上提高了白酒企业的公司治理水平。

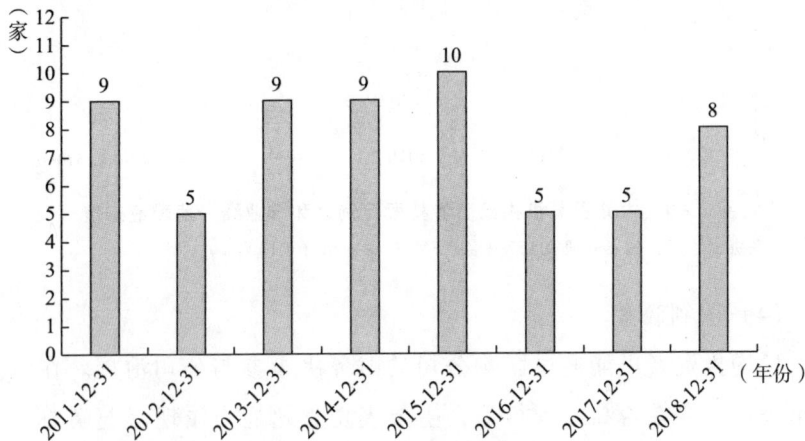

图3-10　2011~2018年白酒行业超能力派现企业总数

资料来源：国泰安研究服务中心CSMAR数据库（2019年）。

3.3.2　机构投资者公司治理效果实证研究

关于机构投资者参与公司治理的效果，现有研究存在三种基本结论：一是机构投资者能够利用自身的优势对公司治理起到积极的促进作用，二是机构投资者仍旧遵守华尔街“用脚投票”的准则，对公司治理产生较为消极的影响，三是机构投资者参与不会对公司治理产生任何效果。本书通过三个方面实证研究白酒企业机构投资者参与公司治理的效果：第一，检验白酒行业上市公司机构投资者持股与公司绩效之间的关系；第二，检验白酒行业上市公司机构投资者持股与公司代理成本之间的关系；第三，检验白酒行业上市公司机构投资者持股与公司现金股利分配之间的关联性。本书以 2011～2019 年白酒上市公司为样本，研究白酒上市公司机构投资者对公司绩效、公司代理成本以及公司现金股利分配的影响，试图回答以下问题：第一，机构投资者是否影响白酒公司绩效？机构投资者是否能降低公司代理成本？机构投资者是否影响公司现金股利分配？第二，上述这些影响是否因为机构投资者的异质性呈现差异呢？

（1）文献回顾与研究假设

①机构投资者与公司绩效

关于机构投资者对公司绩效的影响，现有研究存在两种观点。第一种观点认为，机构投资者的参与有助于改善公司绩效。例如，杨合力等（2012）通过对 2003～2007 年中国上市公司数据进行实证研究，发现机构投资者与公司绩效正相关，机构投资者的参与提高了公司绩效。傅强和邱建华（2010）研究认为，机构投资者在参与公司治理和管理层决策方面起到了积极的作用。童明荣等（2018）以浙江省制造业上市公司为样本，进行实证研究发现，机构投资者整体持股比例与公司绩效正相关，且持股比例越高公司绩效越好。李希和李捷（2011）研究发现机构投资参与公司治理会给公司带来积极的影响，但是，机构投资者参与的作用或程度比较有限，还存在很大的提升空间。第二种观点认为，机构投资者参与对公司绩效不但没有积极作用，反而还会产生消极的影响。申璐（2015）研究证明，机构投资者不会对公司绩效产生积极影响，反而会采用传统的"用脚投票"的方式获得短期利益，最终损害公司的长期利益。徐琳等（2019）通过对沪深两市的互联网上市公司进行研究，发现互联网公司的财务绩效与机构投资者之间呈倒 U 形关系，即随着机构投资者持股比例的提高，会对公司绩效产生积极的正向提升作用，但随着机构投资者持股比例的进一步提升，反而会对公司产生不利影响。

综上所述，现有研究对机构投资者与公司绩效的关系存在不同的观点。本书对我国白酒上市公司机构投资者调研的研究发现：上市酒企的机构投资者持股越多，调研越频繁；持股波动幅度越大，调研越密集；持股稳定期的调研频率相对稳定。从调研内容来看，公司产品和战略是白酒行业机构投资者关注的焦点。这些现象表明，白酒行业的机构投资者积极参与公司治理，对上市酒企公司治理很可能发挥促进作用。因此，本书提出研究假设。

H1：机构投资者持股比例与白酒上市公司绩效正相关。

H2：不同类别机构投资者对白酒上市公司绩效影响不同。

②机构投资者与公司代理成本

机构投资者被视为公司治理中一种重要的外部治理机制，对公司的影响也体现在缓解公司代理成本上。学者们一致认为，相对于中小投资者，机构投资者往往因为其持股规模更大或者由于其本身的专业性，能够快速且专业地掌握更多的信息，从而降低信息不对称产生的不利影响。李维安（2013）研究发现机构投资者参与治理可降低公司代理成本。杨海燕（2013）将我国上市公司机构投资者分为两类：一类是独立性机构投资者，这类机构投资者与被投资企业没有任何的商业往来，因而能够更加独立地行使其监督管理权；另一类为非独立型机构投资者，这类机构投资者往往与被投资企业有一定的商业往来，其独立性受到影响，因而其监督管理权力被削弱甚至剥夺。他们研究发现，独立型机构投资者持股比例越高，管理层以及控股股东的代理成本就越低，而非独立型机构投资者对公司代理成本没有影响，且这种效应在没有一股独大的公司（即控股股东持股比例小于 50%）更为显著。杨宝和袁天荣（2014）通过研究发现，机构投资者的参与对公司代理成本的缓解、分红情况的改善都具有积极的作用。陈明利等（2018）通过实证研究发现，机构投资者参与和企业第一类代理成本、第二类代理成本都显著负相关，其凭借自身专业性、规模性和独立性对被投资企业积极监督，对公司治理水平以及资源的有效配置等起到了重要的作用，降低了企业的代理成本。综上所述，学者们的研究发现机构投资者参与降低了公司代理成本。因此，本书提出如下假设。

H3：机构投资者持股比例与白酒上市公司代理成本负相关。

H4：不同类别机构投资者对白酒上市公司代理成本影响不同。

③机构投资者与公司现金股利分配

现金股利分配是公司考虑多方影响因素后对公司自由现金流的分配决策，反映了企业的治理成果。由代理理论可知，企业的所有权与经营权分离可能导致经理人与股东之间产生利益冲突。如果企业的自由现金流过多，经理人可能倾向于乐观的扩张或者随意支配以实现自身利益最大化，从而损害公司股东的利益。因此，适当的公司现金股利分配不仅可以调整公司的资本结构，还可以保护投资者利益。

关于机构投资者与公司现金股利分配的关系，我国学者们做了丰富的研究。多数学者的研究认为，机构投资者影响公司现金股利分配。例如，李传宪和王茜璐（2011）对我国股权分置改革的特殊时期机构投资者持股和公司现金股利分配的情况做了研究，发现机构投资者持股会减少公司现金股利的分配，而且机构投资者对"大股东掏空"情况的行为有约束作用。袁奋强和陶蕾花（2018）基于融资约束的视角，研究发现机构投资者进入的公司更倾向于支付现金股利，且机构投资者高介入的公司现金股利的分配会高于机构投资者低介入的公司。陶启智等（2014）研究发现，机构投资者会倾向于用手投票，向上市公司索取现金股利得到相应的回报，而且这种效果会伴随着机构投资者持股比例的增加而增强。机构投资者的参与，不仅提高了现金股利的分配水平，还增强了现金股利的分配频率。有研究认为，机构投资者与公司现金股利分配之间的关系受股权结构的影响。例如，翁洪波和吴世农（2007）研究发现，机构投资者在进行投资时，现金股利是他们的筛选条件，在股权集中度偏高的情况下，机构投资者对股利的分配并没有起促进作用，但是可以抑制公司的"恶意派现"行为。也有研究认为，不同机构投资者对现金股利分配的影响不同。例如，彭珏等（2013）通过统计分析发现，有基金持股的公司的现金股利分配水平显著高于无基金持股的公司的分配水平，且高基金持股的公司现金股利分配水平也显著高于低基金持股的公司的分配水平。白桦（2018）通过实证研究发现，机构投资者对公司股利的作用受到公司股权结构和机构投资者异质性的影响，即当公司一股独大的时候，机构投资者并不能抑制高派现情况，但积极的机构投资者能够改善公司现金股利的治理情况，而且当机构投资者的持股比例增大时，机构投资者将会变为更加积极型的投资者。孙华（2014）就机构投资者对公司现金股利的分配情况偏好进行分析，发现机构投资者偏好有分红的上市公司超过不分红的上市公司。进一步研究发现，机构投资者持股比例变化和现金股利分配水平负相关，随着机构投资者持股量的增加，机构投资者偏向于公司下一期少支付股利。

综上所述，对于机构投资者与公司现金股利分配的关系，结论并不统一，但研究发现机构投资者持股对公司治理有着显著的影响。因此，本书提出如下假设。

H5：机构投资者持股比例与白酒上市公司现金股利分配正相关。

H6：不同机构投资者对白酒上市公司现金股利分配影响不同。

（2）研究设计

①数据说明

本书选取 2011～2019 年白酒上市公司作为研究样本，并对数据做了如下处理：A. 剔除 ST 公司数据；B. 剔除极值数据；C. 剔除数据不完整的上市公司数据。并对极端异常值进行剔除处理，最终得到 17 家上市公司，共 105 个观测数据。机构投资者持股数据来自国泰安数据库，公司绩效等数据来自企业年报。

②变量定义

被解释变量为公司绩效、公司代理成本和公司现金股利分配，其定义如下。

公司绩效：现有研究中，多数学者通常采用托宾 Q 值或者净资产收益率来代表公司绩效，本书采用净资产收益率（ROE）作为公司绩效的衡量指标。

公司代理成本：参照戴嘉贺和刘可（2013）的研究，本书选取总资产周转率（TAT）衡量公司代理成本。

公司现金股利分配：参照彭珏等（2013）的研究，本书选取每股税前现金股利作为公司现金股利分配衡量指标，并用 PAY 表示。

本书的解释变量为机构投资者持股（INST）、基金持股（FUND）、QFII 持股（QFII）、券商持股（SECU）、保险持股（INSU）、社保基金持股（SOCI）和信托持股（TRUS）。

由于公司治理效果还受其他因素影响，本书参照现有的研究引入控制变量：公司规模（SIZE）、资本结构（DAR）、营业收入增长率（IROBR）、第一大股东持股（Share1）及每股现金流（CFP）。变量定义见表 3 – 10。

表 3 – 10　变量定义及说明

变量	名称	符号	计算公式（说明）
解释变量	机构投资者持股	INST	公司股东中机构投资者比例之和（%）（取滞后 1 期值）
	基金持股	FUND	基金持股比例（%）（取滞后 1 期值）
	QFII 持股	QFII	QFII 持股比例（%）（取滞后 1 期值）
	券商持股	SECU	券商持股比例（%）（取滞后 1 期值）
	保险持股	INSU	保险持股比例（%）（取滞后 1 期值）
	社保基金持股	SOCI	社保基金持股比例（%）（取滞后 1 期值）
	信托持股	TRUS	信托持股比例（%）（取滞后 1 期值）

变量	名称	符号	计算公式（说明）
被解释变量	净资产收益率	ROE	净利润/加权平均净资产（%）
	总资产周转率	TAT	营业收入/总资产平均余额（%）
	每股税前现金股利	PAY	现金股利总额/发行在外的普通股股数
控制变量	公司规模	SIZE	总资产规模的自然对数
	资本结构	DAR	负债总额/资产总额（%）
	营业收入增长率	IROBR	（当年营业收入－上年营业收入）/上年营业收入（%）
	第一大股东持股	Share1	第一大股东持股比例（%）
	每股现金流	CFP	（经营活动现金流量－优先股股利）/流通在外普通股股数

③构建模型

针对上述假设，本书参照徐琳等（2019）的研究，建立如下模型：

$$ROE_t = \beta_0 + \beta_1 INST_{t-1} + \beta_2 SIZE_t + \beta_3 DAR_t + \beta_4 IROBR_t + \beta_5 Share1_t + \varepsilon$$

模型（3－1）

$$ROE_t = \beta_0 + \beta_1 FUND_{t-1} + \beta_2 QFII_{t-1} + \beta_3 SECU_{t-1} + \beta_4 INSU_{t-1} + \beta_5 SOCI_{t-1} +$$
$$\beta_6 TRUS_{t-1} + \beta_7 SIZE_t + \beta_8 DAR_t + \beta_9 IROBR_t + \beta_{10} Share1_t + \varepsilon \quad 模型（3－2）$$

$$TAT_t = \beta_0 + \beta_1 INST_{t-1} + \beta_2 SIZE_t + \beta_3 DAR_t + \beta_4 IROBR_t + \beta_5 Share1_t + \varepsilon$$

模型（3－3）

$$TAT_t = \beta_0 + \beta_1 FUND_{t-1} + \beta_2 QFII_{t-1} + \beta_3 SECU_{t-1} + \beta_4 INSU_{t-1} + \beta_5 SOCI_{t-1} +$$
$$\beta_6 TRUS_{t-1} + \beta_7 SIZE_t + \beta_8 DAR_t + \beta_9 IROBR_t + \beta_{10} Share1_t + \varepsilon \quad 模型（3－4）$$

$$PAY_t = \beta_0 + \beta_1 INST_{t-1} + \beta_2 SIZE_t + \beta_3 DAR_t + \beta_4 Share1_t + \beta_5 IROBR_t + \beta_6 CFP_t + \varepsilon$$

模型（3－5）

$$PAY_t = \beta_0 + \beta_1 FUND_{t-1} + \beta_2 QFII_{t-1} + \beta_3 SECU_{t-1} + \beta_4 INSU_{t-1} + \beta_5 SOCI_{t-1} +$$
$$\beta_6 TRUS_{t-1} + \beta_7 SIZE_t + \beta_8 DAR_t + \beta_9 IROBR_t + \beta_{10} Share1_t + \beta_{11} CFP_t + \varepsilon$$

模型（3－6）

其中，模型（3－1）至模型（3－6）分别验证假设 H1 至假设 H6。模型中 β_n（$n = 0$，1，2，…，n）为变量的常数项以及回归系数，ε 为随机误差项，t 为时间。为了减少内生性对回归结果的影响，本书将解释变量采用滞后 1 期数据。研究采用 SPSS 统计软件进行回归分析。

（3）实证检验结果与分析

①描述性统计分析

如表 3 - 11 所示，2011～2019 年白酒上市公司机构投资者持股比例最大值为 31.907%，最小值为 0.509%，平均值为 12.168%，其标准差为 7.479%。从机构投资者构成来看，整个上市酒企中持股最多的是基金，QFII、券商、保险、社保基金和信托持股相当，都处于较低水平。白酒上市公司的净资产收益率（ROE）平均值为 20.790%，最大值为 50.530%，最小值为 - 4.090%，反映出样本之间的盈利水平相差较大。总资产周转率平均值为 62.962%，最大值为 117.540%，最小值为 31.078%，说明白酒上市公司之间的总资产周转率差异较大。中国白酒上市公司每股税前现金股利的平均值为 1.299，最大值为 17.025，最小值为 0.010，标准差为 2.598，表明企业的现金股利水平差距较大，股利分配政策可能存在不稳定的情况。第一大股东持股的平均值为 42.584%，表明白酒企业的股权比较集中。从各类机构投资者持股数据看，中国白酒上市公司中基金持股比例及波动性较大，其他机构投资者持股比例较低。

表 3 - 11　描述性统计

	N	均值	标准差	最小值	最大值
ROE（%）	105	20.790	11.354	- 4.090	50.530
TAT（%）	105	62.962	17.644	31.078	117.540
PAY	105	1.299	2.598	0.010	17.025
INST（%）	105	12.168	7.479	0.509	31.907
FUND（%）	105	9.441	7.256	0.509	28.329
QFII（%）	105	0.629	1.352	0.000	9.150
SECU（%）	105	0.685	1.354	0.000	6.430
INSU（%）	105	0.599	1.072	0.000	4.650
SOCI（%）	105	0.580	1.046	0.000	5.710

	N	均值	标准差	最小值	最大值
TRUS（%）	105	0.233	0.749	0.000	4.810
SIZE	105	22.894	1.171	21.094	25.797
DAR（%）	105	35.803	13.922	13.092	76.965
IROBR（%）	105	17.066	22.473	-48.678	76.035
Share1（%）	105	42.584	14.777	18.260	79.660
CFP	105	1.015	3.233	-3.259	22.300

②回归分析

表 3-12 是模型（3-1）、模型（3-3）和模型（3-5）的回归分析结果。机构投资者持股与净资产收益率（ROE）之间的回归系数为 0.319，在 10% 的水平上显著，说明机构投资者持股与净资产收益率之间显著正相关，即机构投资者持股越高，公司绩效越好。假设 H1 得到验证。机构投资者持股与总资产周转率（TAT）之间的回归系数为 0.848，并且在 1% 的显著性水平上显著，表明机构投资者持股的增加提高了总资产周转率和企业经营效率，公司股东与经营者之间的代理成本降低，假设 H3 得到验证。机构投资者持股与每股税前现金股利之间的回归系数为 -0.018，没有通过显著性检验，表明机构投资者对白酒企业现金股利分配有一定的影响，但是影响的程度还比较弱，假设 H5 未得到验证。

表 3-12　机构投资者持股与被解释变量的回归结果

变量	模型（3-1）	模型（3-3）	模型（3-5）
INST	0.319*	0.848***	-0.018
	(1.920)	(4.360)	(-0.830)
SIZE	1.805**	-4.630***	0.688***
	(2.090)	(-4.570)	(5.530)
DAR	-0.080	0.335***	-0.018*
	(-0.990)	(3.540)	(-1.780)
IROBR	0.185***	0.178***	0.007
	(3.930)	(3.210)	(1.070)

续表

变量	模型（3-1）	模型（3-3）	模型（3-5）
*Share*1	0.114	0.427***	0.011
	（1.610）	（5.110）	（1.180）
CFP			0.509***
			（11.010）
α	-29.580	125.432***	-14.674***
	（-1.440）	（5.210）	（-4.950）
样本数	105	105	105
调整的 R^2	0.234	0.562	0.758
F	7.340***	27.720***	55.320***

注：表中括号内数字为方差一致的 *t* 统计值，*、**、***分别表示在10%、5%和1%的显著性水平上显著。

表3-13反映了上市酒企各类机构投资者对公司治理的影响回归结果。

表3-13　机构投资者持股比例与被解释变量的回归结果

变量	模型（3-2）	模型（3-4）	模型（3-6）
FUND	0.262	0.715***	-0.028
	（1.550）	（3.360）	（-1.210）
QFII	1.489**	1.624*	0.131
	（2.170）	（1.870）	（1.380）
SECU	-1.676**	0.913	-0.190**
	（-2.440）	（1.050）	（-2.000）
INSU	-2.353***	-1.671	-0.219*
	（-2.690）	（-1.510）	（-1.820）
SOCI	1.713*	2.689**	0.145
	（1.740）	（2.160）	（1.060）
TRUS	-2.132*	-1.746	-0.143
	（-1.710）	（-1.110）	（-0.830）
SIZE	-2.217***	-4.751***	0.726***
	（2.620）	（-4.440）	（5.620）
DAR	-0.048	0.349***	-0.156
	（-0.630）	（3.660）	（-1.500）
IROBR	0.149***	0.171***	0.005
	（3.120）	（2.850）	（0.720）

变量	模型（3-2）	模型（3-4）	模型（3-6）
$Share1$	0.131 * （1.930）	0.420 *** （4.900）	0.011 （1.180）
CFP			0.507 *** （11.320）
α	-37.711 * （-1.890）	129.883 *** （5.160）	-15.44 *** （-5.060）
样本数	105	105	105
调整的 R^2	0.378	0.589	0.773
F	7.310 ***	15.890 ***	33.270 ***

注：表中括号内数字为方差一致的 t 统计值，*、**、*** 分别表示在 10%、5% 和 1% 的显著性水平上显著。

表 3-13 是模型（3-2）、模型（3-4）和模型（3-6）的回归分析结果。模型（3-2）反映了各类机构投资者对净资产收益率的影响。其中，基金持股与净资产收益率（ROE）相关系数是 0.262，但结果并不显著。回归结果表明，基金持股与公司绩效无显著关系。基金以外的机构投资者持股（即 QFII、券商、保险、社保基金以及信托）与净资产收益率（ROE）的回归系数有正有负，QFII 和社保基金的回归系数为正，其余回归系数均为负。从显著性水平来看，除基金之外，其他均通过了显著性检验，但是显著性水平不同。回归结果表明，QFII 和社保基金持股越多，公司净资产收益率（ROE）越高；券商、保险和信托持股比例越小，净资产收益率（ROE）越高。回归数据表明，机构投资者与公司绩效之间的关系受机构投资者异质性的影响，假设 H2 得到验证。

模型（3-4）反映了各类机构投资者对总资产周转率（TAT）的影响。其中，基金持股与总资产周转率（TAT）的相关系数是 0.715，显著性水平为 1%，表明基金持股越高，公司代理成本越低。QFII、券商、保险、社保基金以及信托持股与总资产周转率（TAT）的回归系数有正有负，除了 QFII 和社保基金通过显著性检验以外，其他都没有通过显著性检验，表明这些机构投资者对公司代理成本的影响较弱。

假设 H4 得到验证。

模型（3-6）反映了各类机构投资者对公司每股税前现金股利（*PAY*）的影响。其中，基金持股与每股税前现金股利（*PAY*）的相关系数为 - 0.028，结果不显著。数据表明，基金对公司每股税前现金股利分配产生无显著的影响。QFII、券商、保险、社保基金以及信托持股与公司每股税前现金股利（*PAY*）之间的相关系数有正有负，但是除了券商持股和保险持股通过显著性检验以外，其他均没有通过显著性检验，说明这些机构投资者对公司现金股利分配影响较弱。假设 H6 得到验证。

综上所述，机构投资者总体上有助于改善白酒上市公司的治理水平。但是，不同机构投资者对公司治理的影响差异较大。其中，基金持股对降低公司代理成本起着积极的促进作用；QFII 持股和社保基金持股对公司绩效和公司代理成本都有显著的正面影响，但对公司现金股利分配无显著影响；券商持股和保险持股对公司现金股利分配和公司绩效有显著的负向影响，对公司代理成本影响不显著；信托持股对公司绩效有显著消极影响，对公司代理成本和公司现金股利分配影响都不显著。

③稳健性检验

本章将净资产收益率、总资产周转率和每股税前现金股利替换为托宾 Q 值、高管持股与否、每股税后现金股利分别对公司绩效、公司代理成本和公司现金股利分配进行稳健性检验。被解释变量更改后，模型（3-1）和模型（3-2）中把控制变量营业收入增长率指标剔除，因为营业收入增长率与托宾 Q 值之间存在内生性问题。其余均按照前文的模型进行多元线性回归分析和二元 Logistic 回归分析。稳健性检验结果见表 3-14 和表 3-15。

表 3-14　模型（3-1）、模型（3-3）和模型（3-5）稳健性检验结果

变量	模型（3-1）	模型（3-3）	模型（3-5）
INST	0.053 **	1.084 *	- 0.019
	(2.520)	(1.830)	(- 0.880)
SIZE	0.153	2.060 ***	0.676 ***
	(1.290)	(2.630)	(5.460)

变量	模型 (3-1)	模型 (3-3)	模型 (3-5)
DAR	-0.024**	0.919***	-0.018*
	(-2.200)	(-3.490)	(-1.750)
IROBR		1.011	0.006
		(1.010)	(0.990)
Share1	0.023**	0.989	0.011
	(2.370)	(-0.630)	(1.130)
CFP			0.511***
			(11.110)
α	-1.184	0.000**	-14.387***
	(-0.420)	(-2.160)	(-4.870)
样本数	105	100	105
调整的 R^2	0.087	0.236	0.758
F	3.460**	31.370***	55.340***

注: 表中括号内数字为方差一致的 t 统计值, *、**、*** 分别表示在 10%、5% 和 1% 的显著性水平上显著。

如表 3-14 所示, 机构投资者持股与托宾 Q 值之间的回归系数为 0.053, 在 5% 的水平上显著, 说明机构投资者持股与托宾 Q 值之间显著正相关, 即机构投资者持股越高, 公司绩效越好。机构投资者持股与高管持股与否之间的回归系数为 1.084, 并且在 10% 的显著水平上显著, 表明机构持股的增加提高了总资产周转率和企业经营效率, 公司股东与经营者之间的代理成本降低。机构投资者持股与每股税后现金股利之间的回归系数为 -0.019, 没有通过显著性检验, 表明机构投资者对白酒企业现金股利分配有一定的影响, 但是影响的程度还比较弱。检验结果与前文得到的结论一致。因此, 模型 (3-1)、模型 (3-3) 和模型 (3-5) 回归分析得到的结论具有稳健性。

表 3-15 模型 (3-2)、模型 (3-4) 和模型 (3-6) 稳健性检验结果

变量	模型 (3-2)	模型 (3-4)	模型 (3-6)
FUND	0.030	1.141**	-0.030
	(1.490)	(2.260)	(-1.280)

续表

变量	模型 （3 - 2）	模型 （3 - 4）	模型 （3 - 6）
QFII	0. 434 ***	1. 119	0. 136
	（4. 690）	（0. 610）	（1. 440）
SECU	0. 111	1. 267	- 0. 183 *
	（1. 180）	（1. 260）	（ - 1. 940）
INSU	- 0. 159	1. 121	- 0. 223 *
	（ - 1. 340）	（0. 440）	（ - 1. 850）
SOCI	0. 191	0. 560 *	0. 145
	（1. 48）	（ - 1. 73）	（1. 070）
TRUS	- 0. 323 *	0. 813	- 0. 142
	（ - 1. 900）	（ - 0. 570）	（ - 0. 830）
SIZE	- 0. 035	1. 805 **	0. 711 ***
	（0. 300）	（2. 030）	（5. 540）
DAR	- 0. 020 *	0. 920 ***	- 1. 512
	（ - 1. 93）	（ - 3. 280）	（ - 1. 460）
IROBR		1. 002	0. 435
		（0. 140）	（0. 650）
Share1	0. 018 *	0. 988	0. 011
	（1. 98）	（ - 0. 610）	（1. 100）
CFP			0. 509 ***
			（11. 420）
α	1. 618	0. 000	- 15. 085 ***
	（0. 59）	（ - 1. 57）	（ - 4. 970）
样本数	105	100	105
调整的 R^2	0. 259	0. 284	0. 774
F	5. 030 ***	37. 720 ***	33. 330 ***

注：表中括号内数字为方差一致的 t 统计值，＊、＊＊、＊＊＊分别表示在 10% 、5% 和 1% 的显著性水平上显著。

如表 3 - 15 所示，基金持股、券商持股、保险持股和社保基金持股与托宾 Q 值的相关关系并不显著。QFII 持股与托宾 Q 值之间在 1% 显著性水平上正相关，信托持股与托宾 Q 值在 10% 显著性水平上负相关。基金持股与高管持股与否的相关系数是 1. 141，显著性水平为 5%，表明基金持股比例越高，公司代理成本越低。社保基金持股与高管持股与否在 10% 显著性水平上正相关。基金持股与每股税后现金股利的相关系数为 - 0. 030，但并未通过显著性检验。券商持股和保险持股与每股税后现金股利在 10% 显著性水平上负相关，其余机构投资者持股均与每股税后现金股利无显著相关关系。回归数据表明不同类别机构投资者对白酒上市公司绩效影响不同。因此，模型（3-2）、模型（3-4）和模型（3-6）回归分析得到的结论具有稳健性。

3.4　研究结论与对策建议

3.4.1　研究结论

随着我国资本市场的发展，机构投资者越来越多地参与公司治理。调研是机构投资者参与公司治理的重要方式。本书对 2012～2019 年我国白酒上市公司机构投资者参与公司治理的形式、内容及其对公司绩效的影响等进行了深入研究。第一，从行业来看，机构投资者调研受白酒行业发展状况的影响，行业低谷时期机构投资者调研相对更少。从企业机构投资者持股与调研活动的关系来看，持股越多，调研越频繁；持股波动幅度越大，调研越密集；持股稳定期间的调研频率相对稳定。第二，机构投资者年度内调研时间分布不均，调研多集中在公司半年报和年报发布前，机构投资者期待在财务报告发布前通过调研获得更多私有信息。第三，从调研内容来看，公司产品和战略是白酒行业机构投资者关注的焦点。第四，白酒上市公司机构投资者持股与公司绩效正相关，机构投资者持股的增加提高了总资产周转率和企业经营效率，机构投资者对白酒企业现金股利分配有一定的影响，但是影响的程度比较弱。第五，不同类型的机构投资者调研行为差异较大。其中，基金持股对降低公司代理成本起着积极的促进作用；QFII 持股和社保基金持股对公司绩效和公司代理成本都有显著的正面影响；券商持股和保险持股对公司现金股利分配和公司绩效有显著的负向影响；信托持股对公司绩效有显著的消极影响，对公司代理成本和公司现金股利分配影响都不显著。

3.4.2　对策建议

作为一种治理机制，机构投资者本质上是外部大股东对公司"内部人"的监督；作为一种公司治理创新，机构投资者能否在公司治理体系中发挥作用，还要受外部治理环境的影响，如资本市场的成熟度、法律对中小股东权利的保护以及所有权与控制权的配置状况等。机构投资者参与公司治理受三个方面因素的影响：资本市场和制度因素、上市公司的质量以及机构投资者自身的发展水平。这三个方面在一定程度上是相互制约、相互促进的，要通过机构投资者来促进上市公司治理不是哪一种要素单方面成熟就可以实现的，也不是一蹴而就的，它需要市场、法规、监管者、机构投资者以及上市公司等各种要素的共同完善和成熟。通过对白酒上市公司机构投资者的研究，本书认为应当从以下几个方面加强管理，充分发挥机构投资者对公司治理的作用。

（1）完善市场基础制度，加强投资者利益保护

资本市场是机构投资者治理功能发挥的平台。我国资本市场取得了长足的进步和发展，对经济发展的影响也越来越大。但是，我国资本市场仍然存在诸多需要改进和完善的地方。资本市场不成熟一方面导致机构投资者过于注重短线炒作，忽视公司的长期价值，另一方面也不利于社保基金、企业年金这些稳健型机构投资者的入市。对于资本市场基础制度的完善，应当进一步制定和完善相关的法律法规、提高政府的监管水平，比如进一步完善信息披露制度，提高对上市公司信息披露的监管，严惩市场操纵、内幕交易以及违法占用公司资金等行为，针对金融创新带来的新风险，提高监管的预见性，及时防范各类金融风险。

（2）继续推进国有制企业改革

在国有控股的情况下，机构投资者公司治理功能的发挥可能会受到一些特殊的限制。因此，在保证国有经济占主导地位的前提下，要继续推进国有制改革，增强国有企业市场独立性，要更多地参与市场

竞争。通过市场这只看不见的手，提高国有企业公司治理效率，积极引进外部机构投资者，充分发挥机构投资者在公司中的外部治理作用，缓解国有上市公司中的代理问题。

（3）提高机构投资者的整体持股水平

目前，在我国上市公司股权结构较为集中、控股股东普遍存在的情况下，机构投资者作为重要的外部股东，其整体持股水平可以实现对控股股东的有效制衡，这对于缓解上市公司中较严重的第二类代理问题（即大股东对中小股东的利益侵占）无疑是一条行之有效的解决途径。当前，机构投资者在白酒行业中的持股水平总体较低，应当提高机构投资者，尤其是那些积极参与公司治理的机构投资者的持股水平，使机构投资者在我国上市公司中更有效地发挥公司治理作用。

（4）实现机构投资者的均衡发展

机构投资者的持股规模是其发挥治理功能的重要因素，是其对上市公司实施监督和控制的股权基础。当前，我国机构投资者中基金规模较大，而其他机构投资者的规模过小。从发挥机构投资者治理功能的角度来讲，在控制风险的基础上，应进一步加大和提高社保基金、企业年金的入市规模；同时，QFII 作为国际上较为成熟的积极型机构投资者，其丰富的公司治理经验和强大的治理功能在我国白酒上市公司中已经有一些体现。随着我国制度环境的逐步改善，在条件成熟的时候，应逐步提高其入市规模。

（5）对机构投资者实施一定的流动性限制

我国白酒上市公司机构投资者一个很重要的特点就是投资行为的短期化。比如股价不能有效地反映公司价值，社保基金和企业年金这样的稳健型机构规模较小，规模较大的证券投资基金受短期收益压力等因素影响存在明显的"羊群行为"。因此，通过对机构投资者实施一定的流动性限制，比如对持股时间较短的大型机构投资者的交易收益征税，可以在一定程度上增强机构投资者的持股稳定性，使机构投资者在对流动性和控制权之间的均衡选择上更多地偏重控制权而不是流动性。

第4章

白酒上市公司终极控股股东研究

4.1　国内外研究现状

4.1.1　终极控制权

　　两权分离理论将产权性质分为权利和权力两部分，前者称之为所有权，后者称之为控制权。Fama 和 Jensen（1983）认为，控制权是内生于企业内部治理结构中资源配置的权利，是一种包括决策管理和决策控制的决策权。决策管理权形成了管理层的经营控制权，主要表现为决策的提出、上报以及批准通过后的有效执行，而决策控制权形成了董事会以及股东大会的治理控制权，主要表现为对上报决策的审议、批准以及执行流程中的实时监督。Tirole（2001）提出，只要能够影响公司业务经营决策和企业行动路径就拥有控制权。这里的两权指归属于直接控制股东的两权。现有研究发现，大多数公司除了直接控股股东外，还有终极控股股东。LLS 通过对世界 27 个发达国家上市公司的股权结构进行研究发现，上市公司存在的终极控股股东，也称为公司实际控制人，终极控股股东通过复杂的持股结构安排控制第一层公司，第一层公司再控制第二层公司，以此类推，通过多个层次的公司控制链条取得对目标公司的终极控制权，终极控股股东拥有现金流权和终极控制权。LLS给出了多条控制链上终极控制股东控制权与现金流权的计算方式，即终极控制权为各控制链之中最小持股比例的和，现金流权为各条控制链之中持股比例乘积之和。国内对终极控股股东的研究始于刘芍佳等（2003），他们应用终极产权论对我国上市公司的控股主体进行重新分类，结果发现，我国的上市公司中，由政府控制的占84%，而非政府控制的比例仅为16%。

4.1.2 终极控制权与投资者保护

La Porta 等（2002）研究发现，终极控股股东现金流权与终极控制权分离程度越高，终极控股股东侵害中小股东利益的动机越强，现金流权的存在可以减弱终极控股股东的侵害动机，在一定程度上提升企业价值。这种正向促进作用在投资者法律保护程度比较弱的国家更加显著。Claessens 等（2000）研究发现，多数终极控股股东倾向于采用交叉持股的方式、金字塔股权结构和双重股权结构等方法构建繁杂的控制链条，再通过对管理层任命的方式，实现以较少的资本投入获取较大的资本支配权，甚至能够实现对目标企业的完全控制。通过研究东亚9个国家2980家公司的所有权和控制权分离情况，发现这些国家企业终极控股股东经常使用金字塔股权结构和交叉持股的方式使控制权大于现金流权。另外，他们还指出，所有权和控制权的分离在家族企业和小型企业中较为明显。控股股东的现金流权能够正向影响企业的市净率（每股市价比每股净资产），但企业的市净率与控股股东两权偏离程度存在负相关关系。这一结论与 La Porta 等（2002）的研究结论一致，即现金流权增大给企业带来激励效应，而两权偏离则会对企业产生侵害效应。King 和 Santor（2008）以613家加拿大公司为样本，研究发现使用双重股权结构的家族企业的估值平均要比广泛持股的企业低17%。

罗党论和唐清泉（2008）发现，虽然在国有控股上市公司中，金字塔股权结构中的所有权分离度对中小股东的利益影响不显著，但在民营上市公司，这种现象对中小股东利益的侵害有显著影响。陈海声和梁喜（2010）认为控股股东实现掏空的方法和手段将更具有多样性和隐秘性，并且他们认为控股股东的两权分离度与掏空行为密切相关。吴宗法和张英丽（2012）认为公司的控制权与所有权的分离为控股股东侵占中小股东的利益提供了动机和便利，以至于公司所有权和控制权分离度越高，利益侵占程度也越高。冉茂盛和李文洲（2015）研究发现，在家族企业中，终极控制权与现金流权分离程度越大，得到的债务融资比例越低，但政治关联会改善这种情况。从债务融资的动机来看，家族企业的负债行为是为了控制更多的资源，为其资金侵占提供便利，而并不为了发挥债务的治理效应。洪昀等（2018）采用 2010～2016 年沪深两市 A 股上市公司数据研究发现，两权分离度越高，大股东掏空行为越严重。吴国鼎（2019）研究表明，两权分离度影响终极控股股东在公司的决策行为，当分离度较低时，终极控股股东偏向于支持行为，而分离度较高时偏向掏空行为，国有企业的掏空效应的影响大于民营企业。

4.1.3　终极控股股东与公司绩效

国内外学者就终极控股股东对公司绩效的影响进行了广泛的研究。例如，Claessens 等（2000）研究发现，终极控股股东的现金流权越大，公司绩效越好；终极控股股东控制权越大，公司绩效越差；两权分离度越高，公司绩效越差。Lins 和 Servaes（2002）通过对 7 个新兴市场国家的上市公司进行调查研究后发现：股东的两权分离度越高，公司价值下降越明显。随后 Lins 对 18 个新兴市场国家的上市公司进行研究，得出了两权分离度越高、公司绩效越低的结论。Joh（2003）将公司绩效指标具体到公司利润率上，通过对韩国的数据进行研究得出，股东两权分离度越高，公司利润率越低。Tianshu Zhang（2015）的研究认为，现金流权和控制权的分离越高，企业价值越低。然而，Wiwattanakantang（2001）通过考察泰国 1996 年 270 家上市公司发现，控制权与现金流权分离程度对公司绩效并没有显著影响，由于控股股东获得控制权私利的成本必须自己负担，控股股东侵占外部投资者利益动机不足。

王鹏和周黎安（2006）、马秀菁（2011）通过研究发现，控股股东的两权分离度与公司绩效之间呈负相关关系。李大鹏（2018）在此基础上进行细分，主要研究上市家族企业的两权分离度与公司绩效之间的关系，通过数据分析发现，上市家族企业仍然存在两权分离度越高、公司绩效越低的问题。谢德明等（2010）、马秀菁（2011）、王希胜（2016）、李大鹏（2018）通过实证研究发现，企业终极控股股东的现金流权与公司绩效呈正相关关系。但是关于终极控股股东的控制权与公司绩效间的关系，有不同的结论。马秀菁（2011）研究发现，终极控股股东的控制权比例与公司绩效呈非线性关系。王希胜（2016）通过研究发现，终极控股股东的控制权与公司绩效之间呈现倒 U 形关系，公司绩效随控制权的增加而提升，当控制权超过某一临界值时，公司绩效随控制权的增大而降低。李大鹏（2018）通过对上市家族企业研究发现，上市家族企业的终极控股股东控制权与公司绩效为负相关关系。

4.1.4 终极控股股东与财务重述

财务重述在会计上指公司发现以前期间财务报告出现差错并进行修正，因此重新修改公司财务报告的行为。财务重述常被视为公司盈余操纵行为的表征，发生财务重述的公司治理机制可能存在缺陷。因此，财务重述不仅是一个会计报告的问题，同时也是公司治理、监管、投资者保护的问题。现有研究发现，财务重述会导致一定的经济后果。例如，GAO（2002）率先对美国 1997～2002 年近 700 家出现财务重述的上市公司进行了实证研究，结果发现财务重述行为会导致重述公司股票价格在短期内下跌，而且财务重述发生的不同原因会对股票的下跌幅度产生不同程度的影响。Anderson 等（2004）以美国 1997～1999

年出现财务重述的公司为研究样本，得出了与 GAO（2002）相似的结论。Palmrose 和 Scholz（2004）不仅发现财务重述行为会导致重述公司股票价格在短期内下跌，而且发现财务重述的原因不同，股票市场的负面反应程度也有显著差异。Hribar 等（2004）、Desai 等（2008）研究发现，财务重述除导致公司股票价格下跌外，还会导致投资者对财务报告的可靠性产生置疑，进而减持股票。

国内学者们研究发现财务重述导致财务报告失去公信力和独立性（王霞、张为国，2005），重述公司现金流状况较差，容易因资金短缺而陷入困境（陈凌云、李斅，2006）。不同类型和不同程度的补充或更正公告带来的负面影响也不尽相同（魏志华等，2009），财务重述也会削弱投资者的积极性（毛志宏、荣华，2010）。田楠楠（2017）通过对 2013～2015 年我国 A 股主板市场上市公司财务重述的现状及存在的问题进行分析，提出财务重述会对企业自身造成伤害，损害企业形象、增加企业违约风险、影响公司债权成本；财务重述也会对市场造成影响，短期内公司股票价格将会大幅下跌，股民有抛售股票的可能性。李曼芳（2019）对 2014～2017 年的财务重述现象进行研究发现，财务重述除了造成上述学者指出的经济后果外，还会导致融资成本和审计费用增加。

众多学者们对财务重述与终极控股股东的关系进行了研究。例如在终极控股股权性质与财务重述方面，Chen 和 Jaggi（2000）研究了香港上市公司的终极控股股东与其财务信息披露质量的关系，发现终极控股股东为自然人或家族的上市公司信息披露水平较低。Anderson 等（2004）通过对美国上市公司的研究发现，终极控股股东为家族或个人的上市公司会利用不透明信息牟取私利，因而家族或个人终极控股的上市公司信息透明度低于其他类型的上市公司。在终极控股股东控制权与财务重述方面，Fan 等（2002）对东亚地区上市公司进行研究发现，终极控股股东终极控制权与其终极控股的上市公司财务信息披露水平显著负相关，而且终极控股股东的两权分离度越高，其终极控股的上市公司财务信息披露的可靠性就越低。Jennifer 等（2005）对美国上市公司的实证研究发现，终极控股股东的两权分离会提高终极控股股东利己行为的概率，进而会降低上市公司盈余信息含量。Attig等（2006）通过对加拿大610家上市公司的研究发现，终极控股股东的两权分离度与上市公司信息不对称程度和财务信息披露质量均存在显著正相关。Kryzanowski等（2013）对加拿大上市公司的股东进行了实证研究，结果发现上市公司大股东数量较少或大股东管理权较弱时，财务重述发生的概率会明显提高。这些研究认为当上市公司股东控制权和所有权出现较大分离时会大大提高财务重述发生的概率。但是，Abdullah等（2010）则认为终极控股股东设立的董事会以及高管层和财务重述并不存在显著相关。

国内研究中，学者们虽然未对终极控股性质与财务重述的关系达成一致结论，但是，都认为终极控股股东影响公司财务重述行为。例如，马忠和吴翔宇（2007）研究了2002~2004年我国家族类终极控股股东的上市公司，并考察金字塔股权结构对上市公司财务信息披露质量的影响，结果表明在我国家族终极控股股东的上市公司中，终极控股股东为了获得更多利益会对中小股东隐瞒财务信息，从而导致公司财务披露信息程度较低；而且终极控制权越集中，终极控制权和现金流权两权分离度越高，财务重述发生的概率也越高。刘静雅（2014）研究指出，在考虑不同控制人性质的影响、控股股东与中小股东利益冲突显著、两权分离度高的情况下，民营企业出现财务重述的可能性更大，财务重述影响的财务报表期数和核心会计科目数也更多，但是民营企业并未表现出更强的非自愿重述倾向。张鑫（2017）通过实证研究发现，终极控股股东所拥有的现金流权比例越低或控制权比例越高，财务重述的可能性越大；终极控股股东两权分离度越高，上市公司财务重述的可能性越大；终极控股股东为国有属性的上市公司财务重述的可能性显著低于非国有属性的上市公司。但是，叶淞文（2016）以2009~2014年A股上市公司作为研究对象，考虑在不同法律制度环境下，终极控制权与现金流权分离度与公司财务重述行为之间的关系时发现，两权分离度与上市公司财务重述显著正相关，终极控制人为国有公司时，公司发生财务重述的可能性更大。

4.2　白酒上市公司终极控股股东特征及变化

4.2.1　终极控股股东性质

20 世纪 80 年代后期，政府实施集团化改造的政策，企业响应号召，产业类型相似或经营范围相关的企业整合重组，形成规模较大的国有企业集团，各级政府成为这些企业集团的终极控股股东。随着国有资产管理体制的演变，为减少政府对国有企业的干预，使国有企业成为真正的市场竞争主体，经过长时间的探索、实践，逐渐形成了"国有资产管理部门－国有资产经营公司－各级实体公司"的三层国有资产管理模式。国有企业迫切需要解决资金困难问题，通过证券市场使用股票来筹集资金，但证券发行有一定的计划指标，发行到市场上的流通股量很小，国家股和法人股较多，因此大多数终极控股股东性质为国有法人（陈彦，2007）。本书对我国白酒上市公司 2019 年终极控股股东性质进行了统计，见表 4 - 1。

表 4 - 1　2019 年白酒上市公司终极控股股东

企业名称	终极控股股东
泸州老窖	泸州市国有资产监督管理委员会
古井贡酒	亳州市人民政府国有资产监督管理委员会
五粮液	宜宾市政府国有资产监督管理委员会
顺鑫农业	北京市顺义区人民政府国有资产监督管理委员会
洋河股份	宿迁市国有资产管理委员会
伊力特	新疆生产建设兵团第四师国资委
金种子酒	阜阳市国有资产监督管理委员会
贵州茅台	贵州省人民政府国有资产监督管理委员会
山西汾酒	山西省国有资产监督管理委员会
今世缘	涟水县人民政府

企业名称	终极控股股东
老白干酒	衡水市财政局
酒鬼酒	国务院国有资产监督管理委员会
皇台酒业	赵满堂
水井坊	Diageo Plc（帝亚吉欧）
迎驾贡酒	倪永培
口子窖	徐进
舍得酒业	周政
金徽酒	李明

资料来源：根据各公司年报整理得到。

如表 4-1 所示，18 家白酒上市公司中，10 家公司的终极控股股东为国资委或国有资本投资运营公司，2 家公司为政府及政府部门，5 家企业为自然人，1 家企业为境外机构。18 家上市酒企中，终极控股股东以国有为主，占 67%；其次是自然法人，占 28%；境外法人占 6%。

4.2.2　金字塔股权结构

金字塔股权结构，即企业集团通过纵向投资增加自身持股，形成一个从上到下层级与链条逐渐增多的一种股权控制模式。其中，位于塔尖的组织或个人称为终极控制人或终极控股股东。终极控股股东控制第一层级公司，第一层级公司控制第二层级公司，依次向下，直至控制目标公司，最终实现多层级、多控制链的金字塔股权结构。常见的三种金字塔股权结构见图 4-1。

如图 4-1 所示，在结构 1 中，终极控制人持有 A 公司股份，A 公司持有目标公司及 An 公司股份，终极控制人通过一条控制链控制目标公司，除了控制链上的公司外，实际控制人还持有其他公司股份。与结构 1 不同的是，结构 2 中终极控制人通过直接和间接两种方式对目标公司持股，形成 3 条控制链。在结构 3 中，实际控制人通过一条控制链形成对目标公司的控制，除了控制链上的公司外，实际控制人未持有其他公司股份。

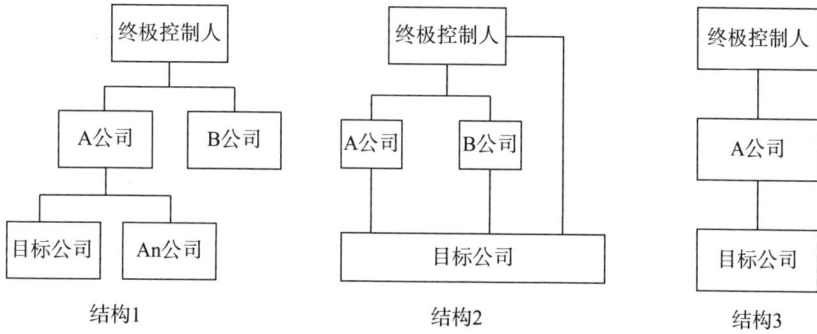

图4－1　金字塔股权结构示例

学者们对我国上市公司金字塔股权结构进行了研究。例如，刘佳芍等（2003）研究发现，金字塔股权结构在我国国有上市公司中使用较为普遍，其中75.6%的企业是由政府通过金字塔股权结构实现间接控制的。赖建清和吴世农（2004）的调查结论显示，自然人采用金字塔股权结构的比例高达95.7%。毛世平和吴敬学（2008）发现，金字塔股权结构导致政府对国有企业的控制受到干预，政府直接干预企业的成本逐渐提高。若国家对公司监督不到位，控制措施无效，董事长与总经理两职兼任的情况可能导致权钱交易的发生，滋生腐败，造成国家资产流失。何勤英等（2017）研究认为金字塔股权结构的存在减少了政府官员对于企业的直接干预，提高了企业的自主性与创新性，同时，金字塔股权结构导致政府获取企业信息的成本增加。周静和辛清泉（2017）研究指出，金字塔股权结构的存在降低了政府对企业经营决策的参与度，增加企业经营的自主权，激发企业的活力。但对民营企业来说，该股权结构导致两权分离、大股东对中小股东利益侵害、终极控股人占用企业资产等问题。本书通过对我国2019年18家白酒上市企业的研究发现，这些企业全部采用金字塔股权结构。公司终极控股股东股权特征见表4－2。

表 4 - 2　2008～2019 年白酒上市公司终极控股股东股权特征

单位：%

年份	控制权均值	现金流权均值	两权分离度均值
2008	47.187	39.395	7.792
2009	46.255	38.116	8.139
2010	45.755	37.491	8.264
2011	46.768	40.281	6.487
2012	48.150	40.409	7.741
2013	48.025	38.953	9.072
2014	47.375	38.736	8.639
2015	46.924	36.171	10.753
2016	46.088	36.767	9.321
2017	46.093	36.715	9.378
2018	46.112	36.678	9.434
2019	46.115	36.675	9.440
均值	46.737	38.032	8.705

资料来源：根据各公司年报整理得到。

如表 4 - 2 所示，2008～2019 年，白酒上市公司终极控制权均值为 46.737%，现金流权均值为 38.032%，两权分离度均值为 8.705%，控制权大于现金流权，且两权分离度呈上升趋势，上升幅度较小。数据显示，白酒上市公司终极控股股东的控制权集中度较高，终极控制权与现金流权的最小值与最大值的差异可能是白酒上市企业的不同性质导致的。

4.2.3　金字塔股权层级

金字塔股权层级指金字塔股权结构下终极控股股东到目标公司之间最长控制链上的控制层级数。有学者认为金字塔股权层级的增加导致政府干预企业的成本增加，金字塔股权结构可以保护企业免受政府干预（程仲鸣等，2008），金字塔股权层级的存在降低了非国有企业上市公司的经营绩效，提高了国有企业的价值和绩效，但同时也产生多层代理问题（夏冬林等，2008）。随着金字塔股权层级的增加，上市公司的股权成本降低（王雪梅，2014），国有企业违规的概率会随着金字塔层级的增加而降低，政府干预程度降低，国有企业更加勇于承担市场风险（苏坤，2016）。周静和辛清泉（2017）研究发现，金字塔股权层级和企业经营绩效与会计业绩的相关性之间呈正相关关系；出于政治成本和代理成本的考虑，金字塔层级设置为 2 级或 3 级较为合理。刘浩（2018）通过实证研究发现在国有企业中，金字塔股权层级与投资效率之间呈正向关系；金字塔股权层级在企业社会责任信息披露与投资效率正向关系中发挥正向调节作用。但是，王晓洋（2015）研究发现，金字塔股权层级越多导致终极控股方对目标企业占用的资金越多。

　　金字塔股权结构下的层级数为终极控股股东到目标公司之间的最长控制链条数。如图 4 - 1 中的结构 2，终极控股股东到目标公司有 3 条控制链，1 条路径为终极控制人 - A 公司 - 目标公司，1 条路径为终极控制人 - B 公司 - 目标公司，1 条路径为终极控制人 - 目标公司，其中最长控制链上有 2 个层级条，因此金字塔股权层级为 2。参照此方法，本书对我国 2019 年白酒上市公司金字塔股权层级进行了统计，见表 4 - 3。

表 4 - 3　2019 年白酒上市公司金字塔股权层级情况

企业名称	金字塔层级数	一级控制单位	二级控制单位
泸州老窖	2	泸州市国有资产监督管理委员会	泸州老窖集团有限责任公司
古井贡酒	2	亳州市人民政府国有资产监督管理委员会	安徽古井集团有限责任公司
五粮液	2	宜宾市政府国有资产监督管理委员会	宜宾市国有资产经营有限公司
顺鑫农业	3	北京市顺义区人民政府国有资产监督管理委员会	北京市顺义区国有资本经营管理中心

续表

企业名称	金字塔层级数	一级控制单位	二级控制单位
洋河股份	2	宿迁市国有资产管理委员会	江苏洋河集团有限公司
伊力特	3	新疆生产建设兵团第四师国资委	新疆可克达拉市国有资本投资运营有限责任公司
金种子酒	3	阜阳市国有资产监督管理委员会	阜阳投资发展集团有限公司
贵州茅台	2	贵州省人民政府国有资产监督管理委员会	中国贵州茅台酒厂（集团）有限责任公司
山西汾酒	3	山西省国有资产监督管理委员会	山西省国有资本运营有限公司
今世缘	3	涟水县人民政府	江苏安东控股集团有限公司
老白干酒	3	衡水市财政局	衡水市建设投资集团有限公司
酒鬼酒	7	国务院国有资产监督管理委员会	中粮集团有限公司
皇台酒业	3	赵满堂	兰州金城、金都矿业、金都商城
水井坊	9	Diageo Plc（帝亚吉欧）	Diageo Holdings Limited
迎驾贡酒	2	倪永培	安徽迎驾集团股份有限公司
口子窖	1	徐进	安徽口子酒业股份有限公司
舍得酒业	3	周政	天洋控股集团有限公司
金徽酒	2	李明	甘肃亚特投资集团有限公司

资料来源：根据各公司年报整理得到。

如表4－3所示，2019年白酒上市公司中金字塔层级为2级和3级的公司占83%。这些股权结构的基本模式通常是，位于塔尖的终极控股股东为国资委，国资委控制国有资产经营公司，国有资产经营公司持股控制某集团或直接持股控制目标公司。2002年，党的第十六大会议中提出，在中央政府和省、市（地）两级地方政府设立国有资产管理机构。2003年国务院正式成立国有资产监督管理委员会，专职监督与管理国家资产。随后，各地方政府也积极落实该项提议，相继成立地方国有资产监督管理委员会。这些国有企业的二级单位一般为由省、市（地）两级地方政府的国有资产监督管理委员会全资控制的资产运营公司或下级集团，实现政企分开，让企业以市场主体的角色参与竞争，提高运营效率。在表4－3中，金字塔股权层级最多的企业是水井坊，共有9级，其金字塔股权结构见图4－2。

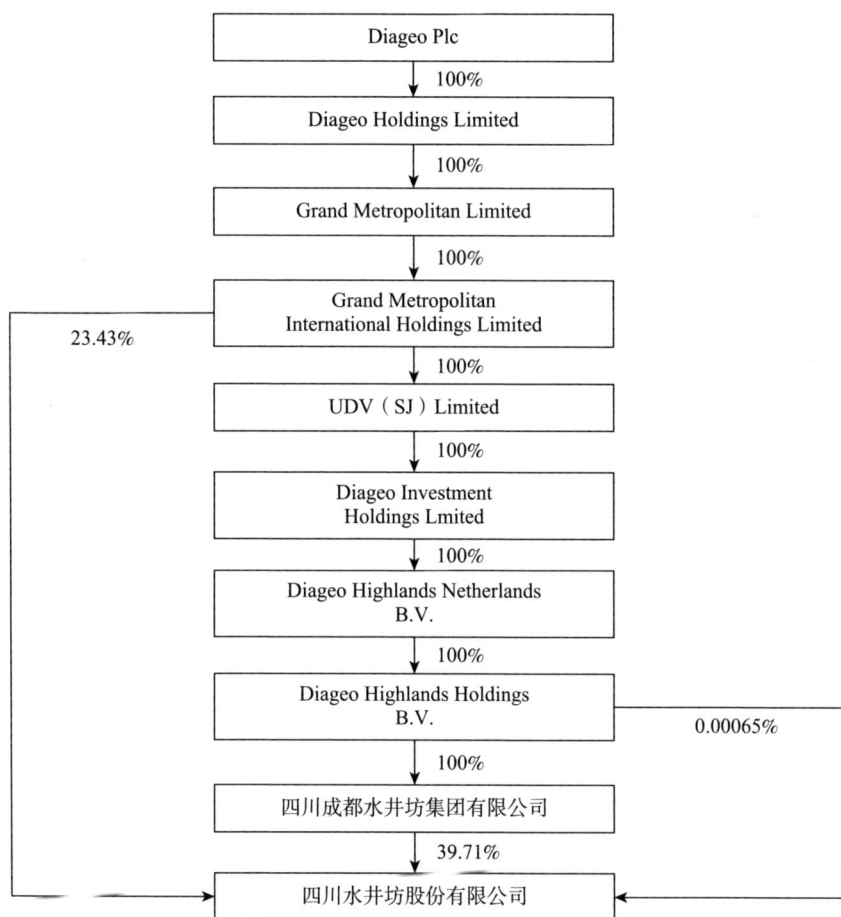

图 4 - 2 水井坊金字塔股权结构

水井坊是第一家被外资并购的白酒企业，帝亚吉欧于 2006 年、2008 年、2010 年、2013 年分 4 次收购水井坊的股份从而成为控股股东。水井坊金字塔股权层级虽然有 9 级，但是终极控股股东的现金流权和控制权没有分离，都为 63.205%。表 4 - 3 中金字塔股权层级数居第二位的公司是酒鬼酒，有 7 级，其金字塔股权结构见图 4 - 3。

如图 4 - 3 所示，酒鬼酒的金字塔股权层级为 7 层。酒鬼酒是经过混合所有制改革后的企业，国有股东与非国有股东各持股 50%。根据酒鬼酒 2019 年的年报信息，该企业的实际控制方为中粮集团有限公司，因此，其终极控制人为国务院国有资产监督管理委员会。国务院国有资产监督管理委员会拥有中粮集团100%的股权，中粮集团再通过层层持股控制酒鬼酒。国务院国资委的控制权为31%，现金流权为15.5%，两权分离度为15.5%。

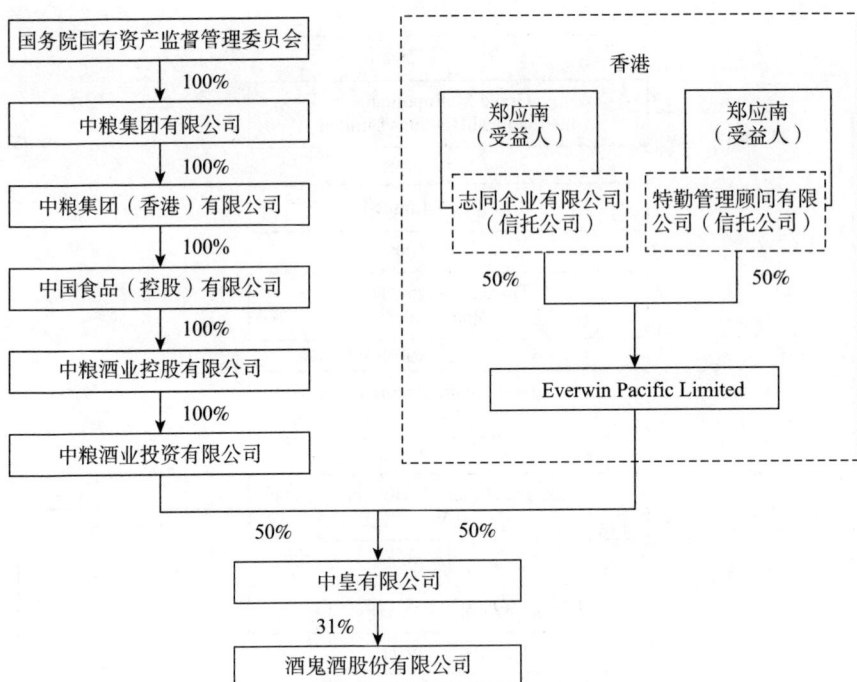

图4-3　酒鬼酒金字塔股权结构

4.2.4　五粮液终极控股股东特征及变化

五粮液的终极控股股东为宜宾市国资委。宜宾国资委对五粮液控制权和现金流权在2008~2011年是相同的，两权未分离，2012~2015年两权分离，2016~2019年两权未分离。五粮液两权分离的这一变化在白酒上市公司中是独有的。因此，本书对五粮液的股权结构进行案例分析。表4-4列出了2008~2019年五粮液终极控股股东两权变化情况。

表 4 - 4 2008~2019 年五粮液终极控股股东两权变化

单位：%

年份	终极控制权	现金流权	两权分离度
2008	56. 07	56. 07	0
2009	56. 07	56. 07	0
2010	56. 07	56. 07	0
2011	56. 07	56. 07	0
2012	76. 14	56. 07	20. 07
2013	76. 14	56. 07	20. 07
2014	76. 14	56. 07	20. 07
2015	76. 14	56. 07	20. 07
2016	56. 07	56. 07	0
2017	56. 07	56. 07	0
2018	54. 84	54. 84	0
2019	54. 84	54. 84	0

资料来源：根据公司企业年报整理得到。

图 4 - 4 为五粮液 2008~2011 年的终极控股股东，宜宾市国资委通过 1 条控制链条间接控制宜宾五粮液股份有限公司。根据终极控制权和现金流权的计算方法，宜宾市国资委对宜宾五粮液股份有限公司的终极控制权和现金流权均为 56.07%，终极控制权与现金流权未分离，其股东性质是国有法人，控制层级 2 级。

根据五粮液 2012~2015 年的年报信息，2012 年 10 月 10 日，宜宾市国有资产经营有限公司将其持有的五粮液 761823343 股股份无偿划转给四川省宜宾五粮液集团有限公司。本次股权无偿划转后，宜宾市国有资产经营有限公司仍持有本公司 36% 的股份（1366548020 股），为五粮液第一大股东；四川省五粮液集团有限公司持有五粮液 20.07% 的股份（761823343 股），为五粮液第二大股东，其具体结构见图 4 - 5。

如图 4 - 5 所示，2012~2015 年，宜宾市国资委通过 3 条控制链条间接控制宜宾五粮液股份有限公司。根据终极控制权和现金流权的计算方法，宜宾国资委对宜宾五粮液股份有限公司的终极控制权为 76.14%

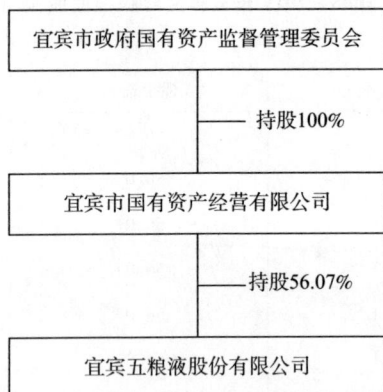

图 4-4　2008～2011 年五粮液终极控股股东控制权及控制关系

（36% +20.07% +20.07%），现金流权比例为 56.07%（100%×36% + 100%×51%×20.07% + 100%×49%×20.07%），两权分离度为 20.07%（76.14% -56.07%）。

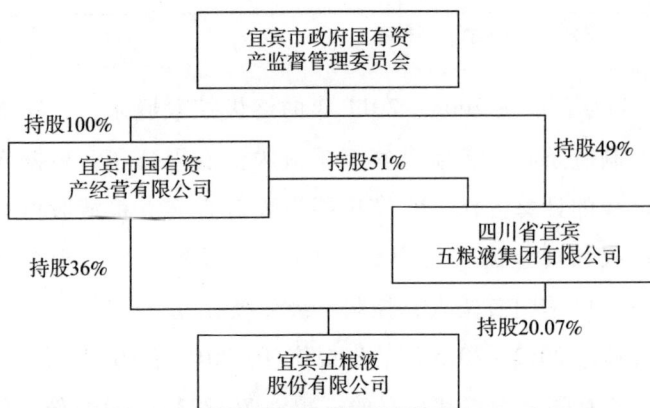

图 4-5　2012～2015 年五粮液终极控股股东控制权及控制关系

2012 年，宜宾市国有资产经营有限公司将其持有的五粮液 20.07% 股份无偿划转给四川省宜宾五粮液集团有限公司后，终极控股股东的终极控制权通过计算得出为 76.14%，现金流权为 56.07%，此时，终极控制权与现金流权出现偏差，控制权比现金流权高 20.07%。2008～2011 年，五粮液的财报中，控制关系只有 2 个，宜宾市国有资产经营公司拥有宜宾五粮液股份有限公司 100% 的股权。陈鑫余（2014）研究指出，五粮液酒厂改制过程中产生四川省宜宾五粮液集团有限公司（该公司未上市）和宜宾五粮液股份有限公司。但在上市公司的实际运作中，四川省宜宾五粮液集团有限公司的企业管理人员参与宜宾五粮液股份有限公司的业务。根据五粮液 2008 ~ 2011 年的年报信息，宜宾五粮液股份有限公司和四川省宜宾五粮液集团有限公司之间不存在股份牵连，出现"一套班子，挂两个牌子"的现象。2009 ~ 2011 年，五粮液被证监会立案调查，并在 2011 年出具《行政处罚决定书》。由此推测，2012 年的股权转移很可能是此次事件导致的，在后期的财务报告中调整股权结构，将四川省宜宾五粮液集团有限公司对宜宾五粮液股份有限公司的控制抬到明面上，也因为此次股权的转移，五粮液终极控股股东出现两权分离现象。

在金字塔式的终极控制股权结构下，当终极控股股东两权偏离时，通过相对较低的现金流权可以获得更高的控制权。刘峰等（2004）通过对五粮液 1998 ~ 2003 年的利益输送情况进行研究认为，实际控制人借助关联方交易进行利益输送、伤害中小股东利益具有一定的普遍性。贺建刚等（2008）研究五粮液 2004 ~ 2007 年关联交易情况，发现其利用控制权输送利益的情况依旧存在，与往年相比并无特别差异。卞琳琳等（2016）通过对 2008 ~ 2014 年的数据调查发现，五粮液重点关注关联交易的情况并做出处理，改变股利分配政策，关联交易情况大为减少。表 4 - 5 列出了 2008 ~ 2019 年五粮液关联交易情况。

表 4 - 5　2008 ~ 2019 年五粮液关联交易情况

单位：万元

年份 关联交易类别	产品购销	接受劳务	品牌使用	租赁业务	资产购销	其他	合计
2008	648174	0	0	7483	0	4110	659767
2009	535934	23352	13549	6170	328661	25056	932722
2010	90624	38703	18741	33162	6218	38691	226139
2011	77075	37259	23966	24218	459	44696	207673

续表

关联交易类别 年份	产品购销	接受劳务	品牌使用	租赁业务	资产购销	其他	合计
2012	96178	38271	34618	35327	3163	20291	227848
2013	99471	45395	31923	35369	2660	1694	216512
2014	45072	41446	28015	36078	1892	1674	154177
2015	117788	46346	27044	36223	729	1227	229357
2016	161760	48001	30965	35814	2621	1324	280485
2017	199252	51756	36384	37341	1931	461	327125
2018	248351	57307	48074	36222	3180	1347	394481
2019	250070	64717	57739	415107	2206	744	790583

资料来源：根据公司企业年报整理得到。

本书根据表 4 - 5 中数据，分析了五粮液 2008～2019 年关联交易合计数，见图 4 - 6。

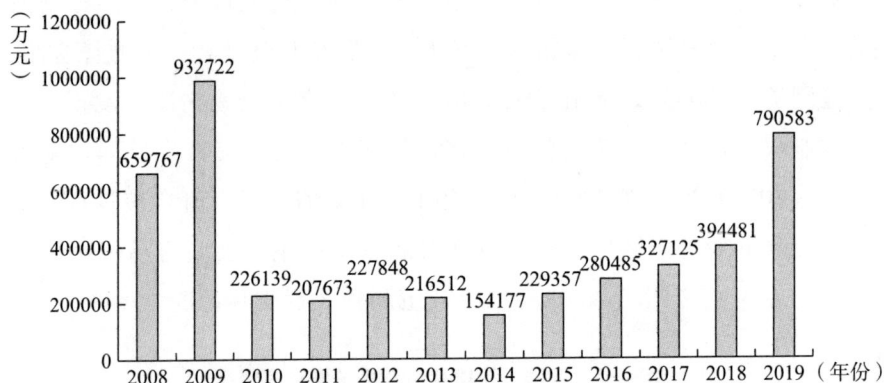

图 4 - 6　2008～2019 年五粮液关联交易总额

如表 4 - 5 和图 4 - 6 所示，五粮液 2009 年后关联交易大幅降低，其中，2011 年比 2009 年降低 77.73%，2010～2014 年关联交易金额较稳定，2015 年后开始增加，2015～2018 年处于上升趋势，但是增幅较低，2019 年大幅增加。与 2008 年、2009 年相比，2012～2015 年的关联交易金额大大减少。在五粮液终极控股股东两权分离的 2012～2015 年，公司关联交易并未大幅增加。

股东也可通过企业分配股利获利。Johnson 等（2000）提出的"利益输送"理论认为，大股东与中小股东之间存在严重的代理问题，大股东倾向于利用自己手中的控制权，通过"隧道"的方式（即通过关联交易、内幕交易、股利分配等方式）获得丰厚收益，从而造成对中小股东利益的侵害，控股股东的这种行为又被称为"隧道效应"。因此，在终极控股股东想要侵占中小股东利益时，往往存在不发放股利或股利分配政策不利于小股东的情况。因此，本书对五粮液终极控股股东 2012～2019 年的股利分配政策进行统计，见表 4-6，其中每股现金股利含税。

表 4-6　2012～2019 年五粮液股利分配政策情况

年份	现金股利（每 10 股送）（元）	净利润（亿元）
2012	8	103.357
2013	7	83.222
2014	6	60.582
2015	8	64.105
2016	9	67.845
2017	13	96.737
2018	17	133.842
2019	22	174.022

资料来源：根据公司企业年报整理得到。

如表 4-6 所示，2012～2015 年，在五粮液终极控股股东两权分离期间，公司股利分配政策并未发生异常变动。白酒行业 2013 年开始进入深度调整期，公司净利润出现了较大幅度的降低。但是，公司仍然派发现金股利，因公司净利润的降低，现金股利相对也有降低。综上所述，2012～2015 年，虽然终极控制权与现金流权发生分离，但是终极控股股东剥削中小股东利益的可能性较小。

根据宜宾五粮液股份有限公司 2016～2019 年的财报数据，控制权无变化，但是控股结构发生了变化，如图 4-7 和图 4-8 所示。

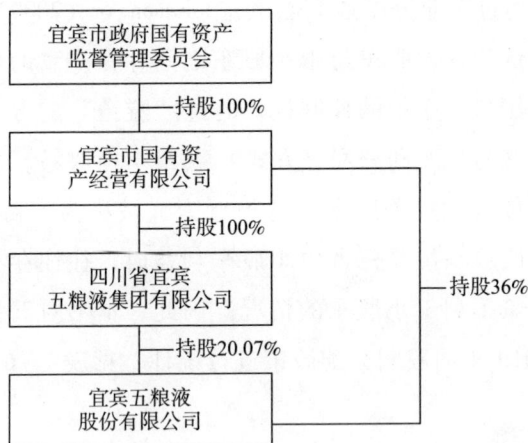

图4-7 2016~2017年五粮液终极控股股东控股权及控制关系

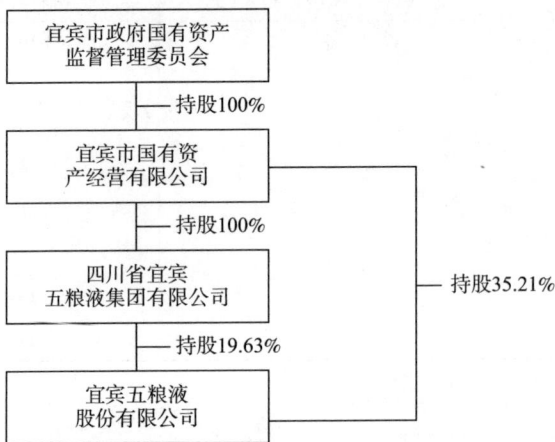

图4-8 2018~2019年五粮液终极控股股东控制权及控制关系示例

如图4-7所示，2016~2017年，宜宾市国有资产经营有限公司对四川省宜宾五粮液集团有限公司拥有100%的控制权，四川省宜宾五粮液集团有限公司持有宜宾五粮液股份有限公司20.07%的股份，但宜宾市政府国有资产监督管理委员会的终极控制权份额无变化，依旧为56.07%，其现金流权为56.07%，两权无分离。

2018~2019年，四川省宜宾五粮液集团有限公司占宜宾五粮液股份有限公司19.63%的股份，宜宾市国有资产经营有限公司占宜宾五粮液股份有限公司 35.21% 的股份，宜宾市政府国有资产监督管理委员会的终极控制权份额为 54.84%，其现金流权为 54.84%，两权无分离，控制结构无变化。

4.2.5　贵州茅台终极控股股东特征及变化

贵州茅台的终极控股股东为贵州省国资委。根据前文关于终极控股股东控制权和现金流权的计算方式，本书计算出贵州茅台 2008 ~ 2019 年终极控股股东两权分离度数据，见表 4 – 7。

表 4 – 7　2008 ~ 2019 年贵州茅台两权变化情况

单位：%

年份	终极控制权	现金流权	两权分离度
2008	61.71	61.71	0
2009	61.71	61.71	0
2010	61.76	61.76	0
2011	61.76	61.76	0
2012	61.81	61.81	0
2013	61.99	61.99	0
2014	61.99	61.99	0
2015	61.99	61.99	0
2016	61.99	61.99	0
2017	61.99	61.99	0
2018	61.99	61.99	0
2019	58.00	58.00	0

资料来源：根据公司企业年报整理得到。

如表 4 – 7 所示，2008 ~ 2019 年，贵州茅台终极控股股东控制权和现金流权几乎没有什么变化，2019 年两权比 2018 年降低 3.99 个百分点，两权未发生分离。根据贵州茅台 2008 ~ 2019 年年报，其终极控股股东所持股份无冻结或质押的情况，持股数存在变化，见

表 4 - 8。

表 4 - 8   2008 ~ 2019 年贵州茅台实际控股方持股数变化情况

年份	持有股数（股）	较上年变动股数（股）
2008	582453084	
2009	582453084	0
2010	582875784	422700
2011	582875784	0
2012	641690512	58814728
2013	643613185	1922673
2014	707974504	64361319
2015	778771955	70797451
2016	778771955	0
2017	778771955	0
2018	778771955	0
2019	728531955	- 50240000

资料来源：根据公司企业年报整理得到。

贵州茅台的终极控股方为贵州省国资委，控制层级为 2 级。图 4 - 9 是贵州茅台 2008 年终极控股股东实际控制情况，2009 ~ 2019 年一直保持该控股结构，只是持股有小幅变动。

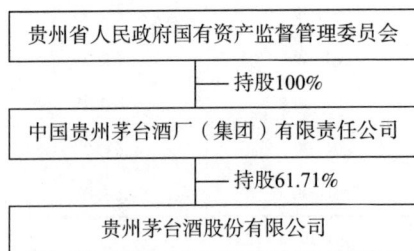

图 4 - 9   2008 年贵州茅台终极控股股东控制权及控制关系

通过对贵州茅台的数据梳理发现，2008 ~ 2015 年，贵州茅台存在关联交易的情况，见表 4 - 9。

表 4 - 9   2008 ~ 2015 年贵州茅台关联交易情况

单位：万元

关联交易 类别 年份	产品购销	接受劳务	品牌使用	租赁业务	资产购销	其他	合计
2008	3757	5821	8365	2559	0	0	20502
2009	2409	7071	8886	2559	0	0	20925
2010	625	8252	11819	2559	0	0	23255
2011	0	9526	19297	2559	0	0	31382
2012	0	11551	26765	2559	0	0	40875
2013	28843	14437	35155	2559	0	0	80994
2014	30669	7644	33856	2525	0	0	74694
2015	40386	17282	34707	2525	0	0	94900

资料来源：根据公司企业年报整理得到。

如表 4 - 9 所示，2008 ~ 2015 年，接受劳务和品牌使用的关联交易额在持续增长，产品购销金额也由低到高。股东也可通过企业分配股利获利，根据贵州茅台 2008 ~ 2015 年的股利分配政策，其中 2010 年、2013 年、2014 年每 10 股送红股 1 股，每 10 股的派息数见表 4 - 10，其中每股现金股利含税。

表 4 - 10   2008 ~ 2015 年贵州茅台股利分配政策

年份	现金股利（每 10 股送）（元）	净利润（亿元）
2008	11. 56	28. 308
2009	11. 58	43. 124
2010	23	50. 512
2011	39. 97	87. 631
2012	64. 19	133. 081
2013	43. 74	151. 367
2014	43. 74	153. 498
2015	61. 71	155. 031

资料来源：根据公司企业年报整理得到。

与五粮液相比，贵州茅台的高派现股利政策可以从侧面显示出企业运营良好，传递出了利好信息，吸引更多显性和隐性投资者。陈红等（2013）通过研究发现，控制权的复杂程度会影响终极控股股东的实际利益，中央、地方控制的上市公司存在掏空行为，但是影响较小。因此，贵州茅台终极控股股东通过高额股利分配政策侵占中小股东利益的可能性较小。

综上所述，18家白酒上市公司的终极控股股东的终极控制权平均为46.737%，现金流权均值为38.032%，由于国家对企业改制的影响，白酒上市公司终极控股股东的控制权集中度较高，两权分离度较低，大多数终极控股股东的性质为国有法人。五粮液的终极控制权与现金流权因整改在2012～2015年发生过两权分离，而贵州茅台2008～2019年的两权分离度一直为0。在两权分离度较低的情况下，终极控制人的利益往往与企业一致，但是也可能存在内部控制失效、缺乏监督管理的情况；而对于国有企业来说，两权分离度是政府权力下放的体现，白酒上市公司终极控股股东的股权应该得到管控，两权应该有合适的分离。

4.3 白酒上市公司财务重述

美国审计总署对上市公司的财务重述信息进行了分类：收入方面的确认、成本及费用方面的计量、相关资产的计价、合并或分立的确认、证券相关、重分类、研发、关联交易和其他。国内学者曹晓芳等（2016）将财务重述内容细分为两大类九小类。两大类分为表内数据重述及表外数据重述。其中，表内数据重述包括资产负债表、利润表、现金流量表相关重述，表外数据重述包括利润分配重述、关联方及关联方交易重述、经营业务相关重述、财务报表项目注释重述、公司治理相关的重述及其他。本书对我国18家白酒上市公司发生的财务重述进行了统计，见表4-11。

表 4 - 11　白酒上市公司财务重述

企业名称	年份	原因
酒鬼酒	2014 年、2015 年、2017 年、2019 年	会计政策变更
五粮液	2013 年、2014 年	证券相关
皇台酒业	2010 年、2015 年、2019 年	其他
山西汾酒	2009 年、2011 年	其他、成本计价

资料来源：国泰安数据库（2021）。

如表 4 - 11 所示，白酒上市公司中出现过财务重述的公司有酒鬼酒、五粮液、皇台酒业和山西汾酒。这些公司产生财务重述的原因有会计政策变更、成本计价等。

4.4　终极控股股东与公司绩效关系实证研究

4.4.1　研究假设

公司绩效的影响因素较多，可以分为外部因素与内部因素。内部因素包括企业治理结构、企业文化、企业内部控制有效性、供应链等，外部因素包括法律环境、政治环境、消费者偏好、国家经济环境等。终极控股股东的两权属于内部因素，终极控股股东拥有的现金流权使得其自身利益与企业利益一致，有助于提高企业价值。但是，当终极控股股东现金流权小于控制权时，堑壕效应变得明显，终极控股股东损害中小股东利益、发布不真实财务信息等不利于企业价值行为的动机增强。由于终极控制权与现金流权的相互作用，两权分离度与公司绩效的关系是终极控股股东现金流权与控制权对公司的综合影响效应。赖建清（2007）对 2002 年沪深股市 1085 家上市公司进行研究发现，终极控股股东的两权分离度和公司绩效之间并没有直接的关系。张东宁等（2011）研究发现，在金字塔股权结构下，现金流权对公司绩效存在"激励效应"，而两权分离度对公司绩效有明显的负向影响。刘丽梅（2016）通过对 2010～2014 年上市公司的研究发现，控制权与现金流权的分离使得实际控制人通过关联交易、财产转移等方式获取控制权私利，而较低的现金流权会降低侵占成本，两权分离度的提高会对公司绩效产生显著的负向影响。周晓东（2019）研究发现，终极控制权与公司绩效成正相关关系，终极控制权、现金流权的分离度与公司绩效存在非线性关系。综合以上分析及文献，本书提出如下假设。

假设 H1：终极控股股东的终极控制权与公司绩效之间呈负相关关系。

假设 H2：终极控股股东的现金流权与公司绩效之间呈正相关关系。

假设 H3：现金流权和终极控制权的两权分离度与公司绩效之间呈负相关关系。

变量包括三类：被解释变量、解释变量和控制变量。被解释变量是公司绩效，参照已有研究，本节选取综合性较强的净资产收益率作为衡量公司绩效的指标，并以 *ROE* 表示。解释变量包括终极控制权（*VR*）、现金流权（*CR*）和两权分离度（*SD*）。控制变量包括公司规模（*SIZE*）、公司经营能力（*TURN*）、公司偿债能力（*DEBT*）、公司发展能力（*GROWTH*）。各个控制变量指标都源于国泰安数据库。变量定义见表 4 - 12。

表 4 - 12　变量定义

变量类别	变量名称	变量符号	变量描述
被解释变量	净资产收益率	*ROE*	净利润/加权平均净资产（%）
解释变量	终极控制权	*VR*	股东控制链条上每条链条最低持股比例之和（%）
	现金流权	*CR*	股东控制链条上各链条股东持股比例乘积之和（%）
	两权分离度	*SD*	终极控制权和现金流权之差（%）

变量类别	变量名称	变量符号	变量描述
控制变量	公司规模	$SIZE$	调整后的公司总资产的自然对数
	公司经营能力	$TURN$	总资产周转率（%）
	公司偿债能力	$DEBT$	资产负债率（%）
	公司发展能力	$GROWTH$	总资产增长率（%）

4.4.2　模型构建

为了检验终极控股股东的终极控制权与公司绩效的关系，构建了如下多元线性回归模型：

$$ROE = \alpha + \beta_1 VR + \beta_2 SIZE + \beta_3 TURN + \beta_4 DEBT + \beta_5 GROWTH + \varepsilon$$

模型（4 - 1）

在模型（4 - 1）中，β_1 反映终极控制权对公司绩效的影响；β_2 反映公司规模对公司绩效的影响；β_3 反映上市公司经营能力对公司绩效的影响；β_4 反映上市公司偿债能力对公司绩效的影响；β_5 反映上市公司发展能力对公司绩效的影响。

为了检验终极控股股东的现金流权与公司绩效的关系，构建了如下多元线性回归模型：

$$ROE = \alpha + \beta_1 CR + \beta_2 SIZE + \beta_3 TURN + \beta_4 DEBT + \beta_5 GROWTH + \varepsilon$$

模型（4 - 2）

在模型（4 - 2）中，β_1 反映现金流权对公司绩效的影响；β_2 反映公司规模对公司绩效的影响；β_3 反映上市公司经营能力对公司绩效的影响；β_4 反映上市公司偿债能力对公司绩效的影响；β_5 反映上市公司发展能力对公司绩效的影响。

为了检验终极控股股东终极控制权与现金流权的分离度和公司绩效的关系，构建了如下多元线性回归模型：

$$ROE = \alpha + \beta_1 SD + \beta_2 SIZE + \beta_3 TURN + \beta_4 DEBT + \beta_5 GROWTH + \varepsilon$$

模型（4－3）

在模型（4－3）中，β_1 反映两权分离度对公司绩效的影响；β_2 反映公司规模对公司绩效的影响；β_3 反映上市公司经营能力对公司绩效的影响；β_4 反映上市公司偿债能力对公司绩效的影响；β_5 反映上市公司发展能力对公司绩效的影响。

本书选取 2008～2019 年白酒上市公司作为研究样本，并对数据做了如下处理：①剔除无终极控股股东的样本；②剔除终极控股股东特征数据不完整的样本；③剔除极端异常值。最终得到 18 家白酒上市公司，共 171 个观测数据。数据来自国泰安数据库。

4.4.3　实证检验与分析

（1）样本描述性统计

如表 4－13 所示，白酒上市公司净资产收益率平均值为 17.912%，终极控股股东现金流权（CR）的最大值为 69.970%，最小值为 9.556%，平均值为 39.630%。终极控制权（VR）最大值为 79.660%，最小值为 18.260%，平均值为 47.962%。而反映二者分离程度的两权分离度（SD）平均值为 8.336%，最大值为 61.074%，数据显示部分上市公司的终极控制权和现金流权分离度较高。

表 4－13　样本描述性统计

变量	N		平均值	标准差	最小值	最大值
	有效	缺失				
ROE（%）	171	0	17.912	13.363	－29.570	54.310
VR（%）	171	0	47.962	14.985	18.260	79.660
CR（%）	171	0	39.630	16.041	9.556	69.970
SD（%）	171	0	8.336	15.118	0.000	61.074
$SIZE$（%）	171	0	22.617	1.231	19.965	25.933

续表

变量	N		平均值	标准差	最小值	最大值
	有效	缺失				
TURN（％）	171	0	63.087	21.016	11.880	117.540
DEBT（％）	171	0	35.662	13.630	13.092	76.965
GROWTH（％）	171	0	17.458	23.458	－23.343	197.368

（2）多元线性回归分析

为了研究终极控制权、现金流权和两权分离度与公司绩效之间的关系，根据前文建立的三个回归模型，运用 Stata16.0 进行 OLS 线性回归分析。回归结果见表 4 – 14。

表 4 – 14　回归分析结果

变量	模型（4 – 1）	模型（4 – 2）	模型（4 – 3）
VR	－ 0.032		
	（－ 0.650）		
CR		－ 0.058	
		（－ 1.100）	
SD			0.017
			（0.360）
SIZE	4.934 ***	5.237 ***	4.922 ***
	（8.490）	（7.860）	（8.200）
TURN	0.339 ***	0.352 ***	0.335 ***
	（9.070）	（8.760）	（9.110）
DEBT	－ 0.279 ***	－ 0.279 ***	－ 0.335 ***
	（－ 5.000）	（－ 5.210）	（－ 4.950）
GROWTH	0.091 ***	0.089 ***	0.094 ***
	（2.890）	（2.810）	（3.020）
α	－ 105.156 ***	－ 112.077 ***	－ 106.918 ***
	（－ 7.730）	（－ 7.450）	（－ 7.270）
样本数	171	171	171
调整的 R^2	0.584	0.586	0.583
F	48.660 ***	49.040 ***	48.510 ***

注：表中括号内数字为方差一致的 *t* 统计值，*、**、*** 分别表示在 10％、5％ 和 1％ 的显著性水平上显著。

如表 4 – 14 所示，模型（4 – 1）中终极控制权（VR）与净资产收益率的系数 β_1 为 – 0.032，模型（4 – 2）中现金流权（CR）与净资产收益率的系数 β_1 为 – 0.058，模型（4 – 3）中两权分离度（SD）与净资产收益率的系数 β_1 为 0.017，但是，都没有通过显著性检验，前文三个研究的假设都没有得到验证。回归结果表明，白酒上市公司终极控股股东现金流权、终极控制权和两权分离度对公司绩效的影响较小。

4.5　研究结论及对策建议

4.5.1　研究结论

本书通过对白酒上市公司终极控股股东的性质、终极控制权、现金流权和两权分离度的现状，以及终极控股股东与公司绩效的关系的实证研究，得出以下结论。

（1）2008 ~ 2019 年 18 家白酒上市公司都存在终极控股股东，终极控股股东以各级国资委和政府部门为主，其次是自然人和境外机构。

（2）白酒上市公司终极控股股东的终极控制权和现金流权普遍分离，终极控制权大于现金流权，两权分离的均值为 8.705%。大多数白酒上市企业都为金字塔股权结构，金字塔层级以 2 – 3 级为主。

（3）由于采用金字塔股权结构，当两权分离度较高时，终极控股股东能够凭借较少的现金流权获得较大的控制权，容易发生"壕沟效应"。虽然白酒上市公司存在终极控股股东掠夺目标公司利益的现象，比如 2020 年 ST 舍得酒业实际控制人占用资金等，但是，白酒上市公司终极控股股东总体上对目标公司绩效的影响较小，即现金流权对公司绩效的提升没有显著的促进作用，终极控制权与两权分离度对公司绩效也没有显著的削弱作用。

4.5.2　对策建议

加强对我国上市公司终极控股股东的监管并加强对中小股东的法律保护。两权分离作为终极控股股东金字塔股权结构、交叉持股等的产物，其存在目的就是使终极控股股东可以通过较小的现金流权实现对上市公司更大的控制。而中小股东由于股权普遍比较分散，难以参与公司治理中，而且当面临着终极控股股东为代表的大股东对自身的利益进行侵占时，股权占有度不够与我国现行法律制度的不完善，也使中小股东很难通过法律武器维护自身的权益。国家应该加大对终极控股股东为代表的大股东的监管力度，出台相应的法律法规从而限制其侵占中小股东的利益，并使中小股东在受到利益侵占时可以通过法律追回受到的损失。

对终极控股股东为国有控制的上市公司的股权结构和公司治理结构进行优化与治理。各级政府或者政府官员作为国有控股股东的"代理人"，由于法律监管和制度约束，受经济利益驱动监管上市公司治理的动机更弱，从而使国有控股的上市公司在公司治理结构方面可能存在相应的问题。因此，为保证财务披露信息的及时性、准确性和公正性，以及防止终极控股股东对中小股东的利益侵占，应该加强对国有终极控股上市公司的股权结构的监管，优化公司治理结构。

加大对我国证券市场的监督管理力度。通过对 18 家白酒上市公司分析发现，非国有控股公司发生财务重述的次数大于国有控股公司。随着经济的飞速发展，上市企业往往为了掩饰年报数据，粉饰企业业绩，蒙蔽投资者，财务重述问题越来越普遍。财务重述的经济后果会给我国证券市场的发展带来严重的负面影响，所以政府相关部门应该加强对上市公司财务信息的审查管理，提高上市公司财务报告信息披露的质量。

第 5 章

白酒上市公司董事会治理研究

5.1 国内外研究现状

5.1.1 董事会规模与公司绩效

董事会规模是指董事会成员人数，董事会规模是公司治理研究的重要内容。已有研究表明，董事会规模与公司绩效之间存在一定的关联关系。有研究认为，董事会人数过多或过少都不利于有效的公司治理。董事会规模过大可能增加成本和沟通难度，过小可能降低管理效率。例如，Lipton 和 Lorsch 研究发现，董事会规模最佳是 8 ~ 9 人，如果超过 10 人就会降低效率。Yermack（1995）对 452 家美国公司的研究发现，随着公司业务的发展，公司为避免经营风险采取多元化经营，董事会规模随之扩大；董事会中应包含各个领域的专家，使公司能够吸收各方意见，做出正确决策，降低经营风险。李孔岳（2003）将国有公司作为分析样本，探究董事会规模与公司绩效的关系，研究认为董事会规模最佳为 8 ~ 11 人。李常青和赖建清（2004）在研究上市公司董事会特征对公司绩效的影响时发现董事会规模和公司绩效正相关。但是，也有研究认为，董事会规模越大，公司的财务绩效越好（周泽飞，2020）。持这一观点的学者认为，董事会规模扩大以后，董事会的监管力度得到加大，不仅能够有效防止公司大股东"一股独大"带来的诸多弊病，而且增加了具备丰富管理经验和专业能力的人才，提高了董事会的监督能力。另外，也有研究认为，董事会规模与公司绩效呈倒 U 形关系（李维安、张耀伟，2004）。

5.1.2　独立董事与公司绩效

独立董事的特征是其"独立性"。独立董事不在公司担任其他职务，也不涉及公司重要业务往来以及与公司利益相关者的关联关系，能够对公司事务做出客观的判断。Fama 和 Jensen（1983）发现，对经理层监督的有效性会随着独立董事人数的增加而增加。独立董事通过利用其严格的监督机制促使董事会更好地履行职责。独立董事需拥有财务或法律等方面的专业技能，从而能够为企业在经营管理和战略部署等重大决策上提供更客观、更全面、更专业的建议。独立董事还能协助管理层策划和执行企业日常业务。独立董事能够利用自身现有声誉和资源为公司赢得外界更多关注，获得更多投融资机会以及吸引更多外部投资者加入（Daily and Dalton，1993）。在我国，学者们关于独立董事对公司绩效影响持有不同的观点。有学者认为，独立董事有助于提高公司绩效。例如，王跃堂等（2006）探析了独立董事占比与公司绩效的关系，发现二者之间显著正相关。周建等（2014）通过研究发现，独立董事的比例越高，董事会监督或约束经理层的能力越强，同时获得的资源越多，因此公司绩效越好。但是，郝云宏和周翼翔（2010）通过对 1999~2008 年沪深 A 股上市公司的动态面板数据进行分析后发现，独立董事比例的提高对公司绩效的影响存在一定的滞后性。独立董事占比的提升对公司绩效的改善作用在长期才能显现出来，短期内反而公司绩效会降低。通过调查上市公司独立董事制度执行的情况，可以发现独立董事中有相当一部分是由大股东或高管层向董事会推荐，然后再以董事会的名义提名的。由于这些独立董事与大股东或管理层有着密切的关联关系，因此往往能够顺利当选，这就意味着独立董事的"独立性"受到严重影响，为企业今后的经营发展埋下隐患。因此，有学者研究发现独立董事比例与公司绩效的正向关系不显著甚至负相关（胡勤勤、沈艺峰，2002；于东智、王化成，2003）。刘彬（2016）的研究指出，独立董事占比的提高不利于改善公司绩效。因为独立董事人数的增加带来公司成本的上升，独立董事还可能内外勾结，这些都不利于公司绩效的改善。

5.1.3 董事会年度会议次数与公司绩效

董事会治理机制的表现形式是董事会会议。董事会会议的召开一般是为了商议、决策公司重大事项或紧急事项。Jensen（1993）研究发现，董事会会议通常只是一种形式，其并没有实现对管理层真正意义上的监督，因此，董事会还不如少开，避免浪费时间和资源。Nikos（1999）研究发现，频繁的董事会会议并不一定是董事会积极勤勉的表现，也可能是董事面对公司运营困难时被迫采取的一种应急行为。得出同样结论的还有 Biao 等（2003），他们认为董事会会议次数与公司绩效负相关。谷祺和于东智（2001）发现上市公司业绩下降伴随着董事会会议次数增加，董事会会议在一定情况下变成了解决危机的"灭火装置"，而并非事前进行研究预测。向锐和冯建（2008）也认为董事会会议目前大多还是形式主义，更多的是出于对公司经营绩效较差的反应，因此，与公司绩效存在一定的负相关关系。任丹丹（2020）认为董事会会议次数超过一定数量时，会降低公司绩效。

5.1.4 董事薪酬与公司绩效

已有研究都认为董事薪酬对公司绩效有重要影响。例如，Boyd（1994）研究认为，董事薪酬与公司绩效显著正相关。John Pound（1995）指出，为了使董事能够尽职尽责地履行监督管理层和制定公司政策的重任，给予董事会成员足够的报酬是必不可少的，最好将奖惩机制与履职情况挂钩，使董事更有动力去改善公司治理情况。李维安和孙文（2007）指出，董事薪酬对公司绩效具有重要影响。向锐和冯建（2008）以我国民营上市公司为样本，对董事薪酬与公司绩效的关系进行实证分析，发现董事薪酬与公司绩效显著正相关。郑国栋等（2009）研究发现，董事薪酬不仅与公司绩效显著正相关，而且与董事持股数正相关，绩效水平随董事激励程度的提高而提高。

5.1.5　文献评述

综上所述，国内外学者对董事会治理进行了广泛研究。学者们从董事会规模、独立董事、董事会年度会议次数、董事薪酬等多个维度就董事会特征与公司绩效的关系进行了探讨。但由于各国所处政治经济文化环境不同，加之法律法规等制度差异，研究结论尚未达成一致。当前针对白酒上市公司董事会治理的研究较少。本书研究白酒上市公司董事会规模、独立董事、董事会年度会议次数以及董事薪酬的特征及其变化，分析白酒上市公司董事会特征对公司绩效的影响，找出其中存在的问题，并提出相应的对策建议。

5.2　白酒上市公司董事会特征及其变化

董事会是公司常设权力机构，掌管公司事务，是公司经营决策机构。因此，董事会对公司发展起着非常重要的作用。董事会规模、独立董事、董事会年度会议次数及董事薪酬是董事会的重要特征。这些特征影响董事会经营决策能力和水平。本书对 2008～2019 年我国白酒上市公司董事会特征进行了详细研究。

5.2.1　白酒上市公司董事会规模

我国《公司法》要求董事会规模必须控制在 5～19 人。本书对

2008～2019 年我国白酒上市公司董事会规模进行了描述性统计，统计结果见表 5-1。

表 5-1　2008～2019 年白酒上市公司董事会规模描述性统计

单位：人

年份	N	最大值	最小值	均值	中值
2008	11	14	7	9.727	9
2009	12	14	7	9.750	9
2010	13	12	7	9.538	9
2011	14	11	7	9.357	9
2012	14	11	7	9.500	9
2013	14	11	7	9.429	9
2014	15	11	7	8.800	9
2015	17	11	6	8.765	9
2016	18	11	7	9.222	9
2017	18	11	6	8.833	9
2018	18	17	6	9.389	9
2019	18	17	6	9.278	9

资料来源：国泰安研究服务中心 CSMAR 系列数据库（2021 年）。

如表 5-1 所示，2008～2019 年，我国白酒上市公司董事会人数最多为 17 人，最少为 6 人，符合《公司法》对董事会规模的要求。其中，董事会规模均值为 8～10 人，中值都是 9 人。Lipton 和 Lorsch 研究认为，董事会规模最佳为 8～9 人。这一结论在我国白酒上市公司中总体上得到验证。我国白酒上市公司董事会规模总体上比较稳定，但是个别公司波动较大。例如，2018～2019 年山西汾酒的董事会人数达到了 17 人，是白酒上市公司董事会人数的历史新高。

5.2.2　白酒上市公司独立董事

1997 年 12 月，证监会发布《上市公司章程指引》，规定上市公司根据实际需要，可以配置独立董事，但是并没有强制要求公司设立独立董事。证券会 2001 年发布的《关于在上市公司建立独立董事制度的指导意见》要求上市公司应当建立独立董事制度，上市公司董事会成员中应当至少包括 1/3 的独立董事。本书对 2008 ~ 2019 年我国白酒上市公司独立董事进行了描述性统计，统计结果见表 5 - 2。

表 5 - 2　2008 ~ 2019 年白酒上市公司独立董事描述性统计

年份	N	独立董事人数均值（人）	占比最大值（%）	占比最小值（%）	占比均值（%）	占比中值（%）
2008	11	3.182	0.500	0.143	0.337	0.333
2009	12	3.417	0.500	0.143	0.357	0.333
2010	13	3.615	0.500	0.333	0.379	0.364
2011	14	3.571	0.500	0.333	0.381	0.364
2012	14	3.500	0.500	0.333	0.368	0.348
2013	14	3.429	0.500	0.333	0.363	0.333
2014	15	3.200	0.429	0.333	0.366	0.333
2015	17	3.176	0.500	0.333	0.364	0.333
2016	18	3.389	0.455	0.333	0.368	0.364
2017	18	3.222	0.571	0.333	0.370	0.333
2018	18	3.444	0.571	0.333	0.370	0.333
2019	18	3.444	0.571	0.333	0.374	0.364

资料来源：国泰安研究服务中心 CSMAR 系列数据库（2021）。

如表 5 - 2 所示，我国白酒上市公司中独立董事的平均人数在 3 ~ 4 人，占比均值都超过 1/3，符合《关于在上市公司建立独立董事制度的指导意见》的要求。

5.2.3　白酒上市公司董事会年度会议次数

我国《公司法》对上市公司董事会年度会议明确规定每年至少召开 2 次。本书对 2008 ~ 2019 年我国白酒上市公司董事会年度会议次数进行了描述性统计，统计结果见表 5 - 3。

表 5 - 3 2008～2019 年白酒上市公司董事会年度会议次数的描述性统计

单位：次

年份	N	最大值	最小值	均值	中值
2008	11	10	4	7.455	8
2009	12	11	4	7.583	8
2010	13	12	4	8.154	8
2011	14	23	4	10.000	9
2012	14	18	4	8.643	9
2013	14	18	4	7.500	7
2014	15	21	4	8.533	7
2015	17	16	3	7.765	7
2016	18	17	3	8.333	8
2017	18	17	3	8.389	7
2018	18	18	3	9.667	10
2019	18	20	3	8.056	7

资料来源：国泰安研究服务中心 CSMAR 系列数据库（2021）。

如表 5 - 3 所示，我国白酒上市公司平均召开董事会年度会议的次数为 7～10 次，最多为 23 次，最少为 3 次，符合《公司法》的规定。其中，顺鑫农业 2011 年召开了 23 次董事会会议。2011 年世界经济增长放缓，国际金融市场剧烈动荡，国际经济形势复杂多变，国内经济增长下行压力和物价上涨压力并存，这是顺鑫农业多次召开董事会的重要原因。

《2002 年上市公司董事会治理蓝皮书》建议，董事会应该有足够的会议次数以保证董事会的议事强度，按照经济合作与发展组织的经验，董事会年度会议次数应该不少于 4 次。上市公司每年召开的董事会年度会议次数反映了公司董事会的工作强度。每年召开的董事会会议次数在 15 次及以上的为超高强度，在 12～15 次的为较高强度，在 8～11 次的为高强度，在 4～7 次的为一般强度，低于 4 次的属于低强度。由此看来，我国白酒上市公司年度召开的董事会会议次数总体上属于高强度。

5.2.4　白酒上市公司董事薪酬

薪酬激励是调动上市公司董事会的主观能动性和创造性，充分发挥董事会成员的聪明才智，从而提高为上市公司服务工作效率和工作效果的重要措施。本书对 2008~2019 年我国白酒上市公司前 3 名董事薪酬进行了描述性统计，统计结果见表 5-4。

表 5-4　2008~2019 年白酒上市公司前 3 名董事薪酬描述性统计

单位：元

年份	N	最大值	最小值	均值
2008	11	5027800	232237	1170102.000
2009	12	5561700	25200	1410288.500
2010	13	3330800	204000	1537361.615
2011	14	4183800	216000	1850691.714
2012	14	5818500	216000	1953130.786
2013	14	6301100	204000	2076685.714
2014	15	6322600	206400	2127213.333
2015	17	5181000	220500	2087052.941
2016	18	3505000	245600	1951377.778
2017	18	7586600	401600	2525594.444
2018	18	10665000	393100	2897538.889
2019	17	10214000	300300	3019147.059

资料来源：国泰安研究服务中心 CSMAR 系列数据库（2021）。

如表 5-4 所示，2008~2019 年，我国白酒上市公司前 3 名董事薪酬均值在 100 万~310 万元，总体呈上涨趋势。每年最小值与最大值之间的差距非常大，表明白酒上市公司的董事薪酬存在较大的差异。

5.3 白酒上市公司董事会特征案例研究

5.3.1 贵州茅台董事会成员及组织结构

贵州茅台酒股份有限公司的前身是中国贵州茅台酒厂，1997 年成功改制为有限责任公司，2001 年贵州茅台在上海证券交易所挂牌上市。2010 年以前贵州茅台董事会的成员几乎都由管理人员兼任，独立董事人数所占比例也未达到中国证监会《关于在上市公司建立独立董事制度的指导意见》的规定。2010 年 5 月 8 日，公司第一届董事会2010 年度第三次会议通过决议，对该公司的《公司章程》做出了修改。将董事会由 14 名董事组成调整为 11 名，其中，独立董事 4 人，非独立董事 6 人，职工董事 1 人。这是贵州茅台董事会规模及构成较大的一次变化。本届董事会增加了独立董事人数，被提名的 4 位独立董事分别是会计学、公司管理、经济学等方面的专业人士，具有一定的经营管理经验和资历。通过此次换届，董事会规模和构成产生了很大的变化，董事会的治理效率也有了较大的进步。

从 2017 年开始，贵州茅台第二届董事会由 7 名董事组成，其中 4 名为独立董事。公司董事会下设战略、审计、风险管理、提名、薪酬与考核 5 个专门委员会。各委员会分工明确、权责分明。贵州茅台董事会年度会议每年的召开次数在 4 ~ 9 次。其中，2011 年召开了 9 次，2011 年是公司"十二五"规划的开局之年，也是应对国际国内经济形势复杂多变的一年，因此，贵州茅台这一年度的董事会会议次数明显增加。

表 5 - 5 为 2008 ~ 2018 年贵州茅台前 3 名董事薪酬，从中可以看出贵州茅台前 3 名董事薪酬变化较大。这可能与贵州茅台董事会两次调整有关。第一次调整为 2010 年，前 3 名董事薪酬出现较大幅度的降低；第二次调整为 2017 年，前 3 名董事薪酬有所下降。在董事会持股

方面，贵州茅台董事会并未持有公司股权，反映出贵州茅台在董事会激励中没有股权激励。

表 5 – 5　2008～2018 年贵州茅台前 3 名董事薪酬

单位：元

年份	2008	2009	2010	2011	2012	2013	2014	2015	2016	2017	2018
薪酬	5027800	5561700	2616900	3551400	3141800	3577100	6322600	4297200	1068500	777900	393100

资料来源：国泰安研究服务中心 CSMAR 系列数据库（2021 年）。

5.3.2　五粮液董事会成员及组织结构

宜宾五粮液股份有限公司于 1998 年 4 月 27 日在深圳 A 股上市。2008～2013 年五粮液的董事会一直是 10 人，其中，独立董事有 5 人，占董事会人数的一半。但控股股东干预独立董事的选聘，并且成员任期较长，未从外部选聘其他的合适人员，因此，审计委员会独立性削弱，降低了该项制度安排对内部控制监督的有效性。2011 年 5 月 27 日下午，中国证券监督管理委员会对五粮液发布了《行政处罚决定书》，详细说明了五粮液的违规违法行为，直指其信息披露有重大遗漏、隐瞒投资等相关情况，并给予了宜宾五粮液股份有限公司及其相关董事相应的惩罚措施。

2014 年，五粮液对董事会规模进行了调整，董事会人数缩减为 7 人，其中独立董事 3 人。2016 年新增了全面预算管理委员会。目前，五粮液董事会总人数为 8 人，独立董事为 3 人，董事会成员都是有较高学历和丰富经验的人。五粮液董事会下设了战略、薪酬与考核、提名、审计、全面预算管理 5 个专门委员会。公司建立了党组织和"三会一层"的治理结构，以期充分发挥党委领导作用、董事会决策作用、监事会监督作用、经理层经营管理作用，形成有效制衡的公司治理结构。2008～2019 年，五粮液董事会年度会议次数最少 6 次，最多 20 次。2019 年，五粮液召开了 20 次董事会会议。2019 年全球经济充满不确定因素，中美贸易摩擦持续拉锯，汇率变动频繁，国内外环境及宏观经济形势复杂严峻，市场整体面临较大挑战。这是五粮液2019年多次召开董事会会议的主要原因。

如表5-6所示，2008～2013年，宜宾五粮液股份有限公司前3名董事薪酬在逐年增加，2013年高达600多万元。2014年，五粮液对董事会进行整改后，将董事会前3名董事薪酬降低到了300多万元，在之后的几年保持相对稳定。

表5-6 2008～2018年宜宾五粮液股份有限公司前3名董事薪酬

单位：元

年份	2008	2009	2010	2011	2012	2013	2014	2015	2016	2017	2018
薪酬	2322370	2838630	2959800	4038000	5818500	6301100	3975500	2217800	3047200	4016000	3678000

资料来源：国泰安研究服务中心CSMAR系列数据库（2021年）。

从表5-7可以看出，五粮液董事会持股数量总体上存在下降趋势，这可能与五粮液董事会规模缩小以及董事会股权激励政策调整有关。

表5-7 2008～2019年宜宾五粮液股份有限公司董事会持股数量

单位：股

年份	2008	2009	2010	2011	2012	2013	2014	2015	2016	2017	2018	2019
数量	217047	237047	237047	130991	172791	172791	172791	169991	169991	149991	149991	98191

资料来源：国泰安研究服务中心CSMAR系列数据库（2021年）。

5.4 白酒上市公司董事会特征与公司绩效实证研究

5.4.1 研究假设

（1）董事会规模与公司绩效关系研究假设

《公司法》规定，股份有限公司必须设立董事会，且人数应为5～19人。董事会是掌管公司重要决策的管理机构，公司大量事务都是在董事会的领导下进行的，具体执行人员是由董事会选出的董事长和常务董事。董事会人数不得低于法定限额，人数过少不利于集思广益和充分表达意见，人数过多又可能引发机构臃肿、管理成本过高、降低办事效率等问题，所以股份有限公司应在保证相关法律规定的最低限额下，灵活地结合企业规模确定最终人数。另外，董事会作为会议机构，总人数最好为奇数。本书统计发现，我国白酒上市公司的董事会人数大部分都保持在 9 人左右，构成较为合理。谢孟月等（2017）研究表明董事会规模与公司绩效正相关。刘家松等（2019）也研究发现董事会规模与公司绩效之间存在显著正相关关系。我国白酒行业发展成熟，多数白酒上市公司经营效率高，董事会治理应该是有效的。根据上述分析，因此，本书提出如下假设。

假设 H1：我国白酒上市公司董事会规模与公司绩效正相关。

（2）独立董事与公司绩效关系研究假设

独立董事制度起源于 20 世纪 30 年代的美国，该制度设立的目的是防止控股股东或管理层的内部控制。而我国也于 2001 年由证监会颁布了《关于在上市公司建立独立董事制度的指导意见》，目的是进一步完善上市公司治理结构，促进上市公司规范运作，并明确指出独立董事的任职条件及相应职权。由此可以看出独立董事制度建立的重要性。本书通过对白酒上市公司近年来相关数据的研究发现，独立董事比例有所增加并保持稳定，例如山西汾酒和贵州茅台在 2008 年的独立董事比例都未达到证监会规定的 1/3，但二者分别于 2009 年、2010 年对此进行调整，独立董事比例分别增加至 40% 和 36.36%。本书认为独立董事特有的"独立性"决定了他们在公司的重要地位，使其能够更客观地监督管理层，防止内部控制，且独立董事普遍具有财务或法律等方面的专长，也能够为公司治理出谋划策，对公司绩效的提升有积极作用。凌士显等和徐志武都研究指出，独立董事比例对公司绩效具有显著的正面影响。综上所述，本书提出以下假设。

假设 H2：我国白酒上市公司独立董事与公司绩效正相关。

（3）董事会年度会议次数与公司绩效关系研究假设

董事会会议是指董事们在职责范围内为制定重要决策或解决紧急事

项而召开的会议。董事会会议一般由董事长主持召开，可分为定期会议和临时会议，并根据召开主题邀请有关部门的相关人员出席。《公司法》规定，股份有限公司董事会应于每个会计年度举行至少 2 次会议。众多学者认为我国上市公司绩效下降伴随着董事会年度会议次数增加，董事会会议在一定情况下成了解决已经存在的公司治理问题的"灭火装置"，而并非事前进行研究预测。结合我国白酒上市公司 2008～2019年董事会年度会议次数的统计，年度会议次数最多可达 23 次，也有不少酒企会议次数为 10 次以上。而这些酒企对应当年公司的业绩大多不尽如人意或出现重大变动事项，甚至有个别企业经营绩效较上一年明显下降。因此，董事会会议频率越高，公司绩效往往越不稳定。以上观点也得到谷祺和于东智（2001）及向锐、冯建（2008）等学者研究结论的支持。结合上述分析，本书提出如下假设。

假设 H3：我国白酒上市公司董事会年度会议次数与公司绩效负相关。

（4）董事薪酬与公司绩效关系研究假设

董事激励一般分为薪酬激励与持股激励。我国白酒上市公司董事会持股普遍不高，也有零持股的情况。因此，本书主要研究白酒上市公司薪酬激励对公司绩效的影响。目前，国内外众多研究都表明薪酬与绩效之间存在一定相关性，薪酬越高，激励对象就越有可能为公司创造更多的价值。根据委托代理理论和激励理论，董事会监督管理者的水平会随着薪酬的提高而提高。与此相反，董事们很可能因为得到过少或得不到报酬而做出逆向选择，从而损害公司价值。显然，必要的激励能够对董事认真履行职责起到积极的作用。例如，张根文等（2017）研究表明：董事激励与公司绩效存在正向关系。因此，本书提出以下假设。

假设 H4：我国白酒上市公司董事薪酬与公司绩效正相关。

5.4.2　研究设计

（1）研究样本与数据来源

本书以 2008～2019 年我国白酒上市公司为研究对象，并按照以下标准进行筛选：①剔除被 ST 公司的数据样本，由于这些公司面临退市的风险，若将其纳入研究样本，可能会影响统计结果的可靠性；②剔除白酒类商品销售收入不是企业主营业务收入（占所有营业收入 50% 以下）的公司；③剔除数据异常、数据不完整的样本。本书最终得到 18 家样本公司，共 171 个观测值，实证检验白酒上市公司董事会特征对公司绩效的影响。数据来自国泰安研究服务中心系列数据库。

（2）变量设计

①被解释变量

被解释变量是公司绩效。参照谷祺和于东智（2001）及李维安和孙文（2007）等的研究，将综合性较强的净资产收益率作为衡量公司绩效的指标，并以 ROE 表示。

②解释变量

解释变量是董事会特征。本书分别选取董事会规模、独立董事、董事会年度会议次数和董事薪酬从四个不同的方面度量董事会特征，并分别以 DG、DB、DH 和 DX 表示。

③控制变量

控制变量包括公司规模、资产负债率和公司成长性，并分别以 SIZE、DEBT 和 GROWTH 表示。变量定义见表 5-8。

表 5-8　变量定义

类型	名称	符号	定义
被解释变量	净资产收益率	ROE	净利润/本期加权股东权益（%）
解释变量	董事会规模	DG	董事会总人数（人）
	独立董事	DB	独立董事人数/董事会总人数（%）

续表

类型	名称	符号	定义
解释变量	董事会年度会议次数	DH	董事会年度会议总次数（次）
	董事薪酬	DX	前三名董事薪酬总和的自然对数
控制变量	公司规模	SIZE	年末总资产的自然对数
	资产负债率	DEBT	年末总负债/年末总资产（%）
	公司成长性	GROWTH	（本年营业收入－上年营业收入）/上年营业收入（%）

（3）模型构建

为了实证分析白酒上市公司董事会治理对公司绩效的影响，构建模型（5-1）：

$$ROE_{it} = \alpha + \beta_1 DG_{it} + \beta_2 DB_{it} + \beta_3 DH_{it} + \beta_4 DX_{it} + \beta_5 SIZE_{it} + \beta_6 DEBT_{it} + \beta_7 GROWTH_{it} + \varepsilon$$

模型（5-1）

其中，α 为常量，下标 it 代表第 i 个公司第 t 年的指标，β 是解释变量以及控制变量 SIZE、DEBT、GROWTH 的回归系数，ε 代表回归残差。

5.4.3 实证检验与分析

如表 5-9 所示，2008～2019 年中国白酒上市公司中，董事会规模的平均数为 9.275 人，最少为 6 人，最多为 17 人。虽然处于同一行业，但不同公司董事会人数存在较大差别。且在不同年份，同一公司在董事会规模上也可能出现较大的波动。独立董事的平均数为 36.698%，最小值为 14.286%，但标准差仅为 5.812%，数据表明我国白酒上市公司独立董事所占比例波动非常小，多数公司按照证监会规定的 1/3 的标准安排。董事会年度召开会议 8.164 次，报酬最高的前 3 名董事薪酬总和的自然对数的平均值为 14.203，报酬少的董事往往都持有一定数量的公司股份。白酒上市公司在董事会激励制度上差异很大。

表 5 - 9　描述性统计

	N	均值	标准差	最小值	最大值
ROE（%）	171	17.912	13.363	-29.570	54.310
DG（人）	171	9.275	1.579	6.000	17.000
DB（%）	171	36.698	5.812	14.286	57.143
DH（次）	171	8.164	3.922	3.000	23.000
DX	171	14.203	0.984	10.135	16.182
SIZE	171	22.588	1.210	19.965	25.797
DEBT（%）	171	35.683	13.613	13.092	76.965
GROWTH（%）	171	15.583	24.915	-70.312	90.380

表 5 - 10 是董事会特征与公司绩效关系的多元线性回归分析结果。根据评价模型的检验统计量，我们可以得到调整后的 R^2 为 0.523，说明模型拟合度较高。模型的 F 值为 28.15，在 1% 水平上显著，说明董事会特征较好地解释了公司绩效的变化。

表 5 - 10　董事会特征与公司绩效关系的回归分析

变量	模型（5 - 1）
DG	0.015 *** (3.09)
DB	0.365 ** (2.54)
DH	-0.006 *** (-2.87)
DX	0.022 ** (2.5)
SIZE	0.033 *** (4.65)
DEBT	-0.001 (-1.49)
GROWTH	0.002 *** (7.96)
α	-1.11 *** (-6.47)

续表

变量	模型（5-1）
样本数	171
调整的 R^2	0.523
F	28.15 ***

注：表中括号内数字为方差一致的 t 统计值，*、**、*** 分别表示在 10%、5% 和 1% 的显著性水平上显著。

董事会规模（DG）与公司绩效对应的系数 β_1 为 0.015，且在 1% 的水平上显著，说明董事会规模与公司绩效显著正相关，假设 H1 得到验证。数据表明白酒上市公司董事会有效地发挥了公司治理作用，董事会人员增加提高了公司绩效。现有关于公司董事会规模与公司绩效之间关系的研究未达成一致结论。虽然有学者研究发现董事会规模与公司绩效正相关，也有学者研究发现二者负相关（孙永祥等，1991）。但是，学者们都强调不能一味地增加董事会人数，因为人数增加带来的沟通与协调成本最终可能超过其带来的好处。

独立董事（DB）与公司绩效对应的系数 β_2 为 0.365，且在 5% 的水平上显著，表明白酒上市公司独立董事比例与公司绩效正相关，假设 H2 得到验证。白酒上市公司的独立董事大部分都拥有财务管理、会计等专业知识背景。统计结果表明，白酒上市公司独立董事总体上拥有良好的独立性，能够客观地评价、监督、审计公司内控与绩效，拥有专业技能，可以为公司提供很多良好建议，保证企业稳定发展。

董事会年度会议次数（DH）与公司绩效对应的系数 β_3 为 -0.006，并且在 1% 的水平上显著，表明董事会年度会议次数与公司绩效负相关，假设 H3 得到验证。董事会会议在多数情况下是公司经营遇到困难时被迫采取的一种应激行为，即董事会会议频率越高，公司经营绩效和财务绩效越不稳定，这可以给投资者以警示，起到信号传递的作用（向锐、冯建，2008）。

董事薪酬（DX）与公司绩效对应的系数 β_4 为 0.022，并且在 5%

的水平上显著，说明董事薪酬与公司绩效显著正相关，假设 H4 得到
验证。公司的薪酬体系不仅反映了公司绩效，而且它时刻影响着公司
绩效，尤其是作为公司治理核心的董事会薪酬体系。激励理论被称作
当代"最伟大的管理原理"，该理论认为随着激励水平的提高，被激
励者完成目标的努力程度和满意度也会提高；反之，则会缺乏完成组
织目标的动力，工作效率也会随之降低。这一理论在我国白酒上市公
司董事薪酬与公司绩效的关系中得到体现。

5.4.4　稳健性检验

为了检验回归分析结果的稳定性，本书使用薪酬最高的前 3 名董
事、监事、高管货币薪酬总额的自然对数作为董事薪酬的替代变量。
稳健性检验结果见表 5 – 11。

表 5 – 11　稳健性检验结果

变量	模型（5 – 1）
DG	0.013 *** (2.60)
DB	0.332 ** (2.38)
DH	– 0.006 *** (– 3.07)
DX	0.028 *** (2.72)
SIZE	0.033 *** (4.68)
DEBT	– 0.001 (– 1.10)
GROWTH	0.002 *** (7.67)
α	– 1.176 *** (– 6.52)
样本数	171

变量	模型（5-1）
调整的 R^2	0.531
F	28.51***

注：表中括号内数字为方差一致的 t 统计值，*、**、*** 分别表示在 10%、5% 和 1% 的显著性水平上显著。

如表 5-11 所示，董事会规模（DG）、独立董事（DB）及董事薪酬（DX）与公司绩效之间都存在显著的正相关关系，且通过显著性检验；董事会年度会议次数（DH）与公司绩效之间存在显著的负相关关系，并在 1% 的显著性水平上显著。这与前文的回归分析得到的结论完全一致，因此本书的回归分析实证研究所得到的结论具有稳健性。

5.5 研究结论及对策建议

5.5.1 研究结论

本书对白酒上市公司董事会特征及其变化进行了分析，并就董事会特征与公司绩效的关系进行了实证分析。本书研究发现，白酒上市公司董事会规模与公司绩效正相关。公司可以适当地扩大董事会规模，但是董事会规模也应控制在合理区间，否则带来的不是公司绩效提高而是管理成本的增加。独立董事与公司绩效显著正相关，对于公司而言，独立董事不仅具有监督职责，还能在一定程度上解决股东与代理人之间的矛盾。董事会年度会议次数与公司绩效显著负相关，说明白酒上市公司董事会年度会议频率越高，经营绩效和财务绩效越不稳定。白酒上市公司董事会年度会议次数可以给投资者以警示，起到信号传递的作用。董事薪酬与公司绩效显著正相关，对管理层的激励能够有效缓解代理问题，降低代理成本，提高绩效。因此，白酒上市公司应加强重视和完善董事激励制度，调动董事会成员的积极性，更好地促进公司发展。

5.5.2　对策建议

（1）控制董事会规模

适当的董事会规模对白酒上市公司来说尤为重要。董事会人数过少，集思广益作用会受影响，不利于董事会的有效运营；而且决策权集中在少数人手里，可能会降低决策的质量。董事会通常会下设一些专业委员会，如审计委员会等，委员会的成员由董事会成员担任，为了保证董事会职能有效发挥，董事会的成员不应该过少。因此，合理的董事会规模非常重要。学界研究一般认为 8～9 人的规模最优，白酒上市公司 2008～2019 年的均值是 8～10 人。白酒上市公司应该结合自身情况，合理设置董事会人数。

（2）充分发挥独立董事的监督与治理作用

独立董事一般是公司的外部董事。独立董事的独立性使得其提出的意见相对客观公正，独立董事参与董事会治理还可以缓解股东和经理层之间的矛盾。我国独立董事占比相较于国外还是偏低。独立董事能够提高董事会的监督能力，不仅可以抑制控股股东通过"隧道行为"侵害小股东的利益，也可以防控经理层的道德风险。健全独立董事制度还需要加强对独立董事的管理。独立董事既要满足"独立性"要求，又要具备一定的专业能力。同时，要明确独立董事的职能，独立董事不仅给企业出谋划策，同时也应监督管理层和股东的行为，缓解二者的冲突。要加强对独立董事考核，明确独立董事的权利与义务。为了确保独立董事提出的建议更加科学合理，应该保障独立董事的知情权，避免其由于"信息不对称"而提出不合理的建议。

（3）规范董事会会议制度，确保董事会地位的独立性

董事会是公司的经营决策机构，对股东大会负责。由于上市公司需要定期公开内部中期和年度报告，因此对于上市公司，董事会一个年度内需要召开 2 次及以上的会议。2003 年 3 月，证监会明确要求我

国上市公司要定期披露公司内部的季度财报。美国上市公司每年需要召开至少 7 次董事会会议，董事会下设的战略发展委员会、风险管理委员会等专门委员会要求召开会议的次数更多。我国上市公司董事会召开的会议次数每年至少要 4 次，随着市场经济的不断发展，未来会议召开的频率可能更高。完善我国白酒上市公司的董事会会议制度，巩固董事会的独立地位，坚定董事会在企业经营管理决策中的地位，提高会议召开过程中解决问题的效率，动员董事积极参与科学决策，为公司经营发展和持续利润创造带来更大的价值。

（4）完善董事薪酬制度，提高董事会成员的积极性

董事薪酬是对董事会成员工作的肯定，对董事会成员起到激励作用。激励理论认为随着激励水平的提高，被激励者完成目标的努力程度和满意度也会提高；反之，则会缺乏完成组织目标的动力，工作效率也会随之降低。因此，白酒上市公司应该适当提高董事薪酬。此外，董事薪酬还应该和公司绩效挂钩，这样有助于董事们履行应尽的义务和职责，以保证工作顺利有效地进行，从而提升公司绩效。

| 第 6 章 |

白酒上市公司高管激励研究

6.1 国内外研究现状

6.1.1 国外研究现状

国外关于企业高管激励与公司绩效影响的研究较早。现有研究认为，高管激励常用的方式是薪酬激励和股权激励，高管激励有助于提高公司价值。例如，Jensen 和 Meckling（1976）研究指出，高管薪酬有助于提高公司绩效并增加股东财富的预期，同时，也可以起到约束高管机会主义行为的作用。Davies 等（2005）研究认为，对管理层的激励能使管理者对公司产生归属感，从而给公司带来更大的价值。Makri 和 Lane（2006）以 200 家美国上市公司为样本，对高管股权激励与公司绩效之间的关系进行了实证研究，结果显示两者之间存在显著的线性正相关关系，高管股权激励能够显著地促进公司绩效的提高。Dong-yan 和 Cong（2010）回顾以往研究，以上证 180 指数和深证 100 指数成分股为样本，通过多元回归分析进行检验，对中国大型上市公司高管薪酬、股权激励与公司绩效的关系进行研究，发现高管薪酬、股权激励与公司绩效确实存在正相关关系。Kaserer 和 Moldenhauer（2015）

研究了 2000 ~ 2013 年实施了股权激励计划的房地产公司与股权收益的关系，发现投资者的股权收益明显受到高管股权激励的影响，两者存在正相关关系。

但是，也有学者研究认为高管激励与公司绩效的关系并不紧密。例如，Yermack（1995）使用布莱克 – 斯科尔斯模型检验 CEO 股票期权和降低代理成本是否具有显著联系，结果显示 CEO 股票期权未能起到降低代理成本的作用。Giorgio Brunello 和 Clara Graziano（2001）研究影响意大利公司高管薪酬的因素时发现，在意大利的大多数企业，高管激励薪酬占总薪酬的比例较低，激励薪酬对公司绩效的敏感性较低。

同时，国外也有学者对增强薪酬的业绩敏感性途径进行了研究。其中，Lourdes（1996）研究指出，企业将薪酬激励与股利支付挂钩可以减少股东与管理层在股利决策上的冲突。Yan Wendy Wu（2011）分析了信息操纵下高管股票期权薪酬的最优性，发现在大多数情况下，高管的最佳薪酬方案包括股票期权，而不是限制性股票。Subba Reddy Yarram 和 John Rice（2017）对比研究了澳大利亚的矿业类上市公司与非矿业类上市公司的高管薪酬，研究发现，矿业类上市公司给首席执行官的薪酬较低，与非矿业类上市公司相比，矿业类上市公司倾向于使用长期薪酬提高公司绩效，非矿业类上市公司往往会使高管薪酬与公司绩效挂钩。

6.1.2 国内研究现状

国内学者们对高管激励进行了广泛研究。尤其是在 2009 年"天价薪酬"事件后，研究文献数量快速上升，研究内容主要集中在高管薪酬激励与公司绩效方面。例如，魏刚（2000）研究发现，高管激励与公司绩效之间不存在显著的正相关关系。此外，他还指出，与国外相比我国高管持股比例相对较低，部分企业高管不持股，没有达到激励高管的实际效果。李增泉（2001）研究发现高管薪酬与公司绩效不相关，与企业规模正相关并呈现地域差异。有学者研究认为，高管激励与公司绩效的关联性在经营业绩、企业类型等方面存在差异。例如，叶红雨和王勋（2017）以 2013～2015 年中国创业板 357 家高新技术上市公司为样本，对高管激励、企业研发投资和公司绩效的相关性进行了实证分析，发现高管股权激励和高管货币薪酬激励都能显著地提高公司绩效。常雅娴（2018）研究了 2013～2017 年江苏沪深两市 A 股上市公司高管货币薪酬、持股比例、薪酬差距对经营业绩的影响，发现三者与经营业绩存在显著的正相关关系。朱健和朱文博（2018）以制造业上市公司为研究对象，使用净资产收益率、总资产增长率、可持续增长率衡量公司绩效，发现高管薪酬与公司绩效呈现显著的正向关系，且适度提高高管薪酬有助于提升公司绩效，高管持股对公司绩效的提高也具有正向影响。李博等（2019）研究了 2005～2017 年辽宁省国有上市公司高管薪酬水平、高管持股比例与企业利润的关系，指出高管薪酬水平、高管持股比例与企业利润均呈现显著的正相关关系。陈礼清（2019）研究指出，在公司业绩正常时，高管薪酬与经营业绩正相关；但在经营业绩较差时，高管薪酬没有显著降低；在经营业绩良好时，高管薪酬与经营业绩之间的敏感性降低，且高管股权激励并没有提高高管薪酬的绩效敏感性。任广乾等（2019）通过比较 2015～2017 年我国 A 股不同产权性质的上市公司的高管薪酬与经营业绩的关系，发现二者呈现显著的正相关关系，但是，国有控股企业高管薪酬受经营业绩的影响较小，持股比例会影响高管薪酬的敏感性。

综上所述，高管激励在国内外企业中普遍存在。虽然各地区各企业采用的高管激励措施不同，但是薪酬和持股是主要的形式。学者们从不同视角就高管激励对公司绩效的影响进行了广泛研究。高管激励与公司绩效存在关联性，但是高管激励与公司绩效的关联性受经营业绩的影响，且存在行业和企业性质的差异。国内外学者对白酒行业高管激励对公司绩效影响的研究较少。

6.2 白酒上市公司高管特征及其变化

白酒是我国重要的行业，在四川、贵州和安徽等多个地区的经济发展中都占有重要地位。白酒行业经过多年的发展，已经成为一个比较成熟的产业，涌现出贵州茅台、五粮液、泸州老窖、洋河股份等知名企业。我国白酒行业取得的成绩与众多酒企高管们的贡献密切相关。本章对白酒上市公司高管激励进行深入研究。

6.2.1 高管持股比例及其变化

表 6-1 对 2008~2019 年白酒上市公司高管持股比例进行了统计。如表 6-1 所示，高管持股在白酒上市公司中较为常见。从高管持股的公司来看，2008~2019 年，除了古井贡酒、酒鬼酒、伊力特、贵州茅台、老白干酒和金徽酒的高管没有持股外，其他白酒上市公司高管都持有过本公司股份。其中，2017 年，顺鑫农业高管由于任职期满，抛售了持股，之后公司高管层不再持有公司股份。

从高管持股比例来看，2008~2019 年，除口子窖以外，其他白酒上市公司高管层持股比例比较低，绝大部分在 1% 以下。其中，高管持股比例最多的公司是口子窖，口子窖自 2015 年上市以来高管持股比例接近一半，2017 年持股比例达到最高，为 48.367%。

在高管持股比例变化方面，持股比例变化最大的企业是泸州老窖。该公司在 2013~2015 年高管持股比例超过 0.14%，其他年份却不到 0.1%。这是因为根据泸州老窖 2010 年发布的股权激励计划，对 2011~2013 年考核通过的高管增加了持股。由于公司部分高管离职半年后股份解锁，部分在任高管的股份也先后解锁，有限售条件的股份大幅降低。2019 年年末，数家白酒公司高管持股比例都发生了变化，例如，金种子酒发行非公开股票 10202.18 万股致使高管持股由 2018 年的

0.005% 降至 2019 年的 0.001% 。2018 ~ 2019 年，山西汾酒实施股权激励计划，向 395 名激励对象授予 568 万股限制性股票使得高管持股由原来的 0.011% 增至 0.059% 。舍得酒业原定于 2018 年股权激励计划授予的限制性股票总数由 919.0 万股调整为 778.1 万股，使得高管持股基数减少，持股比例增大。

表 6 - 1　2008 ~ 2019 年白酒上市公司高管持股比例统计

单位：%

企业 年份	泸州 老窖	古井 贡酒	酒鬼酒	五粮液	顺鑫 农业	洋河 股份	伊力特	金种 子酒	贵州 茅台
2008	0.002	0	0	0.014	—	—	0	0.012	0
2009	0.001	0	0	0.016	—	3.985	0	0.012	0
2010	0.001	0	0	0.016	—	4.209	0	0.008	0
2011	0.001	0	0	0.012	0.008	4.300	0	0.008	0
2012	0.087	0	0	0.014	0.005	3.849	0	0.008	0
2013	0.170	0	0	0.013	0.005	2.341	0	0.008	0
2014	0.164	0	0	0.013	0.004	2.346	0	0.008	0
2015	0.142	0	0	0.009	0.004	2.343	0	0.008	0
2016	0.046	0	0	0.007	0.004	1.616	0	0.004	0
2017	0.044	0	0	0.007	0	1.191	0	0.004	0
2018	0.044	0	0	0.006	0	0.758	0	0.005	0
2019	0.041	0	0	0.004	0	0.758	0	0.001	0

企业 年份	老白 干酒	水井坊	山西 汾酒	迎驾 贡酒	今世缘	口子窖	金徽酒	皇台 酒业	舍得 酒业
2008	0	0.258	0.002	—	—	—			0.040
2009	0	0.166	0.007	—	—	—			0.040
2010	0	0.125	0.007	—	—	—			0.040
2011	0	0.118	0.007	—	—	—			0.040
2012	0	0.078	0.007	—	—	—		0.002	0.036
2013	0	0.077	0.006	—	—	—		0.002	0.036
2014	0	0.063	0.004	—	17.935	—		0.003	0.036
2015	0	0.032	0.014	0.198	16.142	47.912	—	0.001	0.036
2016	0	0.011	0.016	0.198	15.642	47.812	0	0.002	0.036

企业\年份	老白干酒	水井坊	山西汾酒	迎驾贡酒	今世缘	口子窖	金徽酒	皇台酒业	舍得酒业
2017	0	0.006	0.011	0.198	15.642	48.367	0	0.002	0.019
2018	0	0.006	0.011	0.198	13.964	42.575	0	0	0.012
2019	0	0.029	0.059	0.198	9.345	41.300	0	0	0.346

资料来源：国泰安研究服务中心 CSMAR 系列数据库。

表 6 - 2 统计了 2019 年白酒上市公司实际控制人情况。如表 6 - 1 和表 6 - 2 所示，口子窖实际控制人为自然人，属于民营企业，高管持股比例相比国有上市酒企高。但是，同为民营企业的金徽酒高管是零持股。同时，皇台酒业、舍得酒业以及迎驾贡酒高管持股比例也比较小，不到 1%。民营企业高管持股比例差异较大。国有上市酒企中，今世缘持股较其他国有上市白酒企业高，2014 年最高达到了 17.935%，其他国有白酒企业高管持股比例在 1% 以下。数据表明，实际控制人性质对白酒上市公司高管持股比例的影响没有本质差异。

表 6 - 2　2019 年白酒上市公司实际控人情况

控制人\时间	实际控制人	实际控制人性质
泸州老窖	泸州市国有资产监督管理委员会	国资委
古井贡酒	亳州市人民政府国有资产监督管理委员会	国资委
酒鬼酒	国务院国有资产监督管理委员会	国资委
五粮液	宜宾市政府国有资产监督管理委员会	国资委
顺鑫农业	北京市顺义区人民政府国有资产监督管理委员会	国资委
洋河股份	宿迁市国有资产管理委员会	国资委
伊力特	新疆生产建设兵团第四师国资委	国资委
金种子酒	阜阳市国有资产监督管理委员会	国资委
贵州茅台	贵州省人民政府国有资产监督管理委员会	国资委
老白干酒	衡水市财政局	政府部门
水井坊	Diageo Plc（帝亚吉欧）	境外企业
山西汾酒	山西省国有资产监督管理委员会	国资委
迎驾贡酒	倪永培	自然人

续表

时间 \ 控制人	实际控制人	实际控制人性质
今世缘	涟水县人民政府	政府部门
口子窖	徐进	自然人
金徽酒	李明	自然人
皇台酒业	赵满堂	自然人
舍得酒业	周政	自然人

资料来源：巨潮资讯网（2021 年）。

6.2.2　高级管理层薪酬及其变化

如表 6-3 所示，2008 年以来，白酒上市公司前 3 名高管年度薪酬总和数据差异较大，一线品牌企业薪酬总体较高且相对稳定，国有企业和民营企业没有显著差异。2019 年前 3 名高管年度薪酬总和最高的是水井坊，达到了 10214000 元，人均 300 万元以上，而皇台酒业前 3 名高管年度薪酬总和仅为水井坊的 3% 左右。自 2010 年之后，皇台酒业每年前 3 名高管年度薪酬总和在白酒行业中都是较低的。皇台酒业 2016 年年报虚假记载库存商品账面余额受中国证监会甘肃监管局查处，公司和时任高管都被给予警告并处以相应罚款。

图 6-1 列示了 2008～2019 年白酒上市公司前 3 名高管年度平均薪酬情况。自 2008 年以来，除了 2013～2016 年外，白酒上市公司前 3 名高管年度平均薪酬总体呈上涨趋势。其中，2008 年前 3 名高管年度平均薪酬为 35.19 万元，2013 年达到 74.72 万元，增幅达到 112%。2014～2016 年，前 3 名高管年度平均薪酬在 70 万～71 万元。2018 年，白酒上市公司前 3 名高管年度平均薪酬急骤上升，由 2017 年的 88.32 万元增加到 2018 年的 114.34 万元，2019 年出现小幅下降，但是仍然达到 111.39 万元。数据表明，白酒上市公司高管薪酬总体上体现了行业发展状况。在行业发展低谷期，例如 2014～2016 年，公司高管薪酬维持原有水平；在行业发展良好时期，高管薪酬呈增长趋势。

表 6-3 2008～2019 年白酒上市公司前 3 名高管年度薪酬总和

单位：元

企业\年份	泸州老窖	古井贡酒	酒鬼酒	五粮液	顺鑫农业	洋河股份	伊力特	金种子酒	贵州茅台
2008	2380000	871600	662663	233508	396000	—	864300	240000	5027800
2009	2679000	1484800	788889	306979	486000	2262200	948700	415000	5561700
2010	3330800	1893200	922517	2961800	516000	2781800	1025400	615900	2616900
2011	4183800	2681200	1000700	4038800	516000	3811800	1185600	772200	3551400
2012	3623500	2960600	1088510	5818500	516000	3125300	950000	994700	3141800
2013	3679500	3108400	912400	6302800	504000	3251600	1089100	999500	3577100
2014	2943600	2923700	928000	4019600	554000	3333800	1190800	887700	6322600
2015	1875600	2903000	2468000	3117700	744000	3212500	918600	899100	4643000
2016	2759600	3009200	1865000	4285800	744000	3479100	849300	880200	1575500
2017	3157800	3854200	1941200	465900	744000	3531400	887600	868300	2059800
2018	2036300	5962100	1928600	4062600	1518400	3990300	1146300	866800	1917600
2019	2097100	7781300	2083100	2224200	2334500	3890000	1104200	813000	2501900

企业\年份	老白干酒	水井坊	山西汾酒	迎驾贡酒	今世缘	口子窖	金徽酒	皇台酒业	舍得酒业
2008	390000	1257300	866560	—	—	—	—	252000	282900
2009	390000	1436400	648000	—	—	—	—	632000	384100
2010	390000	1565100	1187800	—	—	—	—	204000	641000

续表

年份＼企业	老白干酒	水井坊	山西汾酒	迎驾贡酒	今世缘	口子窖	金徽酒	皇台酒业	舍得酒业
2011	390000	1733300	896811	—	—	—	—	264000	650000
2012	390000	2184100	1040000	—	—	—	—	264000	2050000
2013	377500	2197100	2475300	—	—	—	—	204000	2705000
2014	480000	1295000	939100	—	2786300	—	—	231200	2722100
2015	480000	2159900	769400	1186700	3030000	5181000	—	238600	2722300
2016	480000	2505400	1722000	1371300	3037900	3505000	3232000	288000	2496000
2017	480000	7586600	1629300	1474300	3295400	5087000	4504700	770000	5359800
2018	480000	11233000	5955900	1437000	3353300	5486100	3914700	660000	5797100
2019	860000	10214000	4846400	1519400	3784500	5544400	3457900	343000	4755800

资料来源：国泰安研究服务中心 CSMAR 系列数据库。

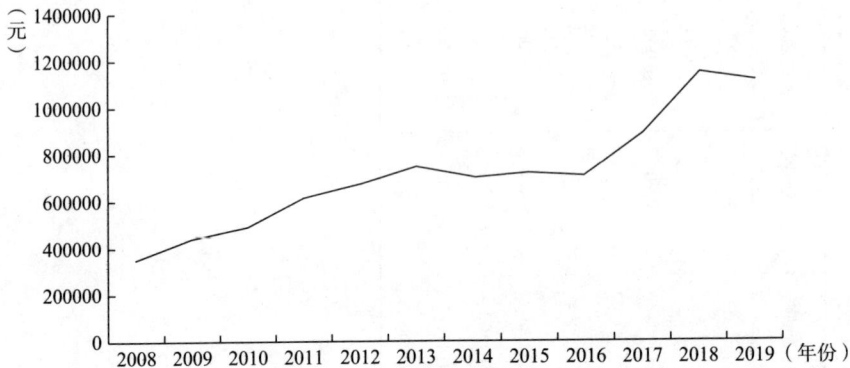

图 6 - 1　2008～2019 年白酒上市公司前 3 名高管年度平均薪酬

6.3　白酒上市公司高管股权激励研究

6.3.1　白酒上市公司股权激励概况

2008 年以来，实施过股权激励的白酒上市公司共有 5 家，分别是 2010 年发布股权激励计划的泸州老窖、2018 年发布股权激励计划的舍得酒业、2019 年发布股权激励计划的水井坊以及山西汾酒和 2020 年发布股权激励计划的今世缘。在股权激励的时间上，主要集中在 2017 年后，2017 年之前只有泸州老窖一家公司。2019 年，深市上市公司共推出股权激励计划 218 单，涉及股份数量 37.16 亿股，占总股本比例平均为 2.29%[①]。5 家白酒上市公司的股权激励计划发行激励总数占总股本比例仅有舍得酒业超过 1%，为 2.725%，其他公司均小于 1%。其中，2019 年推出股权激励计划的水井坊和山西汾酒分别只占 0.05% 和 0.75%。5 家公司股权激励计划的等待期在 2 年左右。在授予条件上除了泸州老窖对激励对象的考核要求是 36 个月内不得有行权条件中不允许的行为外，其余 4 家均为 4 个月。除此之外，在行权条件上，5

---

①　汇通网。

家白酒上市公司对于考核年度公司业绩的要求，在指标、基数的选取上也有所不同。例如，泸州老窖以净资产收益率为考核指标，以上一年作为基数。舍得酒业以净利润增长率为考核指标，以 2017 年作为基数比较。水井坊以营业收入增长率为考核指标，将上一年和本年指标的平均数与对标企业比较。山西汾酒的考核指标较多，有净资产收益率、营业收入增长率、主营业务收入占营业收入的比例，其中增长率同样以 2017 年作为比较对象。今世缘指标选取与山西汾酒相同，营业收入增长率以 2018 年为基数。随着实施股权激励计划的白酒上市公司数量的增加，近年来实施股权激励计划的公司在行权条件上更加完善，设计的考核指标和基数选择对大环境影响的经济变化起到一定过滤作用，减少了高管的舞弊动机。在激励对象个人层面考核方面，除了泸州老窖，其余都有相关要求，但山西汾酒和今世缘除公司业绩层面考核外，还设置了个人等级考核，更加突出个人价值、贡献与激励挂钩，对"搭便车"的行为有一定限制作用。

6.3.2　泸州老窖高管股权激励案例研究

（1）泸州老窖公司概况

泸州老窖是在明清 36 家古老酿酒作坊群的基础上发展起来的国有大型骨干酿酒企业，位于川南的泸州市，酿酒历史自秦汉以来已有千年。公司属酒、饮料和精制茶制造业中的白酒细分行业，以专业化白酒产品设计、生产、销售为主要经营模式，主营"国窖 1573""泸州老窖"等系列白酒的研发、生产和销售，主要综合指标位于白酒行业前列。1952 年，第一次全国评酒会上，泸州老窖被评为首届中国四大名酒之一，并成为蝉联历届"中国名酒"的浓香型白酒。近年来，泸州老窖成功构建了"双品牌、三品系、五大单品"的品牌体系。国窖 1573 稳居中国三大高端白酒品牌之一；泸州老窖特曲"浓香正宗、中国味道"以及窖龄酒"商务精英用酒"的品牌地位深入人心；头曲和二曲按照"大众消费品牌"的定位，正迅速将公司的品牌影响力向深层次、大范围市场传播；养生酒和创新酒类品牌破茧而出，打开了泸州老窖长远发展的新天地。

（2）泸州老窖股权激励实施情况

随着国内酒品行业市场进入国际化竞争时代，为了激励公司管理层积极迎接新的挑战，抓住新的机遇，泸州老窖于2010年重新推出了新一轮股权激励方案，期望能够通过引入在国外许多优秀企业已经成功运行多年的激励机制，激发公司所拥有的卓越人力资本创造企业最大价值的能力，帮助泸州老窖在日益激烈的竞争环境中不断提升自身优势，为公司的未来找到更加明确的长远发展目标，使公司能够在国际化竞争时代立于不败之地。

①泸州老窖股权激励历程

2006年6月4日，公司第五届董事会二次会议审议通过了《泸州老窖股份有限公司股票期权激励计划》。2006年7月13日，公司取得中国证监会上市无异议函。2010年1月18日，根据四川省国资委的批复，公司第六届董事会四次会议审议通过了《泸州老窖股份有限公司股票期权激励计划（修订稿）》。2010年2月9日，公司临时股东大会审议通过了《泸州老窖股份有限公司股票期权激励计划（修订稿）》。2010年2月10日，公司第六届董事会五次会议确定2010年2月10日为授权日，向143名激励对象一次性授予1344万份股票期权。2012年6月6日，公司第六届董事会二十六次会议将激励对象调整为142人，授予数量为1343万份股票期权，并确定第一期股票期权行权日为2012年6月6日，行权数量为402.9万股。2013年5月13日，第七届董事会七次会议将激励对象调整为140人，已授予但尚未行权的股票期权数量为929.6万份，并确定第二期股票期权行权采取自主行权模式，行权的股票期权数量为398.4万份。2014年4月10日，公司第七届董事会十三次会议审议通过了《关于确认2013年度经营业绩达不到行权条件的议案》。董事会确认公司2013年度经营业绩未达到行权条件，公司股票期权激励计划第三期不得行权，已授予但尚未行权的531.2万份股票期权将失效注销。

②泸州老窖股权激励对象

2010 年泸州老窖成功推行股权激励方案，本次方案在 2010 年发行 1344 万份股票期权，每份股票期权在行权期限和条件达到时可以有购买公司一股普通股的权利，股票的来源依然是定向发行，采用分三次行权的方式。此次泸州老窖股权激励方案中激励对象共为 143 人，其中董事、监事和高级管理人员占 11 人，授予的股票期权数量为 485 万份，而激励对象重点为公司技术骨干，人数总共为 132 人，泸州老窖 2010 年计划的股权激励对象具体情况见表 6 - 4。

表 6 - 4　2010 年泸州老窖股权激励情况

激励对象	所任职务	获授股票期权数量（万份）	占本计划授予总量的比例（%）	占目前总股本的比例（%）
谢明	董事长	58	4.32%	0.04%
张良	董事、总经理、党委书记	58	4.32%	0.04%
蔡秋全	董事、副总经理	41	3.05%	0.03%
沈才洪	董事、副总经理	41	3.05%	0.03%
江域会	董事、纪委书记	41	3.05%	0.03%
刘淼	副总经理	41	3.05%	0.03%
郭智勇	副总经理	41	3.05%	0.03%
张顺泽	副总经理	41	3.05%	0.03%
何诚	酿酒公司总经理	41	3.05%	0.03%
林锋	营销总监	41	3.05%	0.03%
敖治平	财务部部长	41	3.05%	0.03%
骨干员工	132 人	859	63.91%	0.64%
合计	143 人	1344	100%	0.96%

资料来源：深圳证券交易所官网文件《股票期权激励计划》《骨干员工激励对象名单》，http://www.szse.cn/index/index.html。

③泸州老窖股权激励行权条件的完成情况

在上市公司整个股权激励制度背景下，泸州老窖作为国内白酒行业的典范，为了更好地提高竞争力及企业业绩，采取了股权激励措施。2010 年，泸州老窖正式推行股权激励计划，在 2011 ~ 2013 年的 3 个会计年度中，分年度进行绩效考核，每个会计年度考核一次，以达到绩效考核目标作为激励对象的行权条件。2011 ~ 2013 年，如达到绩效考核条件，激励对象可分别按获授股票期权总额的 30%、30%、40% 行权，行权价格为 12.78 元。但是，泸州老窖的行权条件完成情况并非想象中的那般顺利，虽考核年度 2011 年及 2012 年的经营业绩条件满足了行权条件，但考核年度 2013 年的行权条件未能达到，不能行权。具体行权条件的达标情况见表 6 – 5。

表 6 – 5　行权条件达标情况

考核年度	行权条件	业绩表现	是否达标
2011	①扣除非经常性损益后净利润增长率比上年增长不低于 12%； ②净资产收益率不得低于 30% 且不得低于同行业上市公司 75 位值	①扣除非经常性损益后净利润增长率 31.733% > 12%； ②净资产收益率为 41.68% > 30%，不低于同行业上市公司 75 位值	达标可行权
2012	①扣除非经常性损益后净利润增长率比上年增长不低于 12%； ②净资产收益率不得低于 30% 且不得低于同行业上市公司 75 位值	①扣除非经常性损益后净利润增长率 51.126% > 12%； ②净资产收益率为 46.88% > 30%，不低于同行业上市公司 75 位值	达标可行权
2013	①扣除非经常性损益后净利润增长率比上年增长不低于 12%； ②净资产收益率不得低于 30% 且不得低于同行业上市公司 75 位值	①扣除非经常性损益后净利润增长率 – 21.694% < 12%； ②净资产收益率为 33.15%	未达标

（3）泸州老窖股权激励前后业绩与五粮液、贵州茅台比较

为了更清楚认识泸州老窖股权激励计划实施后的市场表现，本书通过扣除非经常性损益净利润增长率、净资产收益率和基本每股收益将泸州老窖与五粮液、贵州茅台进行比较分析。选择五粮液和贵州茅台作为参照对象主要考虑两点：一是五粮液、贵州茅台和泸州老窖是中国白酒行业的领先企业，是白酒行业的风向标，彼此作为竞争对手，对方的一举一动都备受关注；二是泸州老窖是白酒行业中唯一一家实施过股权激励计划且行权期已结束的企业，五粮液和贵州茅台还未实

施股权激励计划。通过与这两家企业比较，可以更好地认识泸州老窖实施股权激励计划的效果。

①扣除非经常性损益净利润增长率的对比分析

由表 6 – 6 以及图 6 – 3 可以看出，泸州老窖 2009～2011 年净利润增长率波动幅度相对更小。自股权激励实施之后的两年内，泸州老窖的扣除非经常性损益净利润增长率呈现正向增长趋势。2010 年泸州老窖扣除非经常性损益净利润增长率高于贵州茅台，与五粮液接近。2011～2013 年，泸州老窖扣除非经常性损益净利润增长率变化趋势与五粮液和贵州茅台的差距拉大。泸州老窖 2012 年扣除非经常性损益净利润有较大幅度增加，这一年为泸州老窖行权第一年，扣除非经常性损益后净利润增长率为 51. 126%，达到 2009～2014 年的最高。2013 年为泸州老窖第三期考核年度，但其扣除非经常性损益净利润出现负增长，不能达到考核年度 2013 年的行权标准（即净利润增长率不得低于上年 12% 的行权条件），泸州老窖 2014 年扣除非经常性损益净利润增长率出现大幅降低，达到历史新低。2015 年，泸州老窖扣除非经常性损益净利润出现大幅度的正向增长，为 67. 423%。2015 年之后，泸州老窖扣除非经常性损益净利润增长率保持在 30% 左右。通过对三家企业净利润增长率的对比分析发现，泸州老窖的业绩水平并未因股权激励而呈现正向增长。

表 6 – 6　扣除非经常性损益净利润增长率

单位：%

公司＼年份	2009	2010	2011	2012	2013	2014	2015	2016	2017
泸州老窖	32. 177	31. 787	31. 733	51. 126	− 21. 694	− 74. 408	67. 423	30. 874	32. 691
五粮液	79. 200	35. 460	40. 090	61. 347	− 19. 749	− 26. 815	5. 848	9. 851	42. 585
贵州茅台	13. 501	17. 131	73. 487	51. 864	13. 740	1. 408	0. 999	7. 839	61. 974

资料来源：国泰安研究服务中心 CSMAR 系列数据库。

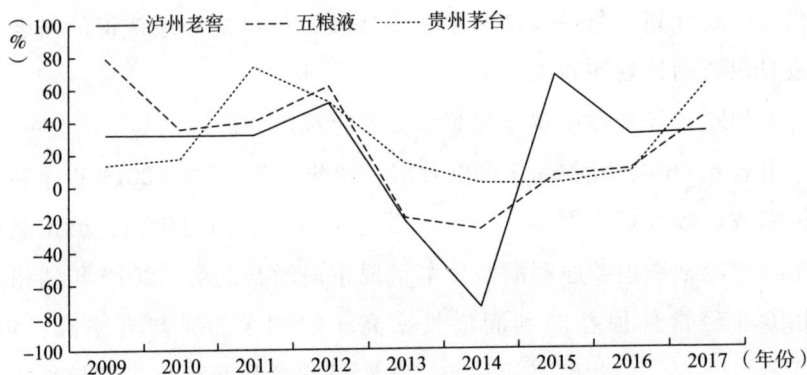

图 6 - 3　扣除非经常性损益净利润增长率

②净资产收益率对比分析

净资产收益率又称股东权益收益率，是净利润和股东权益的比值。净资产收益率是评价企业获利能力的一个重要财务指标，可以反映股东在公司获得的投资报酬，该指标数值越高，表明投资回报越高。表 6 - 7、图 6 - 4 列示了泸州老窖、五粮液和贵州茅台在 2008 ~ 2017 年的净资产收益率的对比分析。

表 6 - 7　2008 ~ 2017 年净资产收益率

单位：%

企业＼年份	2008	2009	2010	2011	2012	2013	2014	2015	2016	2017
泸州老窖	41.48	38.78	41.21	41.68	46.88	33.15	7.99	14.74	17.99	20.30
五粮液	17.29	24.95	26.68	30.01	36.82	23.71	15.42	14.93	15.01	19.38
贵州茅台	39.01	33.55	30.91	40.39	45.00	39.43	31.96	26.23	24.44	32.95

资料来源：国泰安研究服务中心 CSMAR 系列数据库。

如图 6 - 4 所示，三家企业中泸州老窖在 2008 ~ 2012 年净资产收益率明显高于五粮液和贵州茅台，且相比贵州茅台的跌宕起伏、五粮液的急剧上涨，泸州老窖呈现平稳递增的趋势。在 2012 年行权的第一年，泸州老窖的净资产收益率更是高达 46.88%，达到几年之中业绩的顶峰。不容忽视的是，泸州老窖净资产收益率一直保持在可观的状态，2008 ~ 2011 年，净资产收益率的变动较小，五粮液和贵州茅台净

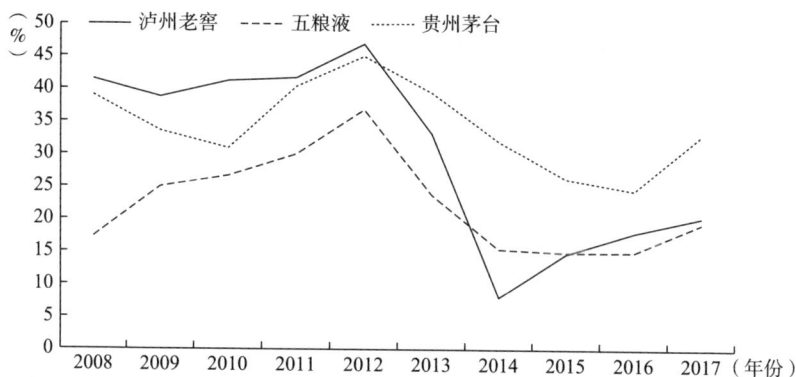

图 6-4 净资产收益率变化趋势

资产收益率相对更低，且变动较大。2013～2014 年，整个白酒行业的发展出现下行趋势，泸州老窖净资产收益率几乎直线下降，下降幅度明显高于五粮液和贵州茅台。特别是 2014 年，泸州老窖的净资产收益率比 2013 年下降了约 25 个百分点。2015 年后同其他白酒公司一样，泸州老窖的净资产收益率也开始呈现增长趋势。通过三家公司 2008～2017 年净资产收益率的对比发现，股权激励计划对泸州老窖的股东权益收益水平并未起到太大的促进作用。

③基本每股收益对比分析

基本每股收益指标也是用于衡量企业盈利能力的重要财务指标。基本每股收益用以评价企业盈利能力、未来收益状况和预测投资风险。表 6-8 和图 6-5 分别列示了泸州老窖、五粮液和贵州茅台 2008～2017 年基本每股收益数据与趋势。

表 6-8 基本每股收益

单位：元

年份 企业	2008	2009	2010	2011	2012	2013	2014	2015	2016	2017
泸州老窖	0.910	1.200	1.580	2.080	3.140	2.460	0.630	1.050	1.375	1.798
五粮液	0.480	0.855	1.158	1.622	2.617	2.100	1.537	1.627	1.787	2.548
贵州茅台	4.030	4.570	5.350	8.440	12.820	14.580	13.440	12.340	13.310	21.560

资料来源：国泰安研究服务中心 CSMAR 系列数据库。

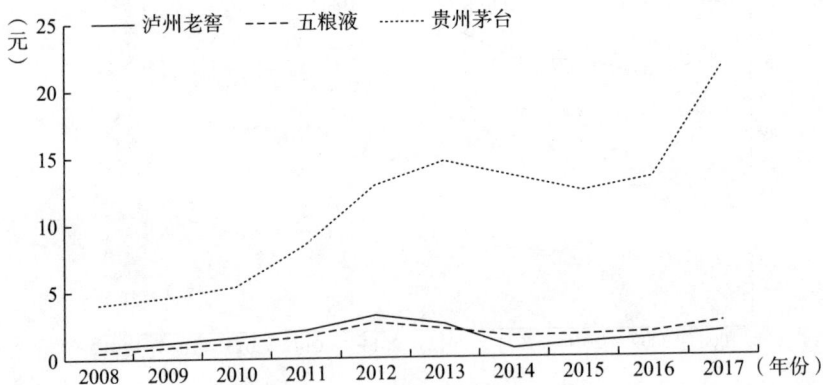

图 6-5　基本每股收益趋势

如表 6-8 和图 6-5 所示，贵州茅台基本每股收益在 2008~2017年一直保持着较高的水平，远远高于五粮液和泸州老窖。泸州老窖在股权激励实施后的两年内基本每股收益呈现小幅上升，但是 2013~2014 年出现了较大幅度的下降。2010~2013 年泸州老窖基本每股收益变动趋势与五粮液较为接近，但 2014 年的降幅超过了五粮液，泸州老窖 2014 年的基本每股收益比 2013 年下跌近 2 个百分点；从 2015 年开始，泸州老窖基本每股收益出现拐点，开始增长，变动趋势与五粮液趋同，但是增长幅度仍低于五粮液，更是远低于贵州茅台。

通过对比分析泸州老窖、五粮液、贵州茅台三家企业的扣除非经常性损益净利润增长率、净资产收益率、基本每股收益三项财务指标发现，自 2010 年泸州老窖股权激励计划实施后的四年内，泸州老窖并未实现股权激励计划预期的发展目标。

（4）泸州老窖股权激励方案存在的问题

①薪酬管制机制导致行权安排正面效应不足

薪酬管制机制规定在激励的有效期内，激励对象获取的股权收益，不能超过授予股票期权时薪资的 40%，已经行权的股票期权获得的收益超过 40%，尚未行权的股票期权将不能再行使。从一定程度上来说，新增的薪酬管制条款对于泸州老窖实施的股权激励计划起到一些正面的作用，约束了高管自定薪酬，规范了管理层的薪酬契约。但同时薪酬管制机制使得激励不足，灵活性不够。泸州老窖公司高管在设计股权激励计划时，考虑到薪酬管制，管理人员获得的股票期权份额明显下降，而且分三年进行行权，依次是 30%、30%、40%，对高管的激励不足；还可能滋生管理腐败，促使他们为了个人利益，出现盈余操纵等机会主义行为。股权激励计划中加入的薪酬管制，导致激励效果不能有效发挥，违背了当初实施股权激励的初衷，最终还可能陷入制度困境。

②绩效考核体系不完善导致行权条件不合理

泸州老窖实施的股权激励行权条件只是将企业的业绩作为考核目标，仅仅设立了扣除非经常性损益净利润增长率和净资产收益率这两个简单指标作为是否行权的标准。肖淑芳等（2013）以 2006 年到 2012 年 6 月 30 日公告股权激励的公司为样本进行研究，发现股权激励的效果与考核指标有很大的关系。泸州老窖设计的股权激励计划表明是否行权主要在于公司的业绩水平是否达到标准，衡量业绩水平的扣除非经常性损益净利润增长率和净资产收益率虽然是比较常用的两个指标，但是，这两个指标容易受会计政策影响，且有较强的可操纵性。净资产收益率与扣除非经常性损益净利润增长率仅仅能够反映企业的盈利能力。仅使用这两个指标作为行权条件可能误导经理人，觉得其最重要的职能是帮助企业获取最大的当期收益，而有意无意地忽略企业的长期发展，从而出现管理者道德风险。业绩考核是股权激励计划中重要的一部分，不完善的绩效考核体系会造成行权条件设计不合理，进而致使股权激励不能有效地发挥激励和约束作用，没有约束作用的股权激励实际上仅仅是企业授予重要员工的奖励或者期末的分红。因此，在设计行权条件的业绩考核指标时，需要权衡多方面的影响，从多个角度来设置考核指标，而不只是考虑几个简单的财务指标。

6.4　白酒上市公司高管激励与公司绩效实证研究

6.4.1　研究假设

委托代理理论认为，管理者拥有事实上的决策权，股东在信息方面相对来说比较滞后，所以大多也只能被动地接受管理者的决策。相比而言，企业管理者在得到市场信息方面更具有优势，且他们对自己的利益更加重视，故其更加乐意选一些短期就能够收回的利益，不乐意投资风险高收益高的项目。股东则会对收益与风险加以认真全面地权衡，更加乐意选择风险中性的投资。当管理者拥有企业股权的时候，其利益与股东利益趋同，得到部分剩余索取权。因此，管理者决策可能基于从企业的长远利益考量，愿意投资风险项目。根据激励理论，大部分学者都认为假如能够给予管理者一定的激励措施，可以有效地提升其工作效能，从而能够促使公司的绩效不断提升。薪酬激励的股权激励是公司常用的激励措施。

高管激励对公司绩效产生怎样的影响？学者们的研究结论尚未达成一致。有学者认为，管理者与所有者的利益函数与剩余索取权增加渐渐趋同。这意味着企业管理者若拥有更多的公司股票，就能降低代理成本，增加公司效益，即高管持股和企业效益是正相关的（Attaway，2000；Marianna et al.，2006；Morck，1988）。但是，也有学者研究认为，高管股权激励与公司绩效有一定的关联，但不显著（马桂芬，2019）。

根据前文白酒上市公司高管薪酬特征的研究发现，白酒上市公司高管薪酬与白酒行业发展状况紧密联系。当行业发展良好时，白酒上市公司高管薪酬呈上涨趋势，当行业发展处于低谷时，高管薪酬保持稳定状态。因此，本书推断，高管薪酬对公司绩效产生正向影响。白酒上市公司高管持股比例较低，很多公司高管未持有本公司股份。根据这一情况，本书认为，白酒上市公司高管持股对公司绩效没有显著的影响。结合上述分析，本书提出以下假设。

假设 H1：白酒上市公司高管薪酬与公司绩效呈正比例关系。

假设 H2：白酒上市公司高管持股对公司绩效没有显著影响。

6.4.2 研究分析

（1）研究样本与数据来源

本书以 2008～2019 年白酒上市公司为样本，并按照以下标准进行筛选：①剔除被 ST 的公司，由于这些公司面临退市的风险，若将其纳入研究样本，可能会影响结果的可靠性；②剔除白酒类商品销售非企业主营业务收入（占所有营业收入 50% 以下）的公司；③剔除数据异常、数据不完整的公司。最终得到 18 家样本公司，共 172 个观测值，实证检验白酒上市公司股权结构对公司绩效的影响。数据来自国泰安数据库。

（2）变量设计

①被解释变量

本章的被解释变量是公司绩效。参照现有研究（谷祺、于东智，2001；李维安、孙文，2007），将综合性较强的净资产收益率作为衡量公司绩效的指标，并以 *ROE* 表示。

②解释变量

本章的解释变量为高管薪酬和高管持股比例（李江波、赵俐佳，2010），分别用 *XC*、*CG* 表示。

③控制变量

本章参照现有研究（赖建清、李常青，2004；向锐、冯建，2008），将公司规模、资产负债率和公司成长性作为控制变量，并分别以 *SIZE*、*DEBT* 和 *GROWTH* 表示。

变量定义见表 6 – 9。

表 6 - 9　变量定义

类型	名称	符号	定义
被解释变量	净资产收益率	ROE	净利润/本期加权股东权益（%）
解释变量	高管薪酬	XC	前 3 名高管年度薪酬总和的自然对数
	高管持股比例	CG	高管年度持股比例之和（%）
控制变量	公司规模	SIZE	年末总资产的自然对数
	资产负债率	DEBT	年末总负债/年末总资产（%）
	公司成长性	GROWTH	（本年营业收入 - 上年营业收入）/上年营业收入（%）

（3）模型构建

为了实证分析白酒上市公司高管薪酬对公司绩效的影响，参照现有研究，构建如下模型：

$$ROE_{it} = \alpha + \beta_1 XC_{it} + \beta_2 CG_{it} + \beta_3 SIZE_{it} + \beta_4 DEBT_{it} + \beta_5 GROWTH_{it} + \varepsilon$$

模型（6-1）

其中，α 为常量，下标 it 代表第 i 个公司第 t 年的指标，β 是解释变量以及控制变量 SIZE、DEBT、GROWTH 的回归系数，ε 代表回归残差。

6.4.3　实证检验

（1）描述性统计

表 6 - 10 是各变量的描述性统计分析结果。2008 ~ 2019 年的白酒上市公司中，净资产收益率（ROE）的平均数为 18%，标准差为 13.4%，说明各公司绩效总体波动较小，但个别差异较大。高管薪酬均值为 14.329，最小值为 12.226，最大值为 16.234，公司间差异很大，可能存在激励过度或不足的现象。高管持股比例的均值为 2.024%，持股比例最小值为 0，最大值高达 48.367%，标准差为 8.085%，白酒上市公司高管持股比例普遍偏低，且差异较大。

表 6 - 10　描述性统计

	N	均值	标准差	最小值	最大值
ROE（%）	172	18	13.4	-0.296	54.3
XC	172	14.329	0.879	12.226	16.234
CG（%）	172	2.024	8.085	0.000	48.367
SIZE	172	22.607	1.233	19.965	25.933
DEBT（%）	172	35.606	13.610	13.092	76.965
GROWTH（%）	172	15.585	24.842	-70.312	90.380

（2）高管激励与公司绩效回归分析

表 6 - 11 是高管薪酬与公司绩效关系的多元线性回归分析结果。根据模型的检验统计量，调整后的 R^2 为 0.513，说明模型拟合度较高。根据方差分析的结果，可以得到模型的 F 值为 37.02，在 1% 水平上显著，因此可以判断模型整体显著，即两个解释变量都能较好地解释公司绩效。

表 6 - 11 中高管薪酬（XC）与公司绩效对应的系数 β_1 为 0.040，且在 1% 的水平上显著，说明白酒上市公司高管薪酬与公司绩效显著正相关，假设 H1 得到验证。实证结果表明，白酒上市公司高管薪酬制度总体上合理，能对公司绩效产生积极影响。

高管持股比例（CG）与公司绩效对应的系数 β_2 为 0.0003，但未通过显著性检验，表明白酒上市公司高管持股对公司绩效没有显著影响，假设 H2 得到验证。白酒上市公司较少使用股权激励方案，股票期权这类长期激励形式在白酒上市公司治理中的作用没有得到有效发挥。前文对泸州老窖股权激励的个案分析也证实了这一点。

表 6 - 11　高管激励与公司绩效的回归分析

变量	模型（6 - 1）
XC	0.040***
	(3.80)
CG	0.0003
	(0.41)

续表

变量	模型（6-1）
SIZE	0.032 *** （4.78）
DEBT	-0.001 * （-1.84）
GROWTH	0.002 *** （7.84）
α	-1.11 *** （-6.51）
样本数	172
调整的 R^2	0.513
F	37.02 ***

注：表中括号内数字为方差一致的 t 统计值，＊、＊＊、＊＊＊分别表示在10%、5%和1%的显著性水平上显著。

6.4.4 稳健性检验

为了检验回归分析结果的稳定性，本章进行了稳健性检验。检验方法是使用薪酬最高的前3位董事、监事、高管货币薪酬总额的自然对数作为高管薪酬的替代变量。稳健性检验结果见表6-12。

表6-12 稳健性检验结果

变量	模型（6-1）
XC	0.025 ** （2.37）
CG	0.001 （0.83）
SIZE	0.037 *** （5.68）
DEBT	-0.001 ** （-2.10）
GROWTH	0.002 *** （7.70）

变量	模型（6 - 1）
α	-1.016 *** (-5.56)
样本数	172
调整的 R^2	0.488
F	33.580 ***

注：表中括号内数字为方差一致的 t 统计值，* 、** 、*** 分别表示在 10% 、5% 和 1% 的显著性水平上显著。

表 6 - 12 是对结论进行稳健性检验的结果。当把高管薪酬的自然对数替换成薪酬最高的前 3 位董事、监事、高管货币薪酬总额的自然对数与净资产收益率进行回归分析时发现，薪酬最高的前 3 位董事、监事、高管货币薪酬总额的自然对数与公司绩效之间存在显著正相关关系，在 5% 的显著性水平上显著。而高管持股比例与公司绩效之间无显著相关关系。这与前文得到的回归分析结论相同，因此本章的回归分析结论具有稳健性。

6.5　研究结论及对策建议

本章对我国白酒上市公司高管特征及其变化，以及高管激励对公司绩效的影响进行了研究，有以下结论。

（1）高管持股比例。自 2008 年以来，除口子窖以外的白酒上市公司高管持股比例比较低，绝大部分在 1% 以下。白酒上市公司中高管持股最多的是口子窖，自 2015 年上市以来，口子窖高管持股比例接近公司总股份的一半。

（2）高管薪酬。白酒上市公司高管薪酬总体呈上涨趋势，且体现了行业发展状况。在行业发展低谷时期，公司高管薪酬维持原有水平；在行业发展良好时期，高管薪酬呈增长趋势。

（3）高管薪酬对公司绩效的影响。白酒上市公司高管薪酬促进了公司绩效的提升，薪酬激励作用得到有效发挥。但是，白酒上市公司高管持股比例对公司绩效没有显著影响。白酒上市公司高管持股比例普遍较低，较少企业使用高管股权激励方案。股票期权这类长期激励形式在白酒上市公司治理中的作用没有得到有效发挥。

综上所述，本书对加强白酒上市公司高管激励提出以下建议。

（1）不断完善白酒上市公司薪酬激励等短期激励机制。在综合考虑企业规模、企业资源、宏观经济环境以及成本效益等因素的基础上使管理层报酬最大化。建立关于薪酬的专门委员会，负责制定激励机制，包括短期激励机制以及高级管理人员和核心技术人员的薪酬激励发放计划。在这个专门委员会中独立董事应占很大的比重，因为独立董事不纳入激励范围内，不存在利益相关，所以由薪酬委员会来积极参与激励机制的设计与实施可以有效缓解委托代理矛盾和信息不对称等问题，促进公司绩效提升。

（2）建立白酒上市公司高管长效激励机制。我国白酒上市公司高管"低持股"和"零持股"的现象较为普遍，股票期权等长期激励机制的作用尚未得到充分发挥。高管持股是降低代理成本、提高公司绩效的有效办法之一。白酒上市公司在未来的公司治理中，有必要建立和完善长效激励机制，与薪酬激励等短期激励机制有机结合，更好地发挥高管激励机制对公司绩效的促进作用。

| 第 7 章 |

白酒上市公司内部控制与内部审计研究

7.1 白酒上市公司内部控制研究

7.1.1 内部控制发展过程与国内外研究现状

（1）内部控制发展过程

内部控制理论的提出与发展完善是一个循序渐进的过程。早在 20
世纪 40 年代之前，内部控制就已经产生。当时的内部控制旨在保护企
业资产的安全性和保证会计账目的准确性。但是，控制要素尚未出现，
内部控制更多的是为了避免舞弊现象的出现。20 世纪 40 年代~70 年代，
出现了"内部控制制度"。内部控制制度不仅限于对内部财务、会计信
息等方面的控制，还涉及预算成本的控制、定期披露报告和内部审计
等。20 世纪 80 年代，内部控制的定义进一步更新，内部环境被纳入内
部控制的范畴。1988 年，美国注册会计师协会提出"内部控制结构"新
的概念，并认为内部控制结构应该由控制环境、会计制度和控制程序组
成，称为内部控制结构三要素。美国 COSO 委员会 1992 年发布《内部
控制——整合框架》提出企业内部控制整体框架包括 5 个互相关联的
要素，即内部环境、控制活动、风险评估、信息与沟通及内部监督。
美国 COSO 委员会 2004 年又发布《企业风险管理——整合框架》，为

企业评价和改善风险管理提供了一个可参考的基点，将内部控制和内部审计纳入风险管理，成为公司治理的重要组成部分。风险管理的实施者是企业的董事会、管理者和其他企业员工，它是贯穿整体的一个过程，帮助企业制定战略目标，发现潜在风险，并控制风险使它们低于企业所能承受的风险容量，为企业实现目标给予合理的保障。2013年5月，美国COSO发布新的《内部控制——整合框架》。相较旧框架，新框架把非财务报告目标纳入内部控制目标中，把五要素基本概念总结成原则，不仅强调了董事会在内部控制中的重要作用，而且考虑到了不同的商业模式下适合不同形式的内部控制，阐明了企业经营目标与内部控制体系之间的密切联系。

内部控制在国内的发展得益于经济恢复和审计会计的进步。1986年，我国财政部颁布《会计基础工作规范》，正式提出"内部控制"一词。此后，关于内部控制的法律法规逐渐丰富起来。2000年之后，我国内部控制的研究有了极大进展。财政部于2001年发布的《内部会计控制规范基本规范（试行）》，规定了内部会计控制体系的整体框架。但这一定义仍存在局限，该规范中的控制环境不是一个单独的组成要素，并不能认为是完整的框架。2008年，财政部等五部委联合发布《企业内部控制基本规范》，自2009年7月1日起率先在上市公司施行。该规范中明确写出了总则、内部环境、风险评估、控制活动、信息与沟通、内部监督和附则。至此，我国的内部控制基础框架基本确定。财政部会同证监会、审计署、银监会、保监会制定了《企业内部控制应用指引第1号——组织架构》等18项应用指引、《企业内部控制评价指引》和《企业内部控制审计指引》，自2011年1月1日起在境内外同时上市的公司施行。近年来，我国内部控制的规范越来越完善。

（2）内部控制国内外研究现状

国内外学者对内部控制进行了深入研究，形成了丰富的研究成果。国外研究方面，内部控制研究包括制度发展阶段、结构调整阶段和风险整合框架阶段三个时期。在制度发展阶段，Jensen等（1976）提出当董事会成员过多，如超过 7~8 个时，或者董事会成员拥有的股票份额较少时，可能首席执行官控制整个董事会，董事不能有效发挥其权利，这就导致内部人控制现象的产生。在内部控制结构调整阶段，William（2000）研究认为，为了会计信息质量的提高、企业财产安全的保障、企业经营效益的推进等，企业内部各部门需要通过采取有效的方法与措施来增强相互之间的协调程度和合作水平。在内部控制风险整合框架阶段，Porter 等（1996）指出为了预防企业成员人为因素造成的内控失效，企业必须建立健全的内部控制制度，为其提供一个良好的运营环境，也为社会公众提供可靠的财务信息。Tommie Singleton（2002）则认为控制环境对内部控制尤为重要，通过政策支持、有效监督，且监督可以被及时披露，建立起有效的内部环境，从而实现企业管理者在内部控制方面的目标。Ashbaugh 等（2007）抽样调查了 145 家美国上市公司，发现自萨班斯法案颁布以来，这些公司都将内部控制的缺陷在其年度报告中进行了披露，并且发现会计资源的缺乏会直接或者间接导致内部控制的减弱，公司经营越复杂，内控缺陷越严重。Krishna 等（2008）针对内部控制中的成本信息问题进行了研究，发现了影响企业内部控制的内外部因素。Ashbaugh-Skaife 等（2009）研究发现，如果企业十分重视内部控制，就会及时披露自身在内控方面的问题，这些公司比未及时披露的公司有更优越的企业治理结构。

国内研究方面，20 世纪 80 年代之后，内部控制引起了学者们的关注和讨论。例如，在内部控制定义和范围方面，张宜霞（2007）基于系统管理的相关理论，将内部控制定义为一个系统性的概念，并从系统整体效率出发，重新定义了内部控制系统的范围。樊行健和肖光红（2014）通过分析 35 家上市公司内部控制的实际情况，认为内部控制是企业在一定的控制环境下，董事会、监事会、基层员工等参与，通过管理与约束、引导与控制、审计与监督等相关活动，实现企业财务报告的可靠性、生产经营的有效性、资产的安全性等相关目标，进而实现企业价值最大化的一项企业全员参与的活动。在我国企业内部控制存在的问题方面，廖晨（2012）研究认为董事会缺乏必要的责任感，对公司的经营不够关注，监事会的监事功能很大程度上不能够有效发挥作用，股东大会形同虚设，造成内部控制不能很好地执行。杨清香等（2012）分析 2006～2009 年上海证券交易所 A 股的上市公司，调查其内部控制信息披露状况，发现了一些明显的不同。他们提出，对上市公司强制披露的监督应作为重点，鼓励主动披露，共同提升企业内部控制信息披露的状况。郭纪魁（2013）认为提高管理人员的素质，加深管理人员对内部控制的认识是从根本上解决内部控制问题的一种方法。张格（2016）将上市公司财务舞弊与企业内控评估缺陷联系起来，内部控制制度不完善、内部的监督存在漏洞、信息交流与沟通存在障碍等成了上市公司财务舞弊的主要原因。张尚义（2018）通过对内部控制五要素的分析，对 Y 公司的内部控制体系进行了个案分析，研究发现了公司内部控制活动不足、控制环境局限、信息建设和沟通机制较落后、内部监督机制不足等问题；其认为企业应采取细化拆分工作流程、优化理赔管理流程、拆分销售管理流程、设立考核委员会等内部控制优化措施。在提高内部控制成效方面，韩芳芳（2018）从内部控制理论和框架出发，对企业的内部控制情况进行分析诊断，找出其存在问题和产生问题的原因，并针对问题提出建议，认为行之有效的内部控制体系中内部环境、风险评估、控制活动、信息与沟通、内部监督缺一不可，且全体成员要把控制贯穿于企业所有活动中，并持续严格执行。赵瑞龙（2018）通过内部控制优化案例分析，提出公司内部控制优化需确定战略目标、评估面临的风险、分清问题主次、协调各方利益关系、组建优秀的内控团队并持续改进，最终形成内部控制循环管理。

综上所述，国外关于内部控制的研究始于 20 世纪 40 年代，学者们对内部控制各发展阶段都进行了深入研究。国内的内部控制研究自 20 世纪 80 年代后逐渐丰富。国内外研究的主要内容集中在对内部控制制度、效率及存在的问题等方面的理论分析和实务探讨。但是，现有研究尚未发现针对白酒行业内部控制的研究文献。

7.1.2 白酒上市公司内部控制现状

2013~2016 年，我国白酒行业进入结构调整期。2012 年，中央相继出台"八项规定"和"六项禁令"等一系列限制"三公"消费的政策，高档白酒销量减少，这对本来已经进入行业调整期的白酒行业来说可谓雪上加霜。白酒行业经过 2013 年以来的深度调整后，终于在 2015 年年末触底反弹，2016 年白酒行业开始复苏，终端用户白酒消费需求上升，白酒行业整体收入和利润开始呈增长趋势。白酒上市公司更加重视公司治理，不断完善治理结构，冲破多重发展阻碍，在发展中占领先机。有效的内部控制体系是完善公司治理结构、促使公司健康发展的重要因素。建立健全的公司内部控制体系也成了白酒上市公司应对行业结构调整和激烈竞争的重要措施。

自 2016 年以来，我国出具内部控制报告的公司不断增加，内部控制体系不断完善、内部控制披露逐渐合规。大多数白酒上市公司纷纷制定内部控制制度，建立内部控制部门和岗位，发布内部控制自我评价报告。但是，本书通过研读白酒上市公司发布的内部控制评价报告发现，白酒上市公司在内控报告中重点关注的领域大多是采购业务与销售业务，对于公司内外部的信息交流与内部监督关注甚少；在披露本公司内部控制缺陷环节，只有极少数的公司对内部控制缺陷进行披露，并且即使披露缺陷，也仅仅是在缺陷披露时一笔带过，并没有对缺陷进行详细描述；大多数公司对其内部控制评价报告都持积极乐观和好评的态度。但是，我国白酒行业发生的各种事件和存在的各种问题反映，事实似乎并不像报告中描述得那么乐观。我国白酒行业内部控制质量究竟如何呢？这是酒企、监管部门、学者及社会各界关注的问题。因此，本书对白酒上市公司内部控制质量进行了研究。

7.1.3 白酒上市公司内部控制质量研究

当前，迪博内部控制指数成为学界衡量公司内控质量重要和常用的参考指数。迪博内部控制指数是结合国内上市公司实施内部控制体系的现状，基于内部控制合规、报告、资产安全、经营、战略五大目标的实现程度设计内部控制基本指数，同时将内部控制缺陷作为修正变量对内部控制基本指数进行修正，最终形成综合反映上市公司内控水平和风险管控能力的内部控制指数。因此，本书以 2008～2019 年白酒上市公司为样本，剔除了当年被 ST 的公司，对白酒上市公司迪博内部控制指数进行了描述性统计，并与酒、饮料和精制茶制造业及沪深A 股同类指标进行对比分析。分析数据见表 7－1。

表 7－1 白酒上市公司内部控制指数描述性统计与比较分析

年份	白酒上市公司最大值	白酒上市公司最小值	白酒上市公司中值	白酒行业均值	酒、饮料、精制茶制造业均值	沪深A 股均值
2008	974.87	651.77	696.93	761.28	745.75	658.64
2009	972.11	557.60	693.77	754.06	731.69	677.62
2010	963.17	662.15	687.04	756.15	741.13	680.10
2011	942.41	677.40	732.36	758.65	698.45	650.21
2012	920.20	628.13	698.39	730.17	685.30	671.71
2013	744.78	528.12	619.58	628.91	637.20	652.22
2014	748.22	0.00	669.04	532.55	547.86	637.48
2015	771.77	618.29	706.22	699.10	671.02	628.63
2016	753.70	0.00	699.77	591.13	613.97	633.78
2017	773.74	620.65	704.83	713.61	676.90	634.07
2018	792.77	499.39	690.52	674.86	655.76	625.43
2019	799.72	623.22	728.84	718.71	656.02	632.25

资料来源：迪博内部控制指数（2020）。

如表 7－1 所示，2008～2019 年，除了 2013 年、2014 年和 2016 年

外，白酒行业内部控制指数均值高于酒、饮料和精制茶制造业及沪深A股同期同类指标，表明白酒行业内部控制质量总体水平较高。同时，除了 2013 年、2014 年和 2016 年外，酒、饮料和精制茶制造业内部控制指数均值高于沪深A股同期同类指标，这与白酒在酒、饮料和精制茶制造业中占有重要的位置和白酒上市公司内部控制水平总体较高可能存在直接的关系。但是，从白酒行业内部控制指数的最大值与最小值之间的差异可以看出，白酒行业上市公司内部控制水平存在较大的差异。有些白酒上市公司内部控制可能存在较多问题，内部控制水平较低。其中，酒鬼酒和水井坊 2014 年和 2016 年的迪博内控指数都为 0，泸州老窖 2014 年的迪博内控指数也为 0，均因这些酒企出现了比较严重的内部控制问题。例如，2014 年 1 月 10 日酒鬼酒的账户中 1 亿元存款已被他人分三笔非法转走，并向公安机关报案。但公司未及时将该重大事项告知董事会秘书并履行信息披露义务，直至 2014 年 1 月 28 日才发布《重大事项公告》，披露该项存款被非法转走及面临重大损失的情况。2016 年 6 月 3 日至 8 月 4 日期间，刘文金实际控制账户组，集中资金优势，通过大额封涨停的操纵手法交易包括"酒鬼酒"在内的 6 只股票，影响股票交易价格和交易量。2014 年 10 月，泸州老窖发现在中国农业银行长沙迎新支行 15000 万元存款出现异常，随后公司对全部存款展开风险排查，进一步发现公司在中国工商银行南阳中州支行等两处存款存在异常情况，共涉及金额达 35000 万元。为减少可能损失，保护公司及投资者利益，公司当即报请公安机关介入，采取相关资产保全措施。

图 7 - 1 列示了白酒上市公司与酒、饮料和精制茶制造业及沪深A股内部控制指数变动趋势。

如图 7 - 1 所示，2008 ~ 2019 年，我国白酒上市公司内部控制指数变动趋势与酒、饮料和精制茶制造业基本一致，内控指数均值多数时候高于沪深A股均值。但是，白酒上市公司内部控制指数波动幅度较大。尤其是在 2012 ~ 2017 年，白酒行业内部控制指数波动幅度非常大，2014 年其均值低于酒、饮料和精制茶制造业及沪深A股内部控制

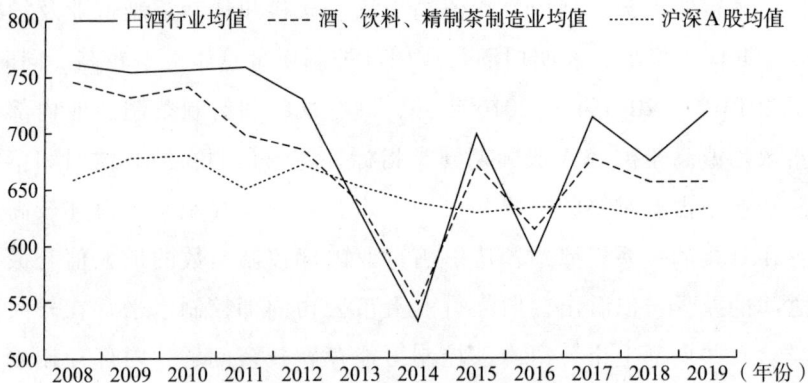

图 7 - 1　2008 ~ 2019 内部控制指数变动趋势

指数均值，达到历史最低。这一期间是白酒行业深度调整期，酒鬼酒、泸州老窖和水井坊等多家白酒上市公司出现比较严重的内控问题和内控风险。

7.1.4　白酒上市公司内控案例分析

按照证监会的要求，上市公司均被要求披露其内部控制评价报告和审计报告，以便公司利益相关者全面深入地了解公司状况，做出合理的决策。企业财务造假案件屡禁不止，公司内控存在高管兼职、制度设计不合理、财务审批不合规等情况，公司名誉及其发展受到极大的影响，投资者遭受损失。在此，本书以五粮液、贵州茅台和泸州老窖等知名白酒企业内部控制为例进行分析。

（1）五粮液、贵州茅台内控报告分析

宜宾五粮液股份有限公司有着悠久的发展历史，位于四川宜宾，以酿酒业为核心业务，此外还涉猎了许多相关产业，致力于"做强主业，做优多元"。贵州茅台酒股份有限公司是由中国贵州茅台酒厂有限责任公司发展而来，主营业务是贵州茅台系列产品，同时进行包装、防伪等相关产品的研发与生产。内部控制 5 要素主要包括内部环境、风险评估、控制活动、信息与沟通、内部监督。根据五粮液和贵州茅台的内部控制自我评价报告，本书主要从内部环境、风险评估、信息与沟通对两公司内部控制进行对比分析。

在内部环境方面，组织架构和人力资源是重要的内部环境因素。五粮液和贵州茅台在公司成立之初，设立了董事会、监事会、总经理等多个部门，各个部门之间分工明确。但是，在 2007 年以前，五粮液没有设立审计委员会，在 2012 年之前，贵州茅台也没有内部审计部门。审计部门的缺失不利于公司内控工作的开展。五粮液在 2008 年通过整改设立了审计委员会，为公司内部控制的有效实行提供了保障；但是，审计部门对总经理负责，致使内控独立性降低从而影响审计效果。贵州茅台于 2014 年设立了内部审计部门，此后，公司内控组织架构不断完善。

人力资源是公司内部环境的重要因素之一，文化程度是反映人力资源的一个重要维度。本书对五粮液和贵州茅台员工受教育程度的数据进行了整理，见表 7 - 2。

表 7 - 2　五粮液、贵州茅台 2019 年员工受教育程度类别

教育程度类别	五粮液	贵州茅台
大专及以上（人）	4738（占比 17.98%）	8421（占比 31.18%）
大专以下（人）	21610（占比 82.02%）	18584（占比 68.82%）
合计（人）	26348	27005

资料来源：五粮液、贵州茅台 2019 年年报。

如表 7 - 2 所示，五粮液由于成立较早，员工基数大，受过高等教育的员工占比仅为 17.98%。贵州茅台近年来一直通过外部招聘不断丰富公司内部的高素质人才。与五粮液相比，贵州茅台受过高等教育的员工比例为 31.18%。

风险评估方面，五粮液在内部控制自我评价报告中列出了风险项目，但是项目列举并不充分，也没有报告相应的应对措施。贵州茅台风险评估的项目主要为风险投资部分，风险评估项目呈现单一化，没有将战略风险、市场风险等列入评估范围。

信息与沟通方面，2009 年证监会通报了关于五粮液的 3 次违规披

露现象：第一是 2007 年五粮液录入主营业务收入金额的错误，该项错报在 2009 年才被更正；第二是公司没有对重大证券的投资和重大债权损失进行披露；第三是公司没有披露重大证券投资损失。贵州茅台设有公告栏、年终大会等，在公司运营过程中，可以与债权人、供应商、客户、监管机构等及时沟通。陈冬梅（2015）通过对贵州茅台内部控制的研究认为，该公司内部基层到高层之间的沟通渠道并不便利，此外公司内部不存在反舞弊机制和举报机制，所以员工之间相互的监督行为欠缺，没有和高层沟通的有效渠道，员工反舞弊的积极性降低。

（2）泸州老窖内控案例分析

图 7 - 2 反映了 2008 ~ 2019 年泸州老窖内部控制指数变动趋势。除了 2014 年和 2015 年外，泸州老窖内部控制指数均高于白酒上市公司同期同类指标，表明公司在行业中内控质量总体偏好。但是，泸州老窖 2014 年出现了严重的内控问题。2014 年 10 月，泸州老窖发布公告，1.5 亿元存款无故消失，2015 年 1 月该公司再次发布公告称存在 3.5 亿元的存款异常。为何泸州老窖会接连发生巨款莫名其妙失踪的事件？公司内部控制为何没有充分发挥防范作用呢？公司内部控制自我评价报告是如何评价自身内控质量的呢？带着这些问题，本书对泸州老窖内部控制自我评价报告进行了研究。本书收集了泸州老窖内部控制自我评价报告共 8 份。这些报告都经过会计师事务所审计，且均被发表无保留意见。根据《企业内部控制基本规范》，企业披露内部环境状况时，内容一般应当包括治理结构、机构设置及权责分配、内部审计、人力资源政策、企业文化等。泸州老窖 2008 ~ 2015 年的内部控制自我评价报告未披露人力资源政策和企业文化信息，对于内部审计的设置以及实施情况未做详细的解释。在风险评估方面，泸州老窖仅在 2011 年披露了行业政策风险、战略风险、合规分析、市场风险等方面存在的风险。公司未对信息与沟通做出披露。

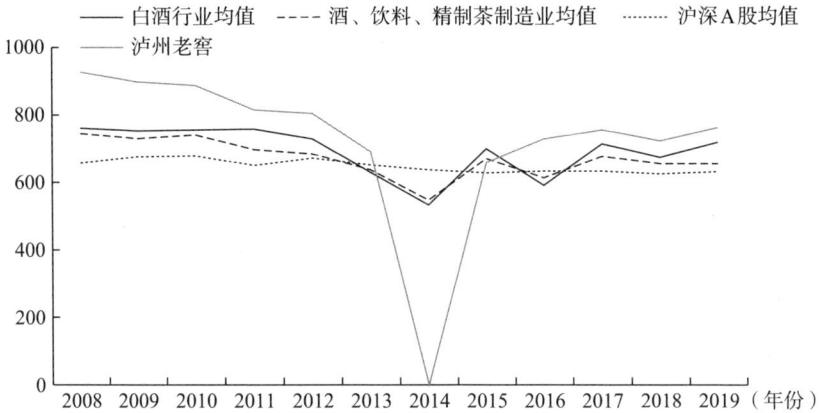

图 7 - 2　2008~2019 年泸州老窖内部控制指数变动趋势

控制活动方面，表 7 - 3 反映了泸州老窖内部控制报告中关于控制活动的内容。虽然公司有些年份的披露比较充分具体，但是并未基于风险评估进行披露。

表 7 - 3　泸州老窖内部控制报告——控制活动

年份	相应措施
2008	对控股子公司的内部控制，对关联交易的内部控制，对外担保的内部控制，募集资金使用的内部控制，公司重大投资的内部控制，信息披露的内部控制
2009	对控股子公司的内部控制，对关联交易的内部控制，对外担保的内部控制，募集资金使用的内部控制，公司重大投资的内部控制，信息披露的内部控制
2010	内部控制基础工作，建立了《内幕信息知情人及外部信息使用人管理制度》，接受四川证监局巡检及整改情况，重点控制活动（对控股子公司的内部控制，对关联交易的内部控制，对外担保的内部控制，募集资金使用的内部控制，公司重大投资的内部控制、信息披露的内部控制）
2011	无
2012	公司层面控制（内部环境、风险评估、信息与沟通、内部监督），业务流程层面控制（财务报告与披露管理、资金管理、采购管理、存货管理、固定资产与无形资产管理、销售管理、研究与开发管理、工程项目管理、担保业务、预算管理、合同管理、人力资源管理、业务外包管理、一般信息系统管理）
2013	公司层面控制（内部环境、风险评估、信息与沟通、内部监督），业务流程层面控制（财务报告与披露管理、资金管理、采购管理、存货管理、固定资产与无形资产管理、销售管理、研究与开发管理、工程项目管理、担保业务、预算管理、合同管理、人力资源管理、业务外包管理、一般信息系统管理）

年份	相应措施
2014	不明确
2015	不明确

资料来源：泸州老窖内部控制自我评价报告（2008~2015年）。

如表7-3所示，泸州老窖内部控制自我评价报告内容反映出公司内部控制制度和措施不断完善，尤其是2012~2013年，泸州老窖在公司层面和业务流程层面的控制制度和措施是比较全面和系统的，在业务流程层面控制都有相应的资金管理内控措施与活动。对于一个庞大的上市公司来说，款项的授权审批需要经过层层把控，泸州老窖为何在2014年出现巨款失踪事件呢？这与货币资金环节的授权审批及人力资源的合理分配、控制活动的进行以及风险评估都有极大的关系。对于风险的识别不明确不具体就可能导致应对风险的机制无效，而如果财务人员的专业技能和应有的职业素养不健全，会产生巨款失踪案中财务人员未经验证便携存单离去的现象。泸州老窖巨款失踪案从一个侧面反映出白酒行业内控存在的问题，即内部控制部门及内控制度措施的建立是发挥内控作用的前提，如果缺乏独立有效的内控执行，内部控制部门及内控制度措施的建立只是一个摆设，难以发挥应有的风险防范作用。

7.1.5 白酒上市公司内控存在的问题与对策建议

（1）存在的问题

在白酒上市公司中，高管腐败时有发生。2007年4月，古井贡酒被曝高官腐败行径：原董事长王效金利用职务之便，在公司并购、原料采购、广告承揽及资金拆借等方面收受贿赂。[①] 尤其是在企业改制

---

① 资料来源：古井集团腐败案侦破纪实，http://www.china.com.cn/news/txt/2008-03/25/content_13541450.htm。

过程中，王效金受贿 110 万元，并造成国有资产流失 1200 万元。此外，陕西西凤酒厂原总经理张锁祥及副总经理高波被检察机关指控涉嫌腐败，查处资料显示，其于 2004～2010 年利用职务之便非法收受贿赂 304 余万元并行贿 10 万余元，而高波则利用职务之便，虚构销售费用骗取国有资产 454 万余元。这些高管腐败案件发生的根本原因还是内部控制设置的不合理，无法起到基本的监督作用。本书研究发现，白酒上市公司内部控制缺陷主要表现在以下几个方面。

第一，内部环境。从上述案例可以看出，在我国白酒上市公司中，尤其是老牌龙头企业，存在严重的"一股独大"的现象，国有股权的集中度较高。这种现象使公司的决策权集中在少数人的手中，使得内部控制成为一项摆设。股权高度集中下的内部治理结构使得大部分投资者和其他债权人对公司决策的参与程度较低，容易发生舞弊贪腐事件。另外，在白酒上市公司中也存在内部人控制的状况。内部人控制即企业的管理层掌控企业。2010 年泸州老窖在内部控制自我评价报告中披露了高管兼职的问题，董事长兼任总经理这种两职合一的情况极易助长资金运作不规范、授权审批不合理等行为，甚至会滋生舞弊等严重违规事件，降低了内部控制的效率和效果。

第二，信息与沟通。上市公司应当在内部控制报告中披露对于股价产生较大影响的重大事件。从五粮液的违规披露行为和泸州老窖对外披露信息的模糊性可以看出，绝大多数公司为了控制股价的波动并没有做出详细的披露。在企业的内部控制中，信息的顺畅是最基本的要求，对潜在风险因素的不披露很有可能导致一些后续不良影响。这种信息不对称极容易产生舞弊行为。我国白酒上市公司对于舞弊行为的监察力度较小，白酒上市公司大多没有设置举报机制，也没有相关条文保护举报者，容易导致员工有问题不敢说、没处说的现象。

第三，政府监管。目前我国对于白酒上市公司的监管力度有限。从公司内部来看，我国大部分的白酒上市公司没有设置内部审计部门，即使存在内部审计部门，其机构设置的合理性和监管的力度也并不理想。企业内部控制报告中对于内部审计的政策和机构安排的描述也十分模糊，不能充分发挥内部审计的监管作用。从公司外部来看，国家对于上市公司的监管力度是有限的。国资委往往没有更充足的动机对白酒上市公司进行更密切的监督。此外，上市公司的内部控制报告往往是由外部的会计师事务所进行审计，外部事务所在审计的过程中虽然遵守审计准则，但是其基于公司治理的监督效果微小。

（2）对策建议

第一，应当完善公司治理结构。为了防止股权过度集中导致内部控制失效的情况，上市公司可以适当分散股权结构。上市公司还可以充分发挥独立董事的监督与治理作用，保护中小股东的权利，增强中小股东参与公司内部决策的程度。另外，公司内部要有严格的规章制度，做到权责分明，提高信息的透明度，避免出现越权代批或互相包庇的行为。还应增强公司部门之间的信息交流和沟通，尤其是完善由下往上的信息传递机制，这种机制可以通过设置领导意见箱和召开基层会议等实现信息传递。

第二，应当完善风险评估体系。风险评估是内部控制的一项重要流程。对于白酒上市公司而言，最重要的莫过于市场的开拓和产业的投资。通过风险评估可以有效地对风险因素进行预测，防止错误决策导致的损失。在进行风险评估后，上市公司应当依据评估项目的重要程度，对风险做出规避行为，尤其是针对重要性水平较高的大型投资，应当核实风险程度，并根据防范对策预测防范效果，对风险做出定性定量的分析。在内部控制自我评价报告中，上市公司还应对企业存在影响重大的风险项目做出合理的披露，以提醒报告使用者注意。

第三，加强内外部监督。对于公司内部来说，能够行使监督权的莫过于监事会。在我国白酒上市公司中，监事会并不能很好地发挥其作用，大多受到董事会的牵制，所以应当提高监事会的监督水平。监事会应当对公司的大小项目做出监管行为，尤其是对于巨额投资项目，通过不定期的抽查，增强监管的不可预见性，提高公司内部的监管程度，尽力将错误行为扼杀在萌芽状态。监事会除了应当具有监督行为，还应当不断地对员工进行职业道德教育，提高员工工作的认真负责程度，增强职业素养，建立一定的奖惩机制，对于维护公司内部控制流程、公正严明、认真负责的员工给予嘉奖，增强员工的自我监督能力和相互之间的监督程度。对于公司外部来讲，一方面，内部控制审计应该适当扩大审计范围，对重点领域多派一些人手，增强内部控制审计报告的可信度。另一方面，证监会也应加大对证券市场的监管力度，提高上市公司信息披露的真实性；还应加大违法违规惩处力度，增加违规成本，避免上市公司的投机取巧行为。如果上市公司内部控制混乱，出现舞弊行为，证监会应根据性质恶劣程度做出公示和处罚。

7.2　白酒上市公司内部审计研究

7.2.1　内部审计发展过程与国内外研究现状

（1）内部审计发展过程

内部审计作为企业内部控制的重要组成部分，在企业监督治理方面发挥着非常重要的作用。国际内部审计协会（IIA）指出，内部审计是一种独立、客观的确认和咨询活动，旨在增加组织价值和改善组织运营。它通过系统化、规范化的方法来评价和改善风险管理、内部控制和治理程序的效果，以帮助实现组织目标。内部审计最基本的职能就是对企业经营状况的监督和控制。2018 年 1 月 12 日新修订的《审计署关于内部审计工作的规定》（以下简称《规定》）发布，赋予了我国内部审计的新使命，并于 2018 年 3 月 1 日起正式实施。2018 年 5 月 23 日，中央审计委员会正式成立，这是我国审计发展史上的创举，迎来了我国审计发展的新时代。中央审计委员会主任习近平在第一次会议上指出，构建集中统一、全面覆盖、权威高效的审计监督体系，要加强对内部审计工作的指导和监督，调动内部审计和社会审计的力量，增强审计监督合力。《规定》明确内部审计指"对本单位及所属单位财政财务收支、经济活动、内部控制、风险管理实施独立、客观的监督、评价和建议，以促进单位完善治理、实现目标的活动"。

有效的内部审计能够发挥公司治理的作用。内部审计职能在公司治理中的作用主要体现在四个方面。一是完善公司治理结构。外部审计的独立性难以保证，且具有滞后性，不能满足信息需求者的决策要求。内部审计的优势可以弥补外部审计的不足。因此，完善公司治理结构对内部审计的需求必不可少。二是缓解信息不对称。信息不对称的存在可能降低公司治理效率，增加成本损耗。内部审计作为一种监督机制，可以提高信息质量，减少信息不对称。三是降低企业风险。内部审计通过事前、事中、事后的全程审计，针对面临的风险进行识别和评估，提供针对性建议，及时运用到企业的风险管理中，降低企业风险。四是帮助企业增值。现代企业制度下，内部审计被运用到企业治理当中，企业是以盈利为目的的，最终的目标是企业组织结构各方都实现价值增加。内部审计在公司治理中治理作用得到实践的验证和法律规范的认可，帮助公司完善治理结构，提高企业经营效率和生产力，带来公司价值增值。

（2）内部审计国内外研究现状

国外研究方面，美国学者 Brink 在 1941 年出版了全球第一本关于内部审计的书——《内部审计：性质、职能和程序方法》。这本书标志着内部审计学的产生。此后，内部审计不断发展革新。Kinney（2003）对内部审计进行了新的解读，他认为内部审计的工作范围应该向风险管理和提供服务领域进行延伸。Aaron Cohen 等（2010）研究发现，内部审计的有效性是一个多维结构，内部审计员工工作的质量、被审计人的评价以及内部审计的额外贡献被认为是涵盖内部审计有效性概念的三个方面。除此之外，其研究结果强调了高层管理人员对内部审计支持的重要性。近年来，内部审计对于公司治理的重要性愈发引起学者们的重视。其中，Anne Helbo（2016）认为内部审计的职责包括以下几个方面：学会使用系统规范的方法帮助组织把控风险，将任务重心转向可识别的风险高发环节；协助管理层对组织的运用治理实施监督评价，找出现有的问题并究其本质，进而帮助管理层制定行之有效的决策。Lenning 和 Gremyr（2017）认为内部审计不仅是一项保障企业经营发展符合法律和准则的行为，还是一项为企业创造价值的行为。Westhausen（2017）指出内部审计作为"第三道防线"是近年来最强有力的防舞弊的关键因素之一。近年来，随着大数据时代的到来，大数据审计也逐渐成为学者们关注的焦点。关于如何运用大数据内部审计更好地进行公司治理，国外的学者们进行了积极探索。例如，Manyika 和 Brown（2012）提出在大数据时代背景下，组织之间的资金交易往往都会运用网络进行，所以计算机审计变得愈发重要。Adelmeyer 和 Teuteberg（2016）提出随着大数据时代的来临，面对企业的庞大数据量，审计方法的更新已经成为内部审计部门的首要任务。

国内研究方面，中国内部审计协会认为内部审计是在保证独立客观的前提下，对组织内的各种行为进行监督和评价，从而提高组织治理，协助组织达成既定目标的一种服务行为。近年来，随着国外关于内部审计研究的发展，国内内部审计研究也取得了重要进展。郑伟等（2014）对内部审计质量与内部控制关系进行了研究，发现内部审计质量与控制活动显著正相关，这表示内部审计的质量越高，企业内部控制就越有效。陈莹等（2016）探讨了内部审计质量对公司价值的影响，发现内部审计质量与公司价值也显著正相关，同时发现，当公司高层对内部审计比较重视时，或者外部审计质量较高时，内部审计的质量可以有效提升公司价值。华修锐（2018）认为内部审计是提升组织治理水平的一种内部行为，并认为内部审计是组织为了实现良好发展的一种自主选择。崔明深（2018）认为内部审计其实是一种管理行为，通过监督和评价企业的经营管理，为企业提供服务。

同时，学者们研究发现，在一些企业中内部审计的开展仍然存在困难。例如，姚博文和李佳钰（2015）研究认为，内部审计人员在工作时被赋予了过少的权利，最直接的影响就是内部审计的业务开展受到限制，内部审计的业务范围得不到延伸，并且让内部审计人员感受到自身的工作不被重视，进而影响了内部审计职能的开展。他们呼吁高层提高对内部审计的重视，赋予内部审计机构必要的权限，如此才能减少审计业务开展的阻碍，保障内部审计工作顺利进行。王婧伊（2016）认为要想保证内部审计职能的有效发挥，首先要给予内部审计一个明确的定位，内部审计不应局限于事后整改，还应该协助组织进行事前风险预测以及事中风险把控，从而为组织带来更有效的风险管理，为组织健康发展保驾护航。王艺璇（2018）研究认为，我国在对内部审计的运用上，相比于国外还存在很多局限性，其职能还没有得到完全施展和体现，应进一步发掘内部审计的潜在作用，提升组织的治理管理水平。

综上所述，在我国经济的快速发展过程中，屡屡出现企业欺诈舞弊案件，给投资者的利益和信心造成严重损害。加强我国企业内部审计，提高企业治理水平日益重要。在内部审计研究方面，我国对内部审计开始研究的时间较国外更晚，目前还处于摸索完善阶段。国内外学者主要围绕内部控制、审计方法、绩效评价等对内部审计进行了探讨。研究结果认为，内部审计是公司治理的重要组成部分，对完善公司治理结构、提升公司治理水平和效果发挥着重要的作用。随着大数据时代的到来，内部审计对于公司治理的贡献，也被赋予了更多的可能性。但是，当前，我国企业内部审计还处于起步阶段，存在不少缺陷。白酒在我国是备受各界关注的重要行业，白酒上市公司各类负面事件屡见不鲜。但是，学界针对白酒上市公司内部审计的研究较少。白酒上市公司内部审计的现状如何？存在哪些问题？如何通过加强白酒上市公司内部审计提升公司治理水平？本书在此对这些问题进行了探讨。

7.2.2 白酒上市公司内部审计现状

（1）内部审计部门

本书对白酒上市公司组织架构的研究发现，至 2019 年，所有白酒上市公司都建立了内部审计部门，即审计委员会。且审计委员会直属于董事会，对董事会负责。以贵州茅台酒股份有限公司的组织架构为例，贵州茅台酒股份有限公司下设股东大会，股东大会下设置董事会、监事会，三会之间权责分明、各司其职。董事会下设战略、审计、风险管理、提名、薪酬与考核五个专门委员会，各专门委员会分工明确，按照职责开展工作。贵州茅台组织架构如图 7 - 3 所示。

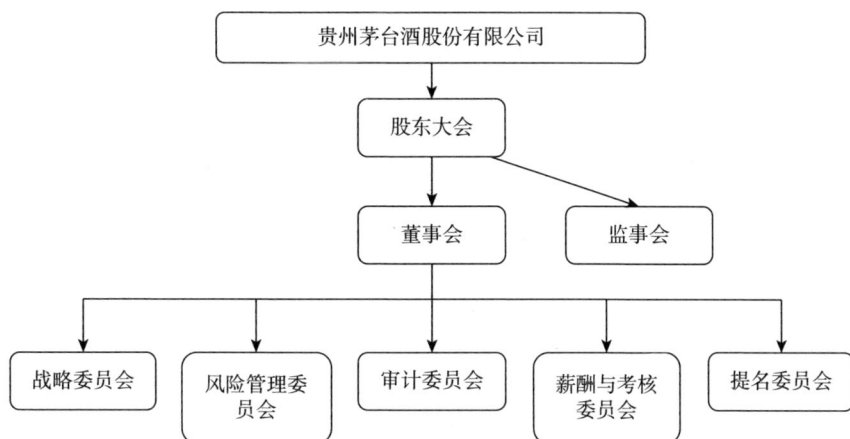

图 7 - 3　贵州茅台组织架构
资料来源：贵州茅台酒股份有限公司 2019 年年报。

宜宾五粮液股份有限公司建立了股东大会、董事会、监事会以及党委会的相关规章制度，确保其行使决定权、决策权和监督权。公司董事会下设了战略、薪酬与考核、提名、审计、全面预算管理五个专门委员会，有效地促进了董事会的规范运作。其组织架构如图 7 - 4 所示。

从这两家上市公司的组织架构可以看出，企业按照相关法律法规的要求，都设置了内部审计组织，即审计委员会，企业内部审计部门对董事会负责。贵州茅台和五粮液的内部审计部门都独立于管理层，与企业的财务部门也没有隶属关系。因此，当内部审计工作开始时，内审部门能够对财务部门的工作实施强有力的监督和审查，能提高审计效率，大大减少开展内部审计的时间。

（2）内部审计制度

白酒上市公司都制定了相应的内部审计制度。例如，贵州茅台的

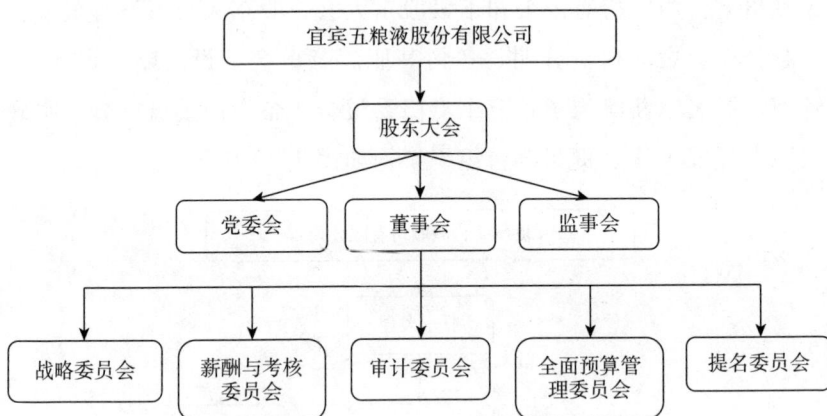

图 7-4 五粮液组织架构

资料来源：宜宾五粮液股份有限公司 2019 年年报。

章程指出，公司实行内部审计制度，配备专职审计人员，对公司财务收支和经济活动进行内部审计监督。公司内部审计制度和审计人员的职责，应当经董事会批准后实施。审计负责人向董事会负责并报告工作。2018 年，贵州茅台审计委员会由 5 位委员组成，独立董事许定波先生任主任委员，董事长李保芳先生和独立董事李伯潭先生、陆金海先生、章靖忠先生任委员。2019 年，公司董事会对审计委员会的人员组成进行了调整，公司审计委员会由 3 名委员组成，由 1 名独立董事担任主任委员，1 名独立董事和 1 名董事担任委员。2020 年，贵州茅台在审计委员会下设置审计部，分别在设备、内部控制评价和经济责任三个方面各设置 1 名审计员。

审计负责人负责审计监察部的工作，制订与实施审计部门的审计计划，完善合理的审计政策，并付诸实践，妥善协调组织内部各部门之间的关系，调配资源，核准审计报告。投资审计员（设备方面）负责投资项目可行性报告审查、招投标文件拟写、项目预结算审计。投资审计员（内部控制评价方面）组织实施公司内部控制体系运行评价工作、组织实施公司审计工作、出具内部控制评价报告。经济责任审计员组织实施对下属单位经济责任实施审计，组织实施专项审计、财务收支审计工作。贵州茅台的内部审计工作领导模式如图 7 – 5 所示。

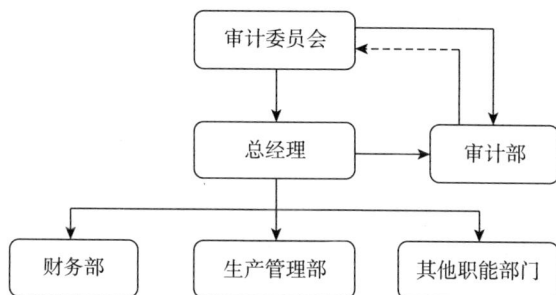

图 7 – 5　贵州茅台内部审计工作领导模式

　　宜宾五粮液股份有限公司的章程中关于内部审计的规定，和贵州茅台酒股份有限公司的规定基本一样，都是配备专职审计人员，对企业的经济活动和财务收支工作进行内部审计监督，也是由审计负责人直接向董事会汇报工作。五粮液 2019 年度章程中指出，审计委员会由 3～5 名董事组成，且其中独立董事应占半数以上并担任召集人。除此之外，公司要求审计委员会中至少有 1 名独立董事是会计专业人士。五粮液在审计委员会下设置审计事务部，审计事务部的专项审计人员各司其职，审计事务部负责人协调组织内部各部门之间的关系，调配资源向审计委员会汇报工作，再由审计委员会向董事会汇报工作。基于五粮液的内部审计人员设置和贵州茅台十分相似，这里不再列举五粮液内部审计人员的工作职责。但是，值得一提的是，五粮液在遵守内部审计有关规定的基础之上，对内审制度还进行了创新。公司建立数十项内部审计制度，包括绩效、内部控制、采购等方面，明确审计对象、目标、重点、内容、程序等，绘制业务流程图，强化控制约束机制。2019 年，五粮液创新建立了整改及责任追究、委派、约谈、审计限时工作、"三个区分开来"的容错纠错机制等内审制度，使得五粮液内审工作迈上了新的台阶。

　　从贵州茅台和五粮液两个公司案例可见，内部审计部门因为有了公司董事会的大力支持，组织搭建不断完善，审计效率得到提高。贵州茅台近年来审计委员会的人员配备缩小，人员职责定位清晰、分工明确，内部审计取得较快发展。两家公司凭借精准的产品定位、明确的战略规划，在激烈的外部市场竞争中持续成为行业内的龙头企业。在企业内部的运营管理中，内部审计部门作为核心的组织之一，肩负起企业管理最后一道防线的重任，为公司发展保驾护航。

（3）内部审计内容

我国白酒业以国有企业为主，在 18 家全国大型白酒制造企业中，大部分企业管理团队是业务出身，拥有审计背景的高管屈指可数。白酒行业存在"重业务、轻内审"的现象。在企业经营过程中，销售业务作为白酒企业价值链上的关键环节，涉及的具体活动涵盖了产品定价、资金管理、收入确认、存货发出等多个方面的内容。本书统计发现，白酒企业少有专门针对某个具体业务开展的审计。内审人员更多的是根据科目开展业务流程内部审计或专项审计。即使有企业进行销售业务内部审计，审计关注重点仅限于销售费用与销售收入两大项目，主要监督费用的支出是否合理、主营业务收入与应收账款的数额是否准确。这种传统的财报审计模式，无法涵盖销售业务内部监督评价的所有需求，并且这种事后的评价工作也已经不能满足现代风险导向审计的需求。

7.2.3 白酒上市公司内部审计存在的问题与对策建议

（1）白酒业存在的问题

近 10 年来，白酒行业食品安全问题、资金管理问题、信息披露问题等情况时有发生，这些现象为酒企自身及整个白酒行业带来了严重的不良影响。说到白酒安全问题，大家自然会想到塑化剂事件。2012年 11 月 19 日，上海天祥质量技术服务有限公司查出酒鬼酒塑化剂超标 2.6 倍，引起社会一片哗然。塑化剂事件导致酒鬼酒业绩断崖式下跌，牵连白酒股市板块全线大跌。2012 年 11 月 19 日仅一天其市值蒸发 329.9 亿元，酒鬼酒临时停牌。酒鬼酒营收业绩直线下降，2013 年和 2014 年两年净利润均为负值，从而导致其第三次被 ST。塑化剂超标事件，让酒鬼酒从堪比贵州茅台、五粮液的一线白酒品牌，跌到了二线甚至以下。并非酒鬼酒一家企业有白酒质量问题，酒中含有塑化剂被发现的企业也并非只有酒鬼酒一个企业。西凤白酒因一款西凤·国典凤香50年年份酒［2012珍藏版］被检测出塑化剂超标3倍，陕西西凤酒股份有限公司被推至舆论的风口浪尖。西凤酒公司2012年5月生产的这批"问题西凤酒"，时隔6年之后才被发现塑化剂超标。

除了塑化剂，甜蜜素也是引起白酒质量问题的重要因素。甜蜜素化学名称为环己基氨基磺酸钠，是食品生产中常用的添加剂。其甜度比白糖高40倍，过量摄入会对人体肝脏、神经系统造成危害。根据国家《食品安全国家标准——食品添加剂使用标准》（GB 2760 – 2014）规定，白酒中不得使用甜蜜素。2019年酒鬼酒又被曝出质量问题，即酒鬼酒被经销商实名举报甜蜜素超标。其实早在2016年，被曝的酒鬼酒甜蜜素超标的那批酒就被曝光过有问题。甜蜜素超标事件再次引起社会各界对白酒质量安全问题的关注和热议。2021年1月25日，山东省市场监督管理局发布关于20批次食品不合格情况的通告，通告显示邹城市博贵百货超市销售的标称为曲阜孔府家酒酿造有限公司生产的府藏浓香型白酒，经青岛市华测检测技术有限公司检验发现，其中甜蜜素不符合食品安全国家标准规定。受累于了公司孔府家酒"甜蜜素"丑闻，母公司老白干酒股价连跌3天。2021年1月12日，河南省市场监督管理局发布通告称，伊珠股份旗下一批次葡萄酒被检测出甜蜜素。2021年1月20日，河南省市场监督管理局发布通告称，温县福润多生活广场销售的标称四川·泸州市酒泉酿酒厂生产的一批次大青花酒，甜蜜素不合格。2021年1月25日，德阳市市场监督管理局发布通告称，中江县凯江镇李氏纯高粱酒坊销售的一批次5元白酒和6元白酒，甜蜜素不符合食品安全国家标准规定。2020年，常德八百里酒业、"御龙牌"张北老窖、江西七宝酒业、山东齐鲁王酒业等多家酒企也均有产品被查出甜蜜素超标。另外，2014～2019年，国家和各地食品安全抽检公布结果显示，6年里共检出约1055批次不合格白酒，不合格的主要原因是酒精度不合格、检出甜蜜素等。其中，甜蜜素不合格的达 365 批次，占不合格总批次的 34.60%。2012 年古井贡酒被曝花费 4500 余万元购买了将近 7000 吨食用酒精。一家酒企，买这一大堆酒精是干什么呢？有内部人员就向媒体表示，这些酒精是用来制作低端白酒的。古井贡酒因此身陷"酒精勾兑门"事件。

资金管理问题方面，酒鬼酒与泸州老窖先后都出现过资金管理问题。2014 年 1 月 27 日，酒鬼酒股份有限公司重大事项公告称，2013 年 12 月一名嫌疑人在酒鬼酒供销公司毫不知情情况下分三次向酒鬼酒供销公司银行账户共计存入资金 1000 元，又分三次通过中国农业银行杭州分行华丰路支行柜台转取金额分别为 3500 万元、3500 万元、3000 万元，共计 1 亿元。令人蹊跷的是 2013 年 11 月 29 日公司子公司酒鬼酒供销有限责任公司在银行开立了户名为"酒鬼酒供销有限责任公司"的活期结算账户，其后共计存入 1 亿元。而到 2013 年 12 月 13 日短短 15 天时间，1 亿元就被盗转。继披露公司银行存款被盗取 1 亿元后，酒鬼酒发布 2013 年业绩预告称，受"存款被盗"以及市场变化等因素影响，2013 年公司净利润预计亏损 6800 万元～7800 万元。酒鬼酒表示，2013 年业绩出现亏损的原因：一是市场出现变化，白酒行业进入调整期，公司营业收入大幅下降；二是"存款被盗"事件影响净利润。自 2012 年 11 月酒鬼酒经历了塑化剂事件之后，其净利润就大幅减少，而 1 亿元存款涉嫌被盗的发生，更让酒鬼酒雪上加霜，酒鬼酒全年业绩大受影响。无独有偶，2014 年 10 月，泸州老窖发布公告，1.5 亿元存款无故消失，2015 年 1 月该公司再次发布公告称存在 3.5 亿元的存款异常。新浪财经 2019 年 8 月 8 日报道泸州老窖 1.5 亿元存款失踪始末指出，事情起因于泸州老窖为应对白酒销量下滑，推出与银行间的"资源交换"营销计划，使他人嗅到了套取资金的机会。而在存款业务办理过程中，银行人员为了自身利益从中周旋，使得泸州老窖财务人员收到存单后未与银行柜台进行核实。财务人员多次收到假存单而不自知，泸州老窖的存款就这样失了踪影。

白酒行业信息披露问题也不少。2009 年 4 月，股民封某、周某等 4 人因对五粮液公开披露的 2006 年、2007 年年报信息存疑，委托律师向成都市中级人民法院提起诉讼，要求五粮液及为其年报出具审计意见的会计师事务所赔偿其因购买五粮液股票而产生的投资损失。该律师调查后认为，五粮液 2007 年年报在合并报表中存在虚报约 9.22 亿元的嫌疑，同时在 2006～2008 年，五粮液存在少交消费税约 19.51 亿元的嫌疑。2009 年 9 月 9 日中午，五粮液发布公告称，当日收到证监会调查通知书，因公司涉嫌违反证券法律法规，证监会决定立案调查。四川证监局 2013 年 10 月 11 日发布公告，称水井坊公司于 2011 年 1 月 21 日向上海糖业烟酒（集团）有限公司（以下简称上海烟糖）转让四川全兴酒业有限公司（以下简称全兴酒业）40% 股权之前，曾于 2010 年 12 月 23 日，与全兴酒业、四川成都全兴集团有限公司及上海烟糖签订了合作框架协议及合作备忘录，约定了公司在转让全兴酒业 40% 股权后在技术、人员支持和避免业务竞争等方面的义务。公司仅公告了股权转让事项，未披露四方协议，信息披露不完整。四川证监局按照《上市公司信息披露管理办法》和《证券期货市场监督管理措施实施办法（试行）》的规定，要求公司对四方协议的内容进行补充披露，对协议的决策及履行情况进行自查并披露，并切实做好保护上市公司投资者合法权益的相关工作。皇台酒业 2016 年因原董事长利用职务之便虚假记载库存商品账面余额被证券会立案调查，调查结果显示，皇台酒业存在两个方面违法问题：其一是公司原董事长卢某某涉嫌职务侵占罪，其二是公司违反《证券法》信息披露的相关规定。此外，舍得酒业 2020 年 9 月 21 日发布了《关于公司股票实施其他风险警示暨临时停牌的提示性公告》，称公司将在 9 月 21 日停牌一天，恢复交易后股票名称将更名为 "ST 舍得"，股票的日涨跌幅限制为 5%。恢复交易后，股票将在风险警示板交易。舍得酒业在公告中表示，本次实施其他风险警示是由于公司间接控股股东天洋控股集团有限公司及其关联方非经营性资金占用本金 4.4 亿元，资金占用利息 3486 万元，合计 4.75 亿元，因此触发了 "上市公司股票被实施其他风险警示" 的相应情形。舍得酒业发布《关于控股股东、实际控制人收到中国证监会立案调查通知书的公告》，公告显示，因涉嫌信息披露违法违规，中国证监会决定对舍得酒业的控股股东四川沱牌舍得集团有限公司、实际控制人周政先生进行立案调查。该公告没有明确指出涉嫌信息披露违法违规的具体事项，但结合舍得酒业的公开信息来看，极有可能与控股股东四川沱牌舍得集团有限公司违规占用上市公司的资金却没有及时履行信息披露义务有些关系。

（2）白酒行业内部审计存在的问题

内部审计未受到应有的重视。内部审计工作实施的本质是为了能及时发现企业存在的潜在风险并采取相应措施，以提高企业的治理水平。但是，我国白酒上市公司对内部审计工作不够重视，导致公司内审工作独立性较差，发挥不出其应有的作用。具体表现为内审工作阻碍多。开展内审工作时，企业各部门的配合度较低，一些部门人员对内审工作不理解、不支持的态度给内部审计工作的顺利开展制造诸多阻碍。另外，企业高管对内部审计态度上轻视、管理上滞后、政策上松懈，不积极支持和不主动维护内部审计应有的独立性与权威性。

内部审计内容受限。内部审计除了检查、评估、评价企业内部控制的健全性和有效性，评价企业经济活动的效率与效果以外，还应帮助企业制定及修订新的政策、程序和方法，帮助企业完善自身管理程序，同时，必要时还应对关联企业进行审计。但是，当前我国白酒上市公司的内部审计工作更多关注的是企业自身财务方面的审计，即财务收支审计，并未涉及更广的领域，比如企业并购收购。

事前预测被忽视。包括白酒在内的我国上市公司内部审计时，普遍注重事中监督以及事后审查，事前预测未得到应有的重视，从而降低了内部审计发挥指导企业经营以及减少风险的作用。

（3）对策建议

转变观念，重视内部审计。公司自上而下地加强对内部审计重要性和必要性的认识，转变观念，管理层应主动维护内部审计的独立性和权威性，各部门积极配合内审人员开展工作。各部门之间相互协调，互不推诿。

提高内部审计人员综合素质。内部审计工作不仅要求内审工作人员具备扎实的审计专业知识和娴熟的审计技能，而且要求内审人员具有管理学、会计学、金融学、统计学等广泛的知识。白酒企业内审人员除了需要具备专业的内部审计知识之外，还必须了解及熟悉制酒企业采曲、烤酒、窖藏、包装及销售整个流程。白酒企业应通过外部培训或进修等各种方式提高已有内审人员的专业能力，同时引进优秀的内审人员充实审计队伍，提高其内部审计的专业能力。

建立健全内部审计机制，提升内部审计独立性。大中型白酒企业都需要设置内部审计机构负责内部审计工作，合理的内部审计机构能提高内部审计工作的效率以及独立性。除了要健全内部审计机构外，还要建立和完善财务内部审计机制。内部审计部门设立时应注意使其脱离管理层的控制和干预，可考虑归属于董事会，对董事会负责。内部审计人员的部门负责人也由股东大会或者董事会直接任免，不经过管理层。内部审计人员的招聘和解聘由部门负责人负责，报股东大会或者董事会批准。避免企业管理层对内部审计部门的干预，确保内部审计部门的权威性。

改进内部审计方法，提高内部审计工作效率。传统的内部审计方法大多通过顺查法或逆查法来查询财务核算资料，如凭证、账簿、原始单据、会计报表等。但是，仅通过传统的内部审计方法，难以审计出企业存在的经营风险及内部控制制度的薄弱环节，因此，内部审计人员除采用传统的内部审计方法以外，还应采用询问调查法、观察法、估计推算法及运用数据进行横向和纵向比对，比如对库存酒进行盘点时，内部审计人员可以通过测量不同储酒容器的长宽高数据，通过数学公式合理计算出酒的实际储存数量，推算酒储存时期的合理损耗率。如今，大数据审计已成为大势所趋，企业应该紧跟时代的步伐，利用大数据技术开展审计工作，快速准确找出企业内部控制缺失及内部控制执行的无效环节，提高企业的经营效益，减少或避免经营风险。

| 第 8 章 |

中国白酒发展战略研究

企业战略的概念是随着产业革命和经济的发展而逐渐形成的，与现代市场经济和现代企业的发展相适应，很多学者积极地参与战略理论的研究，形成了多种不同的流派。企业战略通常是指企业根据环境变化，依据本身资源和实力选择适合的经营领域和产品，形成自己的核心竞争力，并通过差异化、低成本等在竞争中取胜。企业战略管理是一个自上而下的整体性规划过程，分为公司战略、职能战略、业务战略及产品战略等几个层面的内容。公司治理指的是确保投资者按时收回投资并取得合理回报和各种制度的总称。公司治理与公司战略管理相互影响，两者会逐渐达到动态平衡从而逐步形成强竞争力（蒋维，2017）。公司战略要求与之相匹配的公司治理机制，决定着公司治理目标，是影响公司治理的重要因素，且对公司价值有影响（吴艳，2015）。公司战略需要通过公司治理实现战略制定和执行。因此，公司治理与公司战略相辅相成、相互影响。本章将对我国白酒上市公司发展战略进行研究。

8.1 国内外研究现状

8.1.1 国外研究现状

企业发展战略研究影响最为深远的是以产业结构分析为基础的竞

争战略理论。1980 年迈克儿·波特（Michael E. Porter）提出"竞争战略"理论，以"五力模型"为分析工具提出了总成本领先战略、差异化战略和专一化战略，认为这三种战略是每一个公司必须明确的。安德鲁斯（Andrews）1971 年在《公司战略概念》中构建了著名的 SWOT 分析框架理论。在企业战略定义方面，加拿大学者明茨伯格（H. Mintzberg）1998 年提出战略 5P 定义，从不同角度对企业战略的概念进行了界定。此后，学者们在战略管理研究上提出了诸多新的观点。例如，Brown 与 Eisenhardt 于 1998 年合作出版《边缘竞争》一书，该书针对计算机行业的发展给企业和管理界带来的新问题，提出全新的战略管理理论，认为充分增加业绩的关键动力来自应变能力。W. 钱·金（W. Chan Kim）和莫博涅（Mauborgne）2005 年在研究 1880 ~ 2000 年 30 多个产业 150 次战略行动的基础上，指出价值创新是"蓝海战略"的基石。Francesco Cappa 等（2019）研究战略对企业资本结构的影响时基于战略层次理论，对企业层面确定的国际化、多元化和一体化三种战略所带来的效果进行了评估。研究表明，上述策略对企业资本结构的影响具有同时性和独立性。Jalil Bagheri（2016）提出人力资源作为战略规划中重要的一环，管理部门应将其调配的所有能用资源进行合理的规划。Maksim Storchevoi（2015）在战略管理的框架下对企业理论的发展路径进行了分析，从定位理论、开放创新理论等角度提出了能够扩展、丰富企业经济理论的概念。

国外对于酒类企业发展战略的研究取得了丰富的成果。其中，创新和竞争力是学者们研究的热点问题。例如，Juan Ramón 等（2018）研究认为，资源、能力和战略是决定竞争优势的三大主要因素，但它们之间的关系和重要性因公司类型不同而各异。Margherita Stupino 等（2019）通过对葡萄酒产业的研究发现，外部创新是提升创新能力和竞争力的战略路径。Lucia Irene Bailetti 等（2019）通过对一家葡萄酒厂的案例研究认为，创新和认识市场与消费者需求的变化尤为重要。在开辟市场方面，Silvio Menghini（2015）通过对葡萄酒的分析认为，公司应该寻求最优边界，同时扩大产品和服务的范围，通过丰富核心产品的特性扩展核心产品，开辟新的市场。此外，学者们还从品牌及区域等方面进行了广泛研究，例如，Aspasia Vlachvei 等（2012）调查和研究了希腊葡萄酒生产商的主要品牌策略，强调了希腊葡萄酒生产商实施品牌策略的重要性。Tom Atkin 等（2017）以 2008 年和 2016 年美国随机消费者为研究对象，结合酒标引进前后之比较，发现将次区域的酒标与更大的葡萄酒区域联系起来的潜在好处。

8.1.2　国内研究现状

国内学者也对白酒发展战略进行了广泛研究。例如，曾祥凤（2017）研究指出，在外部环境变化巨大、产业自身发展存在重大缺陷以及行业出现新特征的情况下，白酒产业不得不进行战略转型来重塑产业核心竞争力。战略转型路径主要包括战略内容和战略程序两个方面。蒋玉石等（2015）研究发现，在中国经济进入"新常态"发展趋势的大背景下，建议我国白酒企业应该充分发挥自身优势，提高创新能力，树立"互联网＋"思维，深入挖掘并传播白酒文化内在价值，进而走向国际化发展战略之路。川酒在我国白酒中占有重要地位，受到学者们的广泛关注。例如，何林等（2019）对四川白酒行业现状进行了分析，从环保准入、白酒产业规划布局、小酒厂规范环保管理、白酒行业污染防治和企业技术升级等方面提出了产业发展路径。五粮液和泸州老窖是四川龙头白酒企业，有学者对这两个企业进行了案例研究。叶江山（2003）对五粮液品牌创新战略进行了研究，认为品牌创新的基本目标是未来长期的市场竞争优势，品牌创新必须以价值为导向，品牌创新的同时必须具备危机意识，通过整合营销建立品牌价值以及掌握品牌灵活性。郑倩嫣（2007）采用 SWOT 分析方法，挖掘五粮液在品牌、规模等方面的竞争优势，并提出应进一步完善其并购战略应对竞争企业的挑战，建立更坚固和持续的竞争优势。冉敏等（2015）借鉴商业生态系统理论，提出了以五粮液为代表的支配主宰型战略、以泸州老窖为代表的网络核心战略、以郎酒为代表的缝隙型战略以及以水井坊为代表的坐收渔利型战略，并且提出应构建以五粮液和泸州老窖等名酒企业为首的互利共生、分享要素资源的白酒商业生态系统平台。

除了四川省白酒以外，学者们还对其他省份白酒发展进行了研究。例如，潘晗璇（2020）对贵州茅台的 OPM 战略模式进行分析，发现 OPM 战略对酒企发展很重要。朱雪飞等（2015）和王金雨等（2020）对贵州茅台运用波特五力模型以及 SWOT 进行分析，提出了围绕国际化经营和开发民间市场的公司发展战略，并进一步提出品牌营销和差异化营销战略的竞争战略。连紫含等（2018）对江小白的营销战略进行 SWOT 分析，研究建议提高产品品质特色、提高企业的整体管理水平、开拓国际市场和丰富营销方式。余仙梅等（2018）通过对江小白企业的情感营销战略进行分析，发现江小白以情感为基础进行的白酒设计、包装、促销等营销方式，提高了客户黏性，改革了其自身营销模式，实现了可持续发展。

综上所述，企业发展战略研究始于欧美，已经形成比较成熟的理论。国外对酒类企业战略发展进行了一定的研究，对白酒行业的研究相对薄弱。白酒是我国重要的产业，其中贵州茅台和五粮液知名度较高。白酒文化是我国五千年历史义化中的瑰宝，对白酒发展有重要影响。我国白酒发展不仅受到政府的重视，也成为学者们关注的焦点。目前，学者们主要通过对各个省份白酒行业特点及其所在地文化差异进行 SWOT 和波特五力模型等分析，从微观角度研究白酒企业发展问题。但是，现有文献缺乏对中国整体白酒上市公司发展战略的研究。本章从白酒区域发展和企业发展战略两个方面对我国白酒发展战略进行研究。

8.2　中国白酒区域发展战略

中国白酒按所处地理位置及战略联盟关系划分为 6 个区域，即川黔区域、苏皖区域、两湖区域、鲁豫区域、华北区域和东北区域。以下对各区域白酒发展战略进行介绍。

8.2.1 白酒区域发展战略

（1）川黔区域发展战略

川黔白酒区域是指包括四川和贵州两省在内的白酒生产区域。川黔两地是中国白酒的主要生产地。两地的白酒产量占全国白酒总产量的 50% 以上，当前已经开发出众多家喻户晓的知名品牌。例如，四川省的五粮液、泸州老窖、沱牌曲酒、剑南春、郎酒、全兴大曲等，贵州省的贵州茅台、习酒、董酒、国台、珍酒等。其中，五粮液和贵州茅台是我国白酒行业的龙头企业，享有较高的国际知名度。

白酒是典型的地域资源型产品。对于白酒生产企业来说，得天独厚的地域资源优势至关重要。2010 年，四川省委、省政府根据我国白酒产业现状以及川黔区位优势，提出了"打造中国白酒金三角，建设长江上游白酒经济带"的发展战略，简称"中国白酒金三角"战略。因此，川黔两地构建了以长江（宜宾到泸州）、岷江（宜宾段）、赤水河流域为核心区，以涪江和岷江流域沿线为延伸区，以贵州遵义及其周边山区为协作区的"中国白酒金三角"集中发展区域，推进"长江上游白酒经济带和千亿产业的建设规划"工程，实现产业空间上集聚，为白酒产业营造了良好的发展氛围，使产业布局进一步优化，为川黔两地白酒产业强劲的后续发展打下了坚实基础。"中国白酒金三角"如图 8 - 1 所示。

①四川白酒发展战略研究

四川白酒产业的长足发展，与企业和政府的高度重视与勇于改革息息相关。近年来，四川省白酒产业围绕供给侧结构性改革制定发展战略。2017 年 10 月，四川省白酒产业供给侧结构性改革战略发展高峰论坛在泸州举行。本次论坛指出，推进白酒产业供给侧结构性改革是白酒行业持续健康发展的必然趋势；川酒需要紧跟供给侧改革步伐，

图 8-1 "中国白酒金三角"区域

深度挖掘白酒产业链上下游资源，以"电商＋交易"为核心，实现"消费＋增值"的结合，推出"中国白酒产品交易中心名酒收藏交易平台"；同时，川酒要积极与各大行业协会、企业展开对接，以推进川酒迈向国际化、占领新市场为目标，共享"互联网＋"和"金融＋"带来的发展机遇，共创天长地"酒"、美好未来。

在酒品创新战略方面，四川省推进白酒产业供给侧结构性改革，加快产业转型升级发展，坚持走创新发展、绿色发展、科技发展之路，创造性地提出并大力实施"新生代酒品发展战略"，创新川酒新生代人才培养的探索和实践，不断摸索"白酒进酒吧"的现实路径。2018年9月9日，第八届中国（贵州）国际酒类博览会开幕。在酒博会上，四川展区以创新为动力，坚持传统与创新融合发展，充分展示川酒转型升级新进展和新成效；集中展示这几年相继推出的白酒创新产品，并进行鸡尾酒调酒展示及表演，供广大消费者进行品鉴。随后，"五粮液杯"2018年中国白酒新生代酒品超级调酒大赛预赛相继在深圳、上海成功举办。比赛旨在引领中国白酒做基酒的鸡尾酒新风尚，在保留白酒本味基础上，以创新调酒方法为依托，将传统白酒与西式调酒相结合，开发饮酒新方法，将川酒及中国白酒打造成为受全球主流市场认可的"世界白酒"。

在技术创新战略方面，川酒产业要加码"现代智造"。通过智能化改造，出窖、拌糟、上甑等多个环节实现全自动机械化，建立全新的全自动机械化酿酒车间，车间里只有少量工作人员在干监控、辅助类工作。以科技为支撑，为川酒高质量发展赋能。近年来，四川省内白酒重点产区和名优酒企，在巩固传承传统酿造工艺的基础上，大力实施创新驱动战略，加快技术创新和工艺创新，加强关键技术突破及设备研发，推进新一轮技术升级改造，稳步推进重点项目实施。但是要继续保持领先优势需要更多的科技技术支持，同时需要业界提供更多具有针对性和定制化的转型升级方案。

在人才创新战略方面，2018年6月，四川省委十一届三次全会提出"川酒振兴计划"，打造"六个一流"，即"一流原料、一流窖池、一流人才、一流质量、一流服务、一流渠道"，实现全产业链川酒振兴，产区政府和行业企业正加速与白酒产业链上各领域知名专家开展合作。中国工程院院士、北京工商大学校长孙宝国，作为我国食品香料领域的唯一两院院士，在2019年12月参加了五粮液文化传承论坛暨五粮液文化研究院成立仪式，并受聘为五粮液文化研究院学术顾问。2019年7月，国内首家省级以上酿酒专用粮研究平台——四川酿酒专用粮工程技术研究中心在宜宾挂牌，中国工程院院士、旱区作物逆境生物学国家重点实验室主任康振生，中国工程院院士、农业部北方作物生理生态重点开放实验室主任陈温福，中国工程院院士、中国工程物理研究院科技委主任彭先觉等，被聘为四川酿酒专用粮工程技术研究中心学术委员会顾问，为川酒酿酒专用粮的高质量发展指引方向。此外，省内相关科研机构新建立了白酒大师工作室、白酒研究院、川酒发展研究中心等智囊机构。川酒已提前布局和抢占行业人才和科技制高点，为川酒高质量发展储备优秀的人力资源。

②贵州白酒发展战略研究

近年来，贵州白酒积极与新兴产业融合发展，聚焦贵州白酒品牌知名度提升战略，具体措施包括以下几点。第一，要求全省白酒以树品牌、提品质、优品种为主线，坚持盘活存量与扩大增量并重、改造提升与转型发展并举，结合"百企引进""千企改造"工程实施，加快推进白酒企业信息化、绿色化、服务化改造。第二，推动白酒行业与大数据、大健康、大旅游等新兴产业融合发展，提高企业内生动力和核心竞争力，促进行业转型升级和提质增效，打造贵州白酒整体品牌，形成各个梯度产品协同发展的良好格局，构建"品牌强大、品质优良、品种优化、集群发展"的贵州白酒产业发展体系。第三，加大品牌宣传力度，例如，2020 年，贵州省举办了"多彩贵州风、黔酒中国行"的宣传活动，并正式上线了"黔酒中国行"官方微信公众号及"黔酒网上展馆"，举办了"世界酱酒核心、醉美赤水河谷——2020 年多彩贵州风、黔酒中国行"的网上推介直播活动。贵州省正在有效利用互联网进一步加大贵州省白酒整体宣传推介力度，不断提高贵州省白酒的知名度、美誉度和影响力。

（2）苏皖区域发展战略

苏皖区域是指江苏省和安徽省。江苏省内的白酒分布为"三沟一河"，即汤沟、今世缘（俗称高沟）、双沟、洋河四大白酒品牌。安徽省也是一个白酒大省，诞生的知名白酒品牌也不在少数，包括大家耳熟能详的古井贡酒、口子窖酒、迎驾贡酒、金种子酒等。安徽省的白酒发展战略主要注重白酒差异化发展，同时强调着力构建"品牌强、品质优、品种多、集群化"的白酒产业发展体系。

江苏省政府高度重视白酒产业发展，积极参与引导白酒发展战略，为推动全省白酒发展做出了许多指导性工作，包括加大扶持补助力度、出台指导性工作意见等。例如，2016 年 3 月，江苏省为进一步推进全省白酒行业科研和科技创新工作，激发广大科技人员科研积极性、改造和提升传统食品产业的自觉性和创造性，对近年来江苏省白酒行业取得的优秀科技成果和为江苏省白酒科技发展做出重要贡献的科技专家进行了表彰。

2019 年 10 月，安徽省召开了白酒产业高质量发展座谈会，要求全省紧扣制造强省发展战略，从优化产业布局、引导智能制造、推进做大做强、重塑品牌形象、培养工匠精神等 9 个方面发展。对于发展白酒产业，政府提出了四点要求：一要结合实际，统筹谋划，即深入分析全国白酒产业现状，立足安徽省资源禀赋和实际条件，制定发展目标和实现路径；二要大力推进三品战略，即差异化增品种、标准化提品质、创新性建品牌，切实提高安徽省白酒产业综合竞争能力；三要注重品牌营销，即用好"精品安徽"央视宣传平台，广泛利用动车广告、会展、论坛等宣传载体，提升安徽白酒品牌形象；四要培养工匠精神，尊重企业家创造，即加强人才引进和培养工作，提升白酒产业发展的软实力。

2020 年 3 月，安徽省政府印发了《促进安徽白酒产业高质量发展的若干意见》，要求以创新创造引领传统产业转型升级，推进白酒产业基础高级化和产业链现代化，加快白酒产业质量变革、效率变革、动力变革，增强食品行业核心竞争力，实现白酒产业高质量发展，满足人民对美好生活的向往。为了加快白酒产业提升提质，安徽省亳州市对白酒产业等主导产业技术改造项目设备补助金额上浮 10%。

（3）两湖区域发展战略

两湖区域是指湖南和湖北两省。湖南知名白酒品牌有酒鬼酒、金六福、武陵酒、浏阳河白酒等。湖北省的白酒品牌包括白云边、枝江、稻花香酒等。2018 年 1 月，湖南省提出从振兴湘酒战略层面展开战略布局，做大做强湘酒企业，扶持发展湖南白酒品牌。同时规划建立湘酒龙头企业生态环境保护区或地理生态保护圈，实现湘酒龙头企业与城市建设、旅游、周边村镇、生态环境融合发展。两湖区域强调，要大力培育龙头企业，加强营销策划，挖掘文化内涵，打造全国白酒行业具有较强市场影响力的知名品牌。

（4）鲁豫区域发展战略

鲁豫区域是指山东与河南两省。山东省是白酒产销大省，地产白酒数量众多，白酒消费呈现明显的区域性特点。山东省白酒品牌包括泰山酒业、古贝春、景芝等。山东省淄博市地处世界黄金名酒带北纬 37°线，具有得天独厚的酿酒条件。2020 年 11 月，该市秉承坚守与变革并重、传承与创新并举，持续深化白酒供给侧结构性改革，传承和发扬白酒文化，健全白酒质量标准体系，保护产区生态，专注提高白酒品质，努力打造百亿级"鲁酒振兴"示范引领区。

河南省是全国重要的白酒生产大省、消费大省和酒文化大省，涌现出宋河、仰韶、杜康等知名白酒品牌。2017年，河南省委、省政府专门研究部署豫酒转型发展工作，出台了《河南省酒业转型发展行动计划（2017～2020年)》，力争通过5～10年的努力，把河南省建设成全国重要的优质酒生产基地、中国白酒文化基地。2020年1月，为深入贯彻河南省委、省政府关于豫酒振兴一系列会议精神和工作部署，加快河南省白酒业结构调整和转型升级，全面提升全省白酒业综合实力和核心竞争力，河南省驻马店市、周口市、商丘市等均召开了白酒业转型升级推进会，积极引进白酒科研、生产、销售等方面的专业人才，开展酿酒专业人才培养工作，着力提升酒企品质和酒企核心竞争力。

（5）华北区域发展战略

华北区域包括北京、河北、山西、陕西、内蒙古等省市。在北京市场，牛栏山和红星占据了绝对地位。河北省衡水老白干酒业是其龙头企业，其他还有山庄老酒、刘伶醉、板城等品牌。山西省的汾酒、杏花村酒是全国知名品牌，汾阳王等是省内知名度较高的品牌。陕西省有西凤酒、太白酒、榆林酒、轩辕酒等。内蒙古有熟知的河套王等白酒品牌。

如今年轻消费者已成为白酒行业的新兴消费群体，未来或将进一步成为白酒的主流消费群体。因此，北京提出了未来要实现白酒企业的年轻化、时尚化，并保障酒体品质的提高，制定针对新一代年轻消费者的战略。河北省依托古色古香的厂区，省内白酒公司与省内旅行社紧密合作发展红色旅游，推广健康饮酒的理念，提出让河北省的"天下第一庄（石家庄大曲)""鹿泉春"等健康白酒走进千家万户的口号，为企业高质量发展夯实基础。山西和陕西两省强调，随着消费主权时代的来临，酒旅融合成为酒业产区发展的重要领域，对酒业未来发展具有深远意义；并提出做好酒旅融合，酒香是根本，景美是关键，文化是核心的发展理念；制定酒业产区要在酿好美酒的基础上，加大酒文化旅游景区建设力度，打造消费场景，深化消费体验，充分挖掘酒旅融合的文化内涵，不断推动产区转型升级，让消费者"闻香而来、踏香而至、流连忘返"的战略。

（6）东北区域发展战略

东北地区位于中国东北部，包括黑龙江省、吉林省、辽宁省。东北地区有老村长白酒、大泉源酒等。相对来说，东北地区的白酒企业和白酒品牌较少，区域性白酒发展战略缺乏。东北三省加大对食品安全监管力度，严格监督白酒及其他食品从业企业的生产经营活动。

8.2.2　白酒区域发展战略比较分析

通过对中国白酒区域发展战略的分析发现，绝大多数白酒产区政府都非常重视本区域白酒产业的发展，积极引导本区域白酒发展战略的制定。各白酒区域发展战略具有显著的区域特征。其中，白酒核心生产区域——川黔区域白酒发展战略影响整个中国白酒产业的发展趋势。川黔区域制定了"中国白酒金三角"发展战略，推进了四川省"长江上游白酒经济带和千亿产业的建设规划"工程，实现了产业空间上的集聚，为白酒产业营造了良好的发展氛围，使产业布局进一步优化。鲁豫区域出台白酒振兴发展战略计划，苏皖和两湖区域注重白酒品牌发展战略，注重通过宣传和营销方式提升各省白酒品牌美誉。华北区域的白酒因受地理环境、天然资源的影响，其白酒产量和品牌知名度远不及川黔区域，但是区域的旅游业发展较好，政府提出将旅游业与白酒产业结合，加大酒文化旅游景区建设力度，打造消费场景，深化消费体验，充分挖掘酒旅融合的文化内涵，不断推动产区转型升级。

8.3　中国白酒上市公司发展战略

近年来中国白酒产量呈现下滑趋势。2013～2016 年全国规模以上白酒企业产量在 1300 万千升左右。2017 年全国白酒产量为 1198.1 万千升，2018 年全国白酒产量为 871.2 万千升，2019 年全国规模以上白酒企业总产量为 785.95 万千升，同比呈下滑趋势（国家统计局，2021）。名优酒企强者恒强趋势加速，一线名酒、区域名酒与个性化酒企市场竞争加剧，白酒行业已经进入了深度分化期。本书以下对我国白酒上市公司近年来的发展战略进行分析。

8.3.1　白酒上市公司发展战略

（1）贵州茅台发展战略

2016～2019 年，贵州茅台坚持以"做足酒文章、扩大酒天地"为战略定位，着力实施"113"品牌战略，坚持贯彻新发展理念。在白酒行业调整中，品牌优势逐渐集中，加快供给侧结构性改革成为贵州茅台抓住机遇、迎接挑战的重点。贵州茅台围绕其著名的品牌优势、卓越的品质、悠久的历史文化、独特的酿造工艺等良好基础，努力寻求企业进一步发展的优质战略。随着白酒行业由高速增长向高质量发展的转变，贵州茅台发展战略更加注重终端白酒领域的扩大，培育大单品，对品质更加重视。同时进一步深化"双轮驱动"战略，围绕"做足酒文章、扩大酒天地"和"定位、定向、瘦身、规范、改革"总要求，扩大酱香型系列白酒产能规模，聚焦培育打造大单品，推动酱香型系列白酒实现高质量发展。同时，贵州茅台积极加强人才储备建设，优化团队成员，革新营销方式，科学规划全球战略布局，巩固作为中国白酒行业龙头地位，持续巩固茅台世界蒸馏酒第一品牌地位，推动公司做强、做优、做精和做久。

（2）五粮液发展战略

五粮液一直致力于基业长青的美好愿望，努力打造健康、创新、领先的世界一流企业，实现高质量、可持续的快速发展。2016 年以来，五粮液一直以坚持追求创新、扩大品牌销售为公司发展战略，不断拓展海外市场、提高产品质量，重点把握"十三五"期间的各种机遇，在白酒市场中为川酒抢夺更大的市场份额。在互联网快速发展的时代，五粮液察觉到中国市场正在由卖方市场营销模式向完全市场化的买方市场营销模式变革，公司积极探索具有五粮液特色的"直分销 + 互联网"的营销新模式。五粮液发展战略致力于以下 7 个方面。①聚焦产品结构优化和品牌文化推广，扩大品牌影响力。优化五粮液产品体系，供给极致品质浓香美酒，梳理系列酒产品体系，品牌矩阵重塑持续推进，加强品牌文化推广，展现酒业大王新形象。②聚焦平台建设、溯源管理和过程严控，提高品质保障力。③聚焦营销变革、数字化转型和营销队伍建设，增强市场营销能力。实施营销组织变革，提升市场反应敏捷度，推动营销数字化落地，加大营销执行力度，扩充营销队伍、优化营销架构，夯实营销团队能力。④聚焦生产、存储、包装扩能等重大项目建设，增强发展后劲。⑤聚焦安全生产、节能环保的管控，保障高质量发展。⑥聚焦公司治理，强化信息披露，优化资本市场形象。⑦公司加强创新投入研究，进行浓香型白酒固态发酵资源的收集、功能资源的评价与产业化利用，提高优质品率，保障食品安全，巩固公司在浓香型白酒领域的主导地位。

（3）洋河股份发展战略

近年来，洋河股份坚持"五度五米"战略，即坚持"聚焦三大优势，配称三大能力，着力两大突破"的总体工作思路，聚焦品质优势、品牌优势和营销优势，使组织与人才配称、管理与效能配称、理念与文化配称，同时着力营销模式突破和资本运作突破。洋河股份立足酒行业，做最懂酒、最会酿酒、最会卖酒的公司，做最专注、最专业、最有远见的酒类企业。长远发展目标是把公司做成一个不断穿越生命周期、基业长青的领袖企业，其核心竞争战略是发挥自然环境优势、塑造多元化和个性化品牌、培育高端人才。主要经营战略是精准定位营销战略，主导产品稳健提价，抢抓消费升级机遇，坚守品牌成长周期规律，创新执行各项策略，推动市场发展。

洋河股份着重强调抓实转型四个关键。一是消费升级。顺应消费升级的发展趋势，深入思考和研究消费者的消费心理，精准把握消费升级的方向。二是行业分化。抓住行业分化的机遇，抢抓终端消费者，进一步提升市场占有率。三是信息泛滥。针对信息泛滥时代的媒体特征，深入研究并提升传播效率，全面讲好品牌和品质故事。四是高维竞争。通过优势再造、模式创新、构建生态圈等方式，找到并进入高维的竞争蓝海。

洋河股份强调精铸六大力量。一是精铸至臻至强的产品力。在品质上谋提升，在技术上谋突破，在形象上谋特色，在布局上谋覆盖，推进绵柔机理应用，实现绵柔品质持续攀升。二是精铸直入人心的品牌力。聚焦新品牌、新营销、新内容，优化传播方式，利用高效媒体，打造直入人心的品牌力，助力营销稳健发展。三是精铸攻守兼备的渠道力。坚持以时间换空间、以增量拉存量，积极做好突破高端，推动渠道转型变革，全面打造渠道极致化。四是精铸坚强可靠的配套力。建立更加科学合理的考核体系，推动营销精准考核；深化长效管理，全面提升基础管理水平，为营销前线提供坚强保障。五是精铸迎接未来的创新力。坚持高度的危机感和超前的谋划术，重点做好数字运营、战略研究、资本经营、供应链管理等工作，打造企业发展的新动力。六是精铸昂扬向上的文化力。提高政治站位的高度，坚持科学务实的态度，激发克难争先的锐气，为职工谋幸福，为股东谋利益，为企业谋发展，为社会做贡献，全面升华共荣共享的文化。

（4）古井贡酒发展战略

古井贡酒近年来的发展战略表现为以下四个方面。第一，坚定不移推进"战略 5.0、运营五星级"方略。古井贡酒 2017 年提出了"战略5.0、运营五星级"战略方针，此后全面践行该战略，让"以用户为中心"的思维在公司得到全面、深入的贯彻。扎实打造"运营五星级"，增强合力，提质增效，优化服务，促进企业健康高效运行。第二，坚定不移推进改革创新战略。深入推进营销创新、技术创新和机制创新，催生企业内生动力。第三，坚定不移打造"人才高地"战略。加大招才引智力度，建立柔性引才借智机制。创新人才培养模式，自主培养开发与吸纳引进并举。第四，坚定不移推进党管一体化战略。全面从严治党，强化政治引领。站稳政治立场，强化政治定力，持续增强"四个意识"。

（5）泸州老窖发展战略

泸州老窖"十三五"期间总体规划为"一二三四五"战略，作为企业发展战略，具体内容有如下方面。一个目标，即明确泸州老窖重回中国白酒行业"前三甲"目标。两个原则，即坚持"做专做强"与"和谐共生"原则。三个加强，即深入贯彻落实加强销售、加强管理和加强人才队伍建设。四个关键，即把握"十三五"期间的稳定期、调整期、冲刺期和达成期四个关键步骤。五个领先，即实现公司在中国白酒行业的市场占有领先、公司治理领先、品牌文化领先、质量技术领先和人才资源领先。自 2015 年来，泸州老窖一直把"一二三四五"战略作为公司发展的战略，每年针对公司发展情况和环境变化情况制定不同的实施措施，推动企业健康持续发展。

（6）山西汾酒发展战略

2016 年，山西汾酒根据国家"十三五"规划，提出公司"十三五"战略。公司以"发挥优势保稳定，完善保障促增长，创新变革求发展"为主基调，发挥自身优势为前提，完善组织保障机制为手段，利用创新与变革为具体的行为举措，指导公司资源重新配置，明确各部门的重点方向，提升组织内部的效率和效能，发挥公司的人本和文化优势，加快公司产业升级和销售转型。公司"十三五"战略自 2016 年开始实施以来，山西汾酒结合国家发展战略，持续以"发挥优势保稳定，完善保障促增长，创新变革求发展"为主基调，突出主业，合理调整产业结构，拥有强势品牌和自主知识产权核心技术，实现公司价值与股东利益最大化。2020 年，公司提出将坚持汾酒中长期复兴战略不动摇，科学布局未来；坚持强化营销不动摇，保存量、求增量；

坚持文化引领不动摇，提升品牌价值；坚持创新科技不动摇，加快科技强企；坚持规模发展不动摇，扩大原酒产能；坚持强化管理不动摇，降低运营成本。

（7）今世缘发展战略

2015 年，今世缘企业提出了"十三五"战略，即以"四个全面""五大理念"为指针，大力弘扬"追求卓越、缘结天下"的企业精神，全面深化"打造品牌、以质取胜、文化营销、人才强企"的四大发展战略，立足主业、做强省内、突破省外，创新驱动、多元发展、服务主业。自"十三五"战略提出后，今世缘企业紧紧围绕既定的发展战略，坚持创新、协调、绿色、开放、共享五大发展理念，弘扬"追求卓越、缘结天下"的企业精神，积极践行供给侧结构性改革。融合创新，聚焦产品，省内全面实施对标工程，省外加快推动重点突破，着力放大"今世缘喜庆＋"效应。在坚持开拓进取中做强主业，在积极谋划长远中创新转型，确保主要指标稳中有进、好中求快，把今世缘各项事业不断推向前进。随着白酒消费持续升级，行业分化进一步加快，马太效应更加凸显。今世缘企业继续修订完善公司"十三五"战略，确保发展质量明显提升，确保主要指标好中求快，确保可持续发展能力显著增强，在全面深化"品牌＋渠道"双驱动中追求卓越今世缘。面对深度调整、分化加快、竞争加剧的白酒产业大趋势，公司提出 2020 年的发展战略是围绕酒和缘两大主题，做强做大白酒主业，培育投资业务，推动管理、技术、市场三个层面创新，推进三大品牌协调发展、省内省外协调发展、主副产品协调发展、线上线下协调发展，巩固行业前十强地位，努力在行业持续争先进位。

（8）金徽酒发展战略

金徽酒作为甘肃省内资产规模和盈利能力领先的白酒生产企业，依靠悠久的酿酒历史、优质的产品质量和深厚的文化积淀，在甘肃省白酒消费群体中建立了良好的品牌知名度、美誉度和显著的省内竞争优势。2016 年公司以"建成西北大型生态酿酒基地，打造中国知名白酒品牌，跻身中国白酒十强企业"为总体战略发展目标，继续以提高优质白酒品质为基础，以提升品牌价值、加强营销网络建设为途径，以坚持研发创新、节能生产为重点，依靠合理的市场发展策略，巩固甘肃市场，稳步拓展省外市场，使公司保持持续、稳健发展的良好态势。2020年金徽酒的发展战略是着力建设"生态金徽""文化金徽""智慧金徽"，依靠良好的生态环境、悠久的酿酒历史、古传秘方、深厚的文化积淀和与独特技术相结合的先进工艺等优势不断开拓市场，销售网络已辐射甘肃、陕西、宁夏、新疆、内蒙古等西北市场，正逐步成为西北地区强势白酒品牌。公司正加强以生态酿造为主的基础设施建设、以提升自主研发能力为主的专业技术团队建设、以倡导健康消费激发正能量为核心的品牌价值建设，为实现"建成中国大型生态酿酒基地，打造中国知名白酒品牌，跻身中国白酒十强"的战略目标而奋斗。

（9）口子窖发展战略

2016～2020年，口子窖一直专注于白酒生产经营领域，采取差异化竞争策略。以酱香型口子窖系列白酒为核心，建设高端白酒品牌，提高公司核心竞争力，引领酱香型白酒行业发展，使口子窖成为酱香型白酒领域领军企业，并争取成为国内白酒行业第一集团成员。

（10）迎驾贡酒发展战略

迎驾贡酒2017年提出的发展战略是"做大白酒核心主业，进一步拓展全国市场，以技术改造、产品升级、资本运营、信息技术为手段，以多元化发展为支撑，打造中国最美酒厂，力争进入行业第一方阵"，面对竞争日益激烈的市场环境，公司坚持"品牌引领、全国布局、深度分销"的营销战略。公司通过技术改造项目以及募集资金投资项目的实施，提高白酒产品的品质，持续研发出符合消费者需求的白酒产品，不断提高白酒质量。公司不断完善法人治理结构，确保公司的经营管理和投资决策的科学性和准确性。同时，进一步完善内部控制措施，建立富有竞争力的激励机制和合理的考核机制。在营销方面，公司稳中求进，以大别山革命老区发展上升为国家战略为契机，结合最美酒厂打造，大力实施体验式营销，赢得消费者口碑，稳步加强营销网络建设，扩大市场的覆盖范围，提高公司在全国市场的影响力和占有率。

2018 年以来，迎驾贡酒以白酒为主业，全力打造百亿迎驾、百年品牌，努力建成智能迎驾、效率迎驾、美丽迎驾、快乐迎驾，以"进入白酒行业第一方阵，成为生态白酒领军品牌、全国知名品牌"为战略目标。产业战略方面，公司实施多元化和一体化战略，即重点发展白酒主业，积极发展印刷、制罐、玻璃制品等白酒相关产业，相关产业以为白酒主业服务为主，适度拓展外销，提升配套产品竞争力，以提高技术水平和效益为主要目标。产品战略方面，公司实行产品升级战略，主推生态洞藏系列白酒，实现产品换挡升级，以满足消费者对健康白酒消费的需求。区域战略方面，实行区域聚焦战略，聚焦安徽、江苏、上海等核心市场，推进精耕细作，做到运营精细化、标准化，提高市场占有率，实现重点市场的突破。

（11）水井坊发展战略

水井坊 2017 年执行的发展战略是以目标消费者为中心，在稳定发展的基础上，突出重点，全面优化战略，辅以提升生产力、人才配置和数字化管理。人力资源优先发展，打造一支精干、高效、富有战斗力、中外文化高度融合的管理团队和员工队伍。公司整体盈利能力、资源控制力和抗风险能力明显提高，成为具有一定国际品牌影响力的中国白酒企业。水井坊发展战略分为三个方面：第一，实施"33 个坚持，2＋2 个导入"的商务策略；第二，实施"55 个继续"的品牌传播策略；第三，实施高效务实的生产运营管理策略。发展战略的具体操作措施有以下几点。在市场销售方面，持续集中于有业务发展优势的核心市场，精耕细作，促进核心市场加速成长。持续聚焦于核心门店系统、专业的培训体系以及有竞争力的绩效体系建设，集中资源，加强渠道管理，建设高效率的销售团队。运用各类数据系统武装业务团队，进一步提升团队战斗力，持续推动新渠道建设。在品牌建设方面，维护品牌核心形象，加强数字平台的建设与管理，保持技术驱动营销的创新，优化水井坊及系列酒品牌产品线，打造差异化的品牌形象。在生产经营管理方面，坚持以合规为导向，提升管理运营效率及工艺制造能力，推进人力资源数字化进程，建立水井坊技术专家团队。

（12）酒鬼酒发展战略

酒鬼酒 2016 年提出"12345"战略。即瞄准 1 个总体目标，围绕"专注专业、从严治企、砥砺前行、改革突破"的指导思想，稳中求进，创新突破，实现经营业绩稳定增长。落实 2 大市场建设，立足湖南市场，精耕细作，做实做透，拓展省外市场，建立样板，重点突破。实施 3 项品牌建设，围绕"生态酒鬼、文化酒鬼、馥郁酒鬼"品牌核心价值链，挖掘品牌内在价值，形成"生态""文化""馥郁"三方面品牌理论支撑体系，做中国原生态的地理标志产品、中国文化酒引领者、中国馥郁香型白酒领袖品牌。推进 4 个重点项目，主要为继续打造核心战略大单品"高度柔和"红坛酒鬼酒，进一步聚焦核心战略单品，突出重点产品。规划筹建酒鬼酒原产地文化体验平台，完善构建酒鬼酒文化识别体系，重点有序推进酒鬼酒文化视觉识别（VI）、理念识别（MI）、品牌识别（BIS）系统建设。强化 5 大管理举措。2018年以来，企业经营发展战略继续坚持以消费者为中心，以奋斗者为根本，坚持以"文化酒鬼""生态酒鬼""馥郁酒鬼"为品牌核心价值链，以"中国馥郁香型白酒"为战略定位，以"中国文化酒的引领者"为战略使命，以"中国文化白酒第一品牌"为战略愿景，构建消费者、奋斗者、投资者的共同价值体系，力争发展成为中粮集团旗下内涵独特、文化优秀、颇具规模、业绩优良的专业化公司。酒鬼酒致力将"内参酒"打造成中国四大高端白酒品牌之一，将"酒鬼酒"打造成中国文化白酒旗帜品牌，推动公司持续稳定发展。

（13）老白干酒发展战略

河北衡水老白干酒业股份有限公司作为白酒行业老白干香型酒的代表，以酿造超凡品质、打造卓越品牌为企业愿景，以继承传统、开拓市场、创造效益、回报社会为企业使命。2017 年，公司坚持传承独特的传统酿造工艺和以人为本、市场第一、质量兴企、持续创新的企业核心价值观。充分发挥企业在目标市场中的比较竞争优势，坚持专业化运作，打造过硬的员工队伍，做强企业、做优产品、做特品类、做精市场、做久基业，最终将"衡水老白干酒"打造成为具有全国影响力和竞争力的白酒知名品牌，以成为中国一流的白酒企业为目标，不断提升公司的经营效益。

2018 年以来，公司强调以"老老实实做人、清清白白做事、干干净净做酒、红红火火创业"为企业价值观，以"传承千年匠心、酿造美好生活"为企业使命，以打造"制造一流、营销一流、管理一流、服务一流"为企业愿景，充分发挥企业在目标市场中的比较竞争优势，践行公司战略，不断提升公司的经营效益。

（14）舍得酒业发展战略

舍得酒业 2017 年提出的发展战略是：公司将秉持"生之于天，容之于洋，爱之于人"的企业理念和"质量求真，为人求善，生活求美"的核心价值观，践行"传播中国白酒文化"的企业使命；在调整结构中把握发展趋势，围绕"优化生产、颠覆营销"的工作方针，重点发展白酒主业，加快发展玻瓶产业，积极推进白酒特色小镇的规划，稳步推进医药产业，将公司建设成为酒业相关多元化发展的生态酿酒和食品安全标杆企业。2019 年，公司提出近期发展目标是立足长远，走可持续、高质量的发展之路，以最短时间进入中国白酒企业第一阵营，长期发展目标是打造世界一流名酒品牌。2020 年，舍得酒业提出以"与世界分享舍得智慧"为使命，以"让舍得成为生活美学品牌"为愿景，专注发展白酒主业，积极推进白酒特色小镇的规划，将公司建设成为最具文化特色的生态酿酒标杆企业，打造老酒品类第一品牌。

（15）伊力特发展战略

近年来，国内形势正在发生深刻复杂变化，白酒行业进入复苏时代，白酒行业也进入重组整合的时代，伴随国民经济的发展，消费市场趋于理性，这给予区域性品牌新的发展动能。整个白酒行业前景十分光明，挑战也十分严峻。在此背景下，伊力特公司提出，增强发展的责任感，居危思进，要尽快整合优势资源，坚持稳中求进工作总基调，利用资本市场夯实主业发展，坚定不移贯彻落实新发展理念，坚持以提高质量和效益为中心，坚守发展、生态和安全三条底线，推动伊力特持续稳健向好发展。2019 年是决胜全面建成小康社会的关键之年，伊力特提出在公司核心区域市场白酒消费总量萎缩的情况下，公司将尽快整合优势资源，进一步巩固现有市场，拓展外围市场，夯实发展基础，坚定不移贯彻落实新发展理念，坚持以提高质量和效益为中心，推动公司稳步实现战略规划。2020 年作为攻坚克难、营销战略落地的关键之年，公司继续强化品牌定位，利用资本市场，打开更多关键区域的销售局面，坚定不移贯彻落实新发展理念，坚持以提高质量和效益为中心，推动公司稳步实现战略规划。

（16）皇台酒业发展战略

皇台酒业在 2014 年以来先后拟投资健康产业、布局番茄产业、注入幼教资源、重组保壳等均以失败告终，并被 ST，面临的风险较大。2016 年以来，皇台酒业的发展战略是以维持企业持续经营为主，以提升公司酒业可持续经营能力为目标，全面落实与高诚集团的战略合作，做强、做大酒业。以双方的产业融合度、相关性为切入点，依托公司在白酒生产方面具备的相对优势（如品牌价值、产品质量、生产规模、文化资源等），以及高诚集团在营销方面具备的绝对优势（如营销策划、经销渠道、与酒业相关的上下游产业等），进行战略合作，以高端"皇台文化酒"树品牌，以中低端消费类白酒占市场份额，共同建立经销商网络、线上线下联动的营销体系，协作完成生产、供应、销售环节的相关工作，实现优势互补和合作双赢。同时皇台酒业对国家政策、产业政策进行充分研究，对甘肃省进行深入市场分析，从而制定行之有效的营销策略。公司将充分发挥 30 余年的行业基础，坚定不移地以深耕白酒、葡萄酒为主业，为实现打造中国知名白酒品牌的战略目标而奋斗。

（17）金种子酒发展战略

金种子酒的发展战略是以"坚持科技引领、创新驱动，加快产品创新、结构调整，加快业务转型、营销变革，加快形成竞争新优势，提质增效保增长，稳中求进促发展"为核心。以改革创新为引领，以提质增效为抓手，坚持稳中求进总基调，认真贯彻落实新发展理念，实施主业突围、加速营销升级，坚决打好转型升级、提质增效攻坚战。白酒营销依托稳定的省内经销商团队，通过产品结构以及营销模式的变革，转型升级、提质增效；同时从长期发展角度来看，为应对省内激烈竞争的风险，公司积极扩展省外市场。创新是公司持续发展的内生动力，争先是全体员工不断进步的不竭源泉。金种子酒非常重视创新，开拓创新勇担当，奋勇争先谋跨越。2020 年，金种子酒以习近平新时代中国特色社会主义思想为指导，全面贯彻党的十九大和十九届二中、三中、四中全会精神，在市委、市政府的正确领导下，围绕"提质增效"，坚持"稳增长、促改革、保存量、拓增量、补短板"的发展思路，进一步解放思想，深化体制机制改革，聚力白酒主业发展，做优、做强，奋力谱写新时代金种子高质量发展的崭新篇章。

（18）顺鑫农业发展战略

2015 年，顺鑫农业提出"四·五"战略，即实施精细化管理，加快发展，延伸产业链条，开拓全国市场。不断壮大规模，提高综合实力，同时提升创新思维，转变发展方式，加强科学管理，用 5 年时间实现"主业突出、业务清晰、同业整合、价值实现"。顺鑫农业将把信息化、科技化、产业化建设作为重点进行推进，迎接发展大繁荣。2016 年以来，公司通过逐步调整产业布局，优化资源配置，强化内部核心能力，提升市场拓展能力等措施实施"四·五"战略，公司结合"一带一路"。"京津冀一体化"等国家战略发展机遇，坚持以产业经营为基础，资本运营为手段，围绕"主业突出、业务清晰、同业整合、价值实现"的发展目标，实施归核化发展战略，聚焦酒业、肉食两大主业，逐步剥离其他业务。同时，通过整合内外部资源，推动产业规模扩大、资产价值提升，进而实现企业价值与股东利益的最大化。

8.3.2　白酒上市公司发展战略比较分析

从各上市白酒企业的发展战略来看，贵州茅台、五粮液、洋河股份等知名酒企的发展战略更加注重打造企业的品牌战略，借助品牌战略优势进一步发展企业的其他战略。同时，贵州茅台、洋河股份等大多数企业注重企业产品以质取胜和企业的人才培养发展战略，推崇产品质量第一，人才强企。五粮液、洋河股份、山西汾酒等酒企注重企业文化建设，把企业文化与企业发展战略相结合，借助企业文化发展企业营销战略，实现文化营销。各企业都制定各自在行业中的发展定位。例如，贵州茅台巩固和维持中国白酒龙头企业及世界名酒地位，泸州老窖以重回中国白酒行业"前三甲"为目标，金徽酒力求跻身中国白酒行业十强，今世缘希望巩固全国白酒前十强的地位，口子窖采取差异化竞争战略争取成为国内白酒行业第一集团成员，老白干酒希望成为中国一流的白酒企业，皇台酒业追求企业能正常生产经营。

作为龙头企业的贵州茅台和五粮液的发展战略存在较大的差异。随着白酒行业由高速增长向高质量发展阶段过渡，贵州茅台公司对品质更加重视。同时扩大企业的酱香型系列白酒产能规模，聚焦培育打造大单品，推动酱香型系列白酒高速发展。五粮液以坚持追求创新、提高品牌销售为公司发展战略，不断拓展海外市场、提高产品质量。在互联网快速发展的时代，五粮液更加注重营销战略，积极探索具有五粮液特色的"直分销＋互联网"的营销新模式。

洋河股份作为近年来发展十分迅速的企业，其发展战略也有其独有的特点。洋河股份的核心竞争战略是发挥自然环境优势、塑造多元化和个性化品牌、培育高端人才。主要经营战略是精准定位营销方案，主导产品稳健提价，抢抓消费升级机遇，坚守品牌成长周期规律，创新执行各项策略，推动市场发展。

8.4 中国白酒发展战略趋势分析

8.4.1 区域发展战略趋势

2020 年，受新冠肺炎疫情的影响，国内经济下行压力进一步加大，但稳中向好、长期向好的基本面和基本趋势没有改变。白酒行业产能仍然过剩，挤压式增长的竞争格局将长期存在。白酒行业仍处于结构性繁荣为特征的新一轮增长的生长周期，高端白酒将继续引领行业结构性增长，行业进一步向优势品牌、优势企业、优势产区集中。在白酒行业由高速度增长迈向高质量发展的新阶段下，行业主要呈现以下三个发展趋势。一是品质至上。在居民收入提高和消费持续升级背景下，以名优白酒为代表的品质消费，更加契合消费者日益增长的美好生活需要。二是分化加剧。市场竞争逐步进入挤压式增长和结构性繁荣新常态，大酒企、名优品牌市场竞争优势更加明显。三是集中度提升。行业市场份额将加速向优势品牌、优势产能和优势产区集中，行业结构不断升级，整体格局不断优化，行业内外整合活动日趋频繁。未来白酒区域发展应注意以下几个方面。第一，未来区域发展战略应根据各区域的地理环境优势和白酒发展水平，积极践行供给侧结构性改革，积极响应国家"万众创新"的号召，注重创新。第二，严格监管各白酒企业的日常活动，监督和规范企业行为，保证国民安全。第三，借鉴华北区域和东北区域的发展战略，可将各区域的优势产业与白酒产业相结合，力求各产业互帮互助，协调发展。第四，注重各区域的白酒品质发展战略。只有各区域白酒企业注重高质量发展，我国白酒行业才能实现高速度、高质量发展。第五，各区域注重人才培养战略。一个良好的人才培养环境是每个区域都需要建立的，各区域要保护人才，重视人才培养工作，同时积极引进优秀人才。第六，营销战略也是白酒企业发展的重要一环。各区域政府可举办宣传活动，助力宣传和提升区域内白酒的品牌知名度。

8.4.2　公司发展战略趋势

（1）注重营销战略

①充分发挥大数据的作用

在大数据快速发展的背景下，电子商务的发展借助大数据高效率的数据采集处理分析能力，将电子商务的价值创造推向新的高峰。以往被认为无用的数据，经由一定的处理分析与利用，往往会给企业带来意想不到的效益，为电子商务提供更加准确实时的消费需求信息，进而更准确地为企业制定出适合的发展方向。多数白酒上市企业都属于"老字号"。"老字号"不能变的是内涵，必须变的是经营理念、服务形式。海天酱油就是通过京东大数据分析手段，实现老字号品牌转型的受益者。海天通过京东了解了更多的消费需求：以产品开发为例，通过对京东大数据的分析，掌握了电商用户的消费画像，陆续开发京东专供装，能在保持高端品质的同时，深度挖掘消费者的消费习惯，让产品更符合消费者的需求。根据相应的消费人群开展精准投放，收集用户的反馈和态度，再开展进一步的推广，使得产品策略更加有效。

②瞄准年轻消费者市场

年轻消费者已成为当前白酒行业的新兴消费群体，未来或将进一步成为白酒的主流消费群体。但长期以来白酒行业始终缺乏定位清晰的年轻时尚白酒产品，出现年轻消费群体断层的现象。我国酒企进军年轻消费市场做了各种尝试。例如国内众多白酒酒企推出的小包装、价格相对亲民的"小酒"，贵州茅台的"茅台小酒"、泸州老窖的"泸小二"、五粮液"干一杯"等均属于类似"小酒"的产品。为了获得年轻消费者的青睐，小酒在营销渠道上也做出了巨大改变。在抖音App短视频平台上，出现了多款小酒产品，并获得了非常多的关注。同时，小酒在包装设计上也增加了很多时尚因素。比如，250ml 的 42度一担粮小逗号二锅头，采用棕色瓶身加时尚酒标；牛栏山珍品陈酿20 年瓶身则以金色为主，不同颜色的瓶盖和商标分别对应"自嗨一下""逆袭一下""温暖一下"等流行用语。

京东通过 C2M 模式以及大数据分析发现，年轻消费者更加倾向于选择自身参与的品牌产品。以王茅酒为代表的京东 C2M 反向定制模式就是实现"有质量增长"的"新动能"：京东由消费端需求出发，帮助王茅酒反推产品设计、物料备货、产能投放和产品流通等环节，从而让王茅酒与消费者的"沟通"更加精准。贵州茅台和京东战略合作首发的王茅珍藏版，首发当天 2 万瓶顷刻销售一空。这个典型的 C2M 反向定制案例也反映了 C2M 模式的商业本源。有专家认为，C2M 模式去除了烦冗的中间环节，让消费者的需求与企业直接对接，从而实现按需定制，是未来发展的趋势。

（2）加强白酒品牌核心竞争力

白酒品牌核心竞争力是一个企业抢夺市场资源的重要方式，企业制定发展战略应注重企业白酒品牌核心竞争力的建设。积极整合企业内外部的优势资源，挖掘企业内部所有资源的内在价值，对资源进行整合。把企业文化渗透到企业管理中，把企业战略融入产品生产实践中，从而提升企业的整体实力。着力发展企业中高端白酒产品，进一步提升企业品牌知名度，提升品牌竞争力。所以各企业应该尽其所能地建立其独有白酒品牌，对于有实力和基础的企业可尽量发展中高端白酒产品。目前人们消费水平在不断提高，对中高端白酒产品的需求也在不断增加。加强企业白酒品牌文化传播，加大品牌宣传力度，提升白酒品牌美誉度。四川白酒品牌的稳固地位离不开各大酒企的前期宣传，如五粮液在抗震救灾时捐款、捐物资活动等。这不仅是企业承担社会责任的体现，也是企业文化的体现，同时还提升了企业的美誉度。

（3）加大企业技术创新力度

技术创新是实现白酒产业结构调整和转型升级的重要手段。面对日益进步的技术环境，企业要加强现有技术的创新，创造市场机会，提高市场占有率。具体可以从以下几个方面着手。

第一，继承和发扬传统技术。我国白酒酿造历史悠久，积累了数千年的丰富经验，凝聚了数代人的聪明智慧。随着科学技术的进步，把这些传统经验加以科学的分析和适当的组合，可能产生更大效益。企业应该理性思考，将白酒传统技术加以继承和一定程度的组合创新，创造符合自身发展的独特技术。

第二，提高白酒酿造技术。白酒酿造是一个复杂的生化过程，它是多菌种混合发酵的典型。例如四川白酒的专利技术不少，在酒类的巴氏灭菌、杀菌、保藏、纯化、澄清、陈酿等化学加工方面以及探究白酒中化合物的活性方面有不少成果。但是现代生物技术突飞猛进，各企业应当抓住机会，合理利用生物技术，加强微生物的研究和利用，创新白酒酿造技术。

第三，进一步发挥勾兑技术作用。勾兑技术是一项新发展的工艺技术，经过10多年的技术和理论发展，在提高酒质和开发新品种方面发挥了重要作用。在白酒酿造过程当中，可以利用勾兑技术进行固液的巧妙结合，以提高白酒品质、增加产品效益。此外，它还可以与现有技术改革相结合，以提高白酒正品率、开发新型酒种。

第四，努力提高贮存技术。各酒企应该继续保持专利技术的申请，尤其在白酒的贮存或运输这一方面多加研究。除了生产技术之外，白酒的贮存运输技术也是至关重要的。在注重白酒酿造技术的同时，也要注重贮存技术的创新和优化。

（4）积极营造人才培养环境

企业发展重要的影响因素是人才。人的智慧是无穷的，善于开发和利用智慧更能为企业创造无尽的财富。天生的人才不多，多的是后期不断学习和培养的人才。企业鼓励和支持员工学习有关酒类的知识或管理知识，可制订员工培训计划，鼓励员工之间多交流学习心得，互相学习，共同进步。此外，多创造优秀人才施展才能的机会，为其提供舞台。企业要明确人才需求，通过对优秀人才的多方面考量后，可组建一批有学识、有胆识的专家团队，为企业的发展出谋划策，进一步推动白酒产业的持续发展。

参考文献

〔韩〕W. 钱·金、〔美〕勒妮·莫博涅：《蓝海战略》，吉宓译，商务印书馆，2005。

〔加〕明茨伯格：《战略历程》，魏江译，机械工业出版社，2012。

〔美〕迈克尔·波特：《竞争战略》，陈小悦译，华夏出版社，1997。

安烨、钟廷勇：《股权集中度、股权制衡与公司绩效关联性研究——基于中国制造业上市公司的实证分析》，《东北师范大学学报》（哲学社会科学版）2011年第6期。

白桦：《机构投资者对上市公司现金股利的影响研究》，《财会通讯》2018年第29期。

毕秀玲、薛岩：《我国内部审计质量控制问题及对策研究》，《审计研究》2005年第3期。

卞琳琳、程立：《股权结构、实际控制人与企业战略实施风险——基于五粮液、南京新百、万科的案例研究》，《财会月刊》2016年第28期。

曹西茜：《交叉上市、股权结构与经营绩效相关性研究》，《合作经济与科技》2012年第4期。

曹晓芳、高锦萍、周慧琴：《财务重述财务重述、投资者信任及其影响研究》，《财会研究》2016年第4期。

曾湘红：《公司治理中内部审计的职责和定位》，《中国内部审计》2007年第8期。

曾祥凤：《我国白酒产业战略转型路径研究》，《四川理工学院学报》

（社会科学版）2017 年第 1 期。

常雅娴：《高管薪酬激励对企业绩效的影响研究》，《经济研究导刊》
2018 年第 34 期。

陈德萍、陈永圣：《股权集中度、股权制衡度与公司绩效关系研究：
2007～2009 年中小企业板块的实证检验》，《会计研究》2011 年
第 1 期。

陈冬梅：《基于风险管理的企业内部控制研究》，硕士学位论文，河北
科技师范学院，2015。

陈海山：《所有权、控制权的结构安排与公司业绩——来自中国上市
公司的经验证据》，硕士学位论文，东北财经大学，2015。

陈海声、梁喜：《投资者法律保护、两权分离与资金占用——来自中
国 2006 年度公司法调整前后的并购公司数据》，《南开管理评论》
2010 年第 5 期。

陈红、杨鑫瑶、王国磊：《上市公司终极控制权与大股东利益侵占行
为研究——基于中国 A 股市场的经验数据》，《当代经济研究》
2013 年第 8 期。

陈礼清：《政府管制与国有上市公司高管薪酬契约有效性研究——基
于薪酬 - 业绩敏感性视角》，《中国物价》2019 年第 10 期。

陈凌云、李弢：《中国证券市场年报补丁公司特征研究》，《证券市场
导报》2006 年第 2 期。

陈明利、伍旭川、梅世云：《企业投资效率、公司治理与公司价值——
基于机构投资者参与视角》，《企业经济》2018 年第 3 期。

陈文新：《企业内部控制有效性与财务风险相关性分析——基于 2011
年酒类上市公司的研究》，《财会通讯》2013 年第 23 期。

陈鑫余：《非正式制度下五粮液制度研究》，硕士学位论文，西南交通
大学，2014。

陈廖：《血宁哲股权结构成因及其影响的案例研究》，硕士学位论文，
北京交通大学，2007。

陈莹、林斌、何漪漪、林东杰：《内部审计、治理机制互动与公司价

值——基于上市公司问卷调查数据的研究》,《审计研究》2016 第 1 期。

陈振翔:《中国白酒价值和机遇何在?》,《华夏酒报》2020 年 11 月 10 日, 第 A08 版。

程静:《基于竞争情报的安徽白酒产业发展战略研究》, 硕士学位论文, 福建师范大学, 2019。

程铁辕:《基于白酒上市公司探析白酒行业的未来发展趋势》,《酿酒科技》2019 年第 4 期。

程艳娜:《酒类行业上市公司内部控制分析》,《中国管理信息化》2017 年第 20 期。

程仲鸣、夏新平、余明桂:《政府干预、金字塔结构与地方国有上市公司投资》,《经济研究》2008 年第 9 期。

崔明深:《企业内部审计现状与思考》,《中国民商》2018 年第 11 期。

戴嘉贺、刘可:《机构投资者持股与公司治理间关系的实证研究——基于代理成本视角》,《技术经济》2013 年第 7 期。

戴经斌、沈星元:《迪博内部控制指数的信息含量研究》,《会计之友》2014 年第 31 期。

邓伟锋:《股权结构与公司治理》,《财会学习》2017 年第 5 期。

杜野:《贵州茅台股份公司资本结构优化研究》, 硕士学位论文, 吉林大学, 2016。

杜勇、刘龙峰、鄢波:《机构投资者增持、高管激励与亏损公司未来业绩》,《中央财经大学学报》2018 年第 1 期。

段淑迅:《股权集中度、股权制衡度与公司绩效的关系》, 硕士学位论文, 东北财经大学, 2016。

樊行健、肖光红:《关于企业内部控制本质与概念的理论反思》,《会计研究》2014 年第 5 期。

付瑶、尹涛、陈刚:《股权结构对企业多元化战略及企业价值的影响》,《统计与决策》2020 年第 36 期。

付英娇:《白酒企业销售业务内部审计价值增值研究》, 硕士学位论文，西南政法大学，2019。

傅强、邱建华：《机构投资者对上市公司治理的影响》，《商业研究》2010 年第 2 期。

高明华、马守莉：《独立董事制度与公司绩效关系的实证分析——兼论中国独立董事有效行权的制度环境》，《南开经济研究》2002 年第 2 期。

耿建新、续芹、李跃然：《内部审计部门设立的动机及其效果研究》，《审计研究》2006 年第 1 期。

谷祺、于东智：《公司治理、董事会行为与经营绩效》，《财经问题研究》2001 年第 1 期。

顾问、许纪校：《股权制衡度与公司绩效的关系研究——来自垄断性与竞争性行业的经验证据》，《会计之友》2014 年第 6 期。

郭纪魁：《我国企业内部控制问题研究》，《当代经济》2013 第 6 期。

郭世辉、汤小莉：《民营上市公司股权集中度与公司价值关系研究》，《商业时代》2009 年第 3 期。

韩芳芳：《ZQ 企业的内部控制研究》，硕士学位论文，华南理工大学，2018。

韩慧林、孙国辉：《不同控制环境下高管薪酬对企业绩效的影响》，《经济与管理研究》2014 年第 12 期。

郝云宏、周翼翔：《董事会结构、公司治理与绩效——基于动态内生性视角的经验证据》，《中国工业经济》2010 年第 5 期。

何林、任勇、谢江、崔超：《四川省白酒行业发展现状及绿色发展路径探讨》，《资源节约与环保》2019 年第 3 期。

何勤英、于文超、秦晓丽：《金字塔层级、政府放权与国有企业代理成本》，《经济研究》2017 年第 4 期。

贺建刚、魏明海、刘峰：《利益输送、媒体监督与公司治理：五粮液案例研究》，《管理世界》2008 年第 10 期。

洪昀、李婷婷、姚靠华：《融资融券、终极控制人两权分离与大股东掏空抑制》，《财经理论与实践》2018 年第 4 期。

胡国柳、蒋国洲：《股权结构、公司治理与企业业绩——来自中国上市公司的新证据》，《财贸研究》2004 年第 4 期。

胡勤勤、沈艺峰：《独立外部董事能否提高上市公司的经营业绩》，《世界经济》，2002 年第 7 期。

华修锐：《基于新审计环境下内部审计问题的思考》，《现代商业》2018 年第 11 期。

黄玲姣：《基于信息披露违规的上市公司内部控制缺陷研究》，硕士学位论文，西南财经大学，2019。

霍达：《Z 公司内部控制优化策略研究》，硕士学位论文，黑龙江大学，2018。

贾佩雷、黄阳：《股权结构对上市公司经营绩效的影响——基于 2015～2017 年中小板上市公司数据》，《绍兴文理学院学报》（人文社会科学版）2019 年第 39 期。

姜艳：《白酒企业营销渠道升级转型研究》，《酿酒科技》2020 年第 9 期。

蒋维：《公司治理与公司战略管理的关系研究》，《企业改革与管理》2017 年第 16 期。

蒋玉石、骆婕茹、赵丽娟：《新常态下的中国白酒行业发展趋势及应对策略研究》，《四川理工学院学报》（社会科学版）2015 年第 6 期。

蒋泽芳、陈祖英：《高管薪酬、股权集中度与企业绩效》，《财会通讯》2019 年第 18 期。

金叶淞：《控股股东两权分离对公司财务重述行为影响研究——基于不同法律制度环境的视角》，《财会通讯》2016 年第 36 期。

赖建清、吴世农：《我国上市公司最终控制人的现状研究》，《公司财务研讨会论文集》，2004。

赖建清：《所有权、控制权与公司绩效》，北京大学出版社，2007。

李博、周妍、李子瑶：《辽宁国企高管薪酬激励有效性的实证分析》，《辽宁大学学报》（哲学社会科学版）2019 年第 4 期。

李常青、赖建清：《董事会特征影响公司绩效吗?》，《金融研究》2004

年第 5 期。

李传宪、王茜璐：《机构投资者持股与公司现金股利政策研究》，《统计与决策》2011 年第 24 期。

李大鹏：《我国上市家族企业终极控制权与公司绩效、投融资决策的实证研究》，博士学位论文，重庆大学，2018。

李庚：《混合所有制改革下公司治理重构的效果研究》，硕士学位论文，福州大学，2018。

李昊洋、姚立杰、程小可：《机构投资者调研抑制了公司避税行为吗？——基于信息披露水平中介效应的分析》，《会计研究》2018 年第 9 期。

李江波、赵俐佳：《高级管理层薪酬与公司绩效的实证研究——基于中小企业板公司 2006～2008 年面板数据分析》，《云南财经大学学报》2010 年第 2 期。

李井林、崔文清：《公司股权结构存在动态调整行为吗？——基于中国上市公司的经验证据》，《东北财经大学学报》2021 年第 1 期。

李孔岳：《国有上市公司董事会结构与绩效关系的实证研究》，《河北经贸大学学报》2003 年第 3 期。

李露：《泸州老窖品类竞争策略研究》，硕士学位论文，西南财经大学，2019。

李曼芳：《我国上市公司财务重述动因及经济后果研究——以佳电股份为例》，硕士学位论文，广东财经大学，2019。

李平生、史煜筠：《上市公司第一大股东性质、股权比例与公司绩效关系的实证研究》，《技术经济与管理研究》2006 年第 4 期。

李清、闫世刚：《公司治理对内部控制指数的影响研究》，《吉林大学社会科学学报》2020 年第 6 期。

李若文：《数据环境下的内部审计问题研究》，硕士学位论文，天津财经大学，2016。

李佟：《内控自我评价报告披露质量与公司绩效》，硕士学位论文，首都经济贸易大学，2017。

李维安、孙文:《董事会治理对公司绩效累积效应的实证研究——基于中国上市公司的数据》,《中国工业经济》2007 年第 12 期。

李维安、张耀伟:《上市公司董事会治理与绩效倒 U 形曲线关系研究》,《经济理论与经济管理》2004 年第 8 期。

李维安:《机构投资者与上市公司治理有效性》,《中国金融》2013 年第 22 期。

李希、李捷:《机构投资者与公司绩效关联性的实证研究》,《生产力研究》2011 年第 10 期。

李增泉:《激励机制与企业绩效——一项基于上市公司的实证研究》,《会计研究》2001 年第 1 期。

连紫含、薛云建:《新零售时代江小白酒业营销战略 SWOT 分析》,《现代营销》(经营版)2018 年第 12 期。

廖晨:《企业内部控制问题研究》,《现代物业》(中旬刊)2012 年第 4 期。

刘彬:《董事会治理要素与公司绩效相关性研究——来自制造业的经验证据》,《财会通讯》2016 年第 8 期。

刘峰、贺建刚、魏明海:《控制权、业绩与利益输送——基于五粮液案例》,《中国工商管理评论》2004 年第 8 期。

刘浩:《金字塔层级、企业社会责任信息披露与投资效率的关系研究》,硕士学位论文,黑龙江八一农垦大学,2018。

刘佳芍、孙霈、刘乃全:《终极产权论、股权结构及公司绩效》,《经济研究》2003 年第 4 期。

刘静雅:《两权分离度、所有权性质与财务重述》,硕士学位论文,南京大学,2014。

刘丽梅:《终极控制权、现金流权与公司绩效相关性研究》,《财会通讯》2016 年第 33 期。

罗党论、唐清泉:《金字塔结构、所有制与中小股东利益保护——来自中国上市公司的经验证据》,《财经研究》2008 年第 34 期。

罗烟平:《我国白酒行业的发展趋势》,《科技风》2019 年第 8 期。

马桂芬：《高管薪酬结构、企业社会责任与企业绩效》，《中国注册会计师》2019 年第 11 期。

马秀菁：《终极股权结构与公司绩效关系的实证研究——基于沪市制造业经验数据》，硕士学位论文，江苏大学，2011。

马忠、吴翔宇：《金字塔结构对自愿性信息披露程度的影响：来自家族控股上市公司的经验验证》，《会计研究》2007 年第 1 期。

毛世平、吴敬学：《金字塔结构控制与公司价值——来自中国资本市场的经验证据》，《经济管理》2008 年第 14 期。

毛志宏、荣华：《上市公司财务报告重述的经济后果研究》，《当代经济研究》2010 年第 10 期。

梅洁、张明泽：《基金主导了机构投资者对上市公司盈余管理的治理作用?》，《会计研究》2016 年第 4 期。

潘晗璇：《浅析白酒行业 OPM 战略模式——以贵州茅台为例》，《会计师》2019 年第 15 期。

彭珏、郑开放、卢介然：《基金持股与现金股利水平的相关性研究——基于公司治理视角的经验证据》，《中央财经大学学报》2013 年第 7 期。

钱佩茹：《五粮液集团内部控制现状分析》，《广西质量监督导报》2020 年第 6 期。

秦斐、葛玉辉：《混合所有制企业股权制衡度、高管团队特征与企业绩效》，《经济研究导刊》2020 年第 15 期。

冉茂盛、李文洲：《终极控制人的两权分离、债务融资与资金侵占——基于家族上市公司的样本分析》，《管理评论》2015 年第 6 期。

冉敏、都兰军：《基于商业生态系统视角的四川白酒行业调整战略研究》，《商》2015 年第 44 期。

任丹丹：《董事会特征对公司绩效影响的研究》，硕士学位论文，山东师范大学，2020。

任广乾、周雪娅、石晓倩：《国有控股、高管薪酬与企业业绩》，《郑州大学学报》（哲学社会科学版）2019 第 4 期。

申璐：《机构投资者对上市公司绩效的影响——基于 A－H 股的自然实验》，《金融论坛》2015 年第 9 期。

沈鹏飞：《内部审计风险控制研究》，硕士学位论文，宁夏大学，2017。

施东辉：《股权结构、公司治理与绩效表现》，《世界经济》2000 年第 12 期。

石美娟、童伟华：《机构投资者提升公司价值吗？——来自后股改时期的经验证据》，《金融研究》2009 年第 10 期。

宋书玉：《产业政策调整为产业调整带来更大挑战》，《华夏酒报》2020 年 5 月 12 日，第 A02 版。

宋勇：《企业股权结构与企业价值》，硕士学位论文，清华大学，2011。

苏坤：《国有金字塔层级对公司风险承担的影响——基于政府控制级别差异的分析》，《中国工业经济》2016 年第 6 期。

孙华：《上市公司机构投资者与现金红利研究》，《财会通讯》2014 年第 33 期。

孙锴泽：《我国创业板上市公司股权集中度与公司价值——兼论高管持股的调节作用》，《商业会计》2020 年第 2 期。

孙永祥、黄祖辉：《上市公司的股权结构与绩效》，《经济研究》1999 年第 12 期。

唐俊：《今世缘酒业公司内部审计作为大成效好》，《中国内部审计》2012 年第 6 期。

唐跃军、宋渊洋：《价值选择 VS. 价值创造——来自中国市场机构投资者的证据》，《经济学》（季刊）2010 年第 2 期。

陶启智、李亮、李子扬：《机构投资者是否偏好现金股利——来自 2005—2013 年的经验证据》，《财经科学》2014 年第 12 期。

田楠楠：《我国上市公司财务重述问题研究》，硕士学位论文，长安大学，2017。

童明荣、王宗军、王山慧：《机构投资者持股对上市公司绩效影响实证研究——以浙江省制造业为例》，《财会通讯》2018 年第 29 期。

汪茜：《第二大股东、现金分红与公司价值》，《财会通讯》2019 年第

33 期。

汪玉兰、易朝辉:《投资组合的权重重要吗?——基于机构投资者对
　　盈余管理治理效应的实证研究》,《会计研究》2017 年第 5 期。

王冬:《董事会特征、企业层级与 EVA 绩效研究》,硕士学位论文,
　　江西财经大学,2019。

王金雨、吴雨琦、穆妮热·赛麦提、刘春:《贵州茅台 SWOT 分析》,
　　《科技视界》2020 年第 4 期。

王婧伊:《我国企业内部审计发展中的问题与应对策略》,《中外企业
　　家》2016 年第 3 期。

王坤:《论中高端白酒的发展趋势》,《华夏酒报》,2018 年 6 月 12 日,
　　第 A12 版。

王满四、邵国良:《广东中小民营企业融资渠道状况与特征实证分析》,
　　《工业技术经济》2007 年第 7 期。

王鹏、周黎安:《控股股东的控制权、所有权与公司绩效:基于中国
　　上市公司的证据》,《金融研究》2006 年第 2 期。

王平平:《新常态下 GT 酒业发展面临的困境及破解的策略选择》,硕
　　士学位论文,西南大学,2020。

王希胜:《终极控制人、负债融资与公司绩效》,博士学位论文,南京
　　航空航天大学,2016。

王希为、白嘉、张硕:《股权集中度、股权制衡度与企业绩效——基
　　于物流上市企业 2009～2018 年的实证检验》,《西安建筑科技大学
　　学报》(社会科学版) 2020 年第 39 期。

王霞、张为国:《财务重述与独立审计质量》,《审计研究》2005 年第
　　3 期。

王晓洋:《金字塔层级对资金占用和公司绩效影响的研究——基于公
　　司治理视角》,硕士学位论文,苏州大学,2015。

王雪梅:《终极控股权、控制层级与资本成本》,博士学位论文,首都
　　经济贸易大学,2014。

王延平、刘欣然:《股权问题与我国上市公司治理效率》,《市场周刊》

2020 年第 13 期。

王耀：《把握时代机遇，引领中国消费新趋势》，《美食》2020 年第 12 期。

王艺璇：《内部审计价值增值功能探究》，《商业会计》2018 年第 3 期。

王永海、王铁林、李青原：《机构投资者参与公司治理积极性的分析》，《南开管理评论》2007 年第 10 期。

王跃堂、赵子夜、魏晓雁：《董事会的独立性是否影响公司绩效？》，《经济研究》2006 年第 5 期。

魏刚：《高级管理层激励与上市公司经营绩效》，《经济研究》2000 年第 5 期。

魏志华、李常青、王毅辉：《中国上市公司年报重述公告效应研究》，《会计研究》2009 年第 8 期。

温彩璇、李晓鹏：《上市公司股权结构对企业价值的影响实证分析》，《合作经济与科技》2017 年第 6 期。

翁洪波、吴世农：《机构投资者、公司治理与上市公司股利政策》，《中国会计评论》2007 年第 3 期。

吴国鼎：《两权分离与企业价值：支持效应还是掏空效应》，《中央财经大学学报》2019 年第 9 期。

吴艳：《公司战略对公司治理影响公司价值的中介效应研究》，硕士学位论文，湖南大学，2015。

吴宗法、张英丽：《基于法律环境和两权分离的利益侵占研究——来自中国民营上市公司的经验研究》，《审计与经济研究》2012 年第 1 期。

夏冬林、朱松：《金字塔层级与上市公司业绩》，《管理学》2008 年第 2 期。

向锐、冯建：《董事会特征与公司经营绩效的关系——基于中国民营上市公司的经验证据》，《财经科学》2008 年第 11 期。

肖淑芳、刘颖、刘洋：《股票期权实施中经理人盈余管理行为研究——行权业绩考核指标设置角度》，《会计研究》2013 年第 12 期。

谢德明、李朝晖、丁焕强：《金字塔结构下两权分离损害企业绩效吗？——基于民营化后上市公司经济效果的实证研究》，《现代管理科学》2010 年第 12 期。

谢军：《第一大股东、股权集中度和公司绩效》，《经济评论》2006 年第 1 期。

信恒占：《机构投资者异质性、持股持续期与公司业绩》，《山西财经大学学报》2017 年第 4 期。

徐二明、王智慧：《我国上市公司治理结构与战略绩效的相关性研究》，《南开管理评论》2000 年第 4 期。

徐琳、林志军、刘衍：《机构投资者持股、异质性与互联网公司的企业绩效——基于与制造业的比较研究》，《财会通讯》2019 年第 6 期。

徐晓东、陈小悦：《第一大股东对公司治理、企业业绩的影响分析》，《经济研究》2003 年第 2 期。

徐岩：《坚定信心 抢抓机遇 久久为功 创新发展》，《河南日报》2020 年 8 月 6 日，第 012 版。

许懿强：《哈佛框架下泸州老窖公司的财务分析》，硕士学位论文，电子科技大学，2020。

严宇立：《酒类行业上市公司内部控制研究》，硕士学位论文，北京交通大学，2016。

杨宝、袁天荣：《机构投资者介入、代理问题与公司分红》，《山西财经大学学报》2014 年第 6 期。

杨晨：《关于股权结构与企业价值关系的实证分析》，《德州学院学报》2017 年第 33 期。

杨帆：《上市公司内部控制——股权制衡对内部控制有效性的影响研究》，《中外企业家》2016 年第 10 期。

杨海燕：《机构投资者持股稳定性对代理成本的影响》，《证券市场导报》2013 年第 9 期。

杨合力、周立、王博：《公司治理、机构投资者与企业绩效——来自中国上市公司的经验证据》，《财政研究》2012 年第 8 期。

杨敬科：《银基集团发展战略研究》，硕士学位论文，厦门大学，2018。

杨静：《酒鬼酒股份有限公司内部控制环境问题研究》，硕士学位论文，河北经贸大学，2016。

杨梅：《我国上市公司股权结构和公司绩效的实证研究》，《宜春学院学报》2015 年第 37 期。

杨清香、俞麟、宋丽：《内部控制信息披露与市场反应研究——来自中国沪市上市公司的经验证据》，《南开管理评论》2012 年第 1 期。

姚博文、李佳钰：《内部审计存在的问题及政策探究》，《商》2015 年第 47 期。

姚媛：《上市公司现金流管理内部控制研究》，硕士学位论文，安徽财经大学，2017。

叶红雨、王勋：《高新技术上市企业高管激励对企业绩效影响的实证研究——基于研发投入的中介作用》，《技术与创新管理》2017 年第 5 期。

叶江山：《品牌创新的经营哲学——五粮液品牌战略分析》，《财经科学》2003 年第 S1 期。

叶淞文：《控股股东两权分离对公司财务重述行为影响研究——基于不同法律制度环境的视角》，《财会通讯》2016 年第 36 期。

于东智、王化成：《独立董事与公司治理：理论、经验与实践》，《会计研究》2003 年第 8 期。

于东智：《董事会行为、治理效率与公司绩效——基于中国上市公司的实证分析》，《管理世界》2001 年第 2 期。

于文领、张力派、王静静：《股权集中度、股权制衡度与融资约束——来自 2013~2017 年中国房地产业 102 家上市公司的经验证据》，《河北经贸大学学报》2020 年第 41 期。

于翔：《ZC 公司内部审计改善研究》，硕士学位论文，青岛科技大学，2020。

余澳：《民营上市公司股权结构与公司治理研究》，四川大学出版社，2014。

余仙梅、毕进杰：《江小白的情感营销对我国白酒行业发展的启示》，《商业经济》2018 年第 10 期。

袁奋强、陶蕾花：《机构投资者介入与公司现金股利支付——基于融资约束视角》，《财会月刊》2018 年第 24 期。

张东宁、马昭：《终极控制权、现金流权与公司财务绩效——基于国有控股上市公司的经验证据》，《辽宁工程技术大学学报》2011 年第 1 期。

张格：《上市公司内部控制缺陷对财务舞弊的影响分析——基于华锐风电案例》，《产业与科技论坛》，2016 年第 20 期。

张光荣、曾勇：《股权制衡可以改善公司治理吗——基于公平与效率视角的实证检验》，《系统工程》2008 年第 8 期。

张红军：《中国上市公司股权结构与公司绩效的理论及实证分析》，《经济科学》2000 年第 4 期。

张尚义：《Y 财产保险公司内部控制优化研究》，硕士学位论文，山东财经大学，2018。

张硕：《股权集中度、股权制衡度与公司绩效关系研究》，《中国集体经济》2020 年第 32 期。

张松：《白酒行业上市公司股权结构与经营绩效相关性的实证研究》，《经济师》2013 年第 4 期。

张晓玫：《关于股权结构与公司治理结构的探讨》，《中国经贸》2017 年第 7 期。

张新宇：《JYC 酒业公司竞争战略研究》，硕士学位论文，青岛大学，2020。

张鑫：《媒介环境调节作用下终极所有权结构对财务重述影响研究》，硕士学位论文，燕山大学，2017。

张宜霞：《企业内部控制的范围、性质与概念体系——基于系统和整体效率视角的研究》，《会计研究》2007 年第 7 期。

赵瑞龙：《XY公司内部控制优化案例研究》，硕士学位论文，中国财政科学研究院，2018。

赵世芳、张宇：《基于泸州老窖存款失踪探讨企业内部控制与风险管理》，《商场现代化》2015年第16期。

赵艳：《国内白酒市场现状及质量研究存在问题探讨》，《食品安全导刊》2020年第33期。

赵英林、王秋霞：《我国上市公司高派现行为探析》，《山东财经学院学报》（社会科学版）2007年第2期。

甄红线、王谨乐：《机构投资者能够缓解融资约束吗？基于现金价值的视角》，《会计研究》2016年第12期。

郑国栋、周丹、谢春晖：《董事会特征与公司绩效的相关性研究》，《商业经济》2009年第7期。

郑倩嫣：《五粮液SWOT分析》，《商场现代化》2007年第14期。

郑伟、徐萌萌、戚广武：《内部审计质量与控制活动有效性研究——基于内部审计与内部控制的耦合关系及沪市上市公司经验证据》，《审计研究》2014年第6期。

周建、袁德利、薛楠、金媛媛：《市场化进程与董事会治理对公司绩效的联合影响——基于中国A股市场的经验证据》，《数理统计与管理》2014年第33期。

周静、辛清泉：《金字塔层级降低了国有企业的政治成本吗？——基于经理激励视角的研究》，《财经研究》2017年第1期。

周黎晨、尹波、刘梅芬：《白酒上市公司内部控制自我评价报告研究——基于泸州老窖股份有限公司的数据分析》，《酿酒科技》2018年第1期。

周晓东：《终极控制权、现金流量权分离与公司绩效关系研究——基于我国民营上市公司的研究》，《天津商业大学学报》2019年第5期。

周泽飞：《董事会特征、外资参股对银行经营绩效影响的研究》，硕士学位论文，安徽财经大学，2020。

朱健、朱文博:《企业高管人员薪酬与企业绩效的关系——基于我国 a
　　股制造业上市公司的实证研究》,《湖南财政经济学院学报》2018
　　年第 3 期。

朱明秀:《我国上市公司股权结构与股利政策关系的实证研究》,《审
　　计与经济研究》2005 年第 3 期。

朱幸平:《我国上市公司股权结构与公司价值关系的实证研究》,《经
　　济资料译丛》2016 年第 1 期。

朱雪飞、董怡云:《贵州茅台战略分析》,《中国商论》2015 年第
　　29 期。

Aaron Cohen, Gabriel Sayag, "The Effectiveness of Internal Auditing: An
　　Empirical Examination of Its Determinants in Israeli Organizations",
　　Australian Accounting Review 20 (3), 2010.

Adelmeyer, M., Teuteberg, F., "Cloud Computing Architectures for Data
　　Analyses in Auditing Companies", *HMD Praxis der Wirtchaflsinformatik*
　　(5), 2016.

Anderson, Roald, C. Mansi, Sattar A., Reeb, David M. Board Charac-
　　teristics, "Accounting Report Integrity, and the Cost of Debt", *Jour-
　　nal of Accounting&Economics* 37 (3), 2004.

Ashbaugh-Skaife, H., Collins, D. W., Kinney, W. R., "The Discovery
　　and Reporting of Internal Control Deficiencies Prior to SOX-mandated
　　Audits", *Journal of Accounting and Economics* 44 (1 – 2), 2007.

Aspasia Vlachvei, Ourania Notta, "Tsakirianidou Efterpi, Branding Strate-
　　gies in Greek Wine Firms", *Procedia Economics and Finance* 1, 2012.

Attaway, M. C., "A Study of the Relationship between Company Performan-
　　ce and CEO Compensation", *American Business Review* 18 (1), 2000.

Attig, Najah, Wai-Ming Fong, Yoser Gadhoum, Larry H. P. Lang, "Ef-
　　fects of Large Shareholding on Information Asymmetry and Stock Liquid-
　　ity", *Journal of Banking and Financial* 30, 2006.

Biao Xie, N. Wallace, Davidson, J. Peter and Dadalt, "Earnings Management and Corporate Governance: The Role of the Board and the Audit Committee", *Journal of Corporate Finance*, 2003.

Boyd, K. Brian, "Board Control and CEO Compensation", *Strategic Management Journal*, 1994.

Brenda Porter, David Hatherly, Jon Simon, "Principles of External Auditing", *New York: John Wiley & Sons Inc.*, 1996.

Burkhart, D. Gromb, F. Panunzi, "Large Shareholders Monitoring and the Value of the Firm", *Journal of Financial Economics* (112), 1997.

Chen, C. J. P., Jaggi, B., "Association between Independent non-Executive Directors, Family Control and Financial Disclosures in Hong Kong", *Journal of Accounting & Public Policy* 19 (4 – 5), 2000.

Chung, R., Firth, M., Kim, J. B., "Institutional Monitoring and Opportunistic Earnings Management", *Journal of Corporate Finance* (8), 2002.

Claessens, S., Djankov, S., Lang L. H. P., "The Separation of Ownership and Control in East Asian Corporations", *Journal of Financial Economics* 58 (1), 2000.

Daily, Catherine, M., Dalton, Dan R., "Beard of Director Leadership and Structure: Control and Performance Implication", *Enterpreneurship: Theory and Practive*, 1993.

David Yermack, "Do Corporations Award CEO Stock Options Effectively", *Journal of Financial Economics*, 1995 (39).

Davies, J. R., Hillier, D., Mccolgan, P., "Ownership Structure, Managerial Behavior and Corporate Value", *Journal of Corporate Finance* 11 (4), 2005.

Demsetz, H., Lehn, K., "The Structure of Corporate Ownership: Causes and Consequences", *Journal of Political Economy* 93 (6), 1985.

Dennis, P. J., Strickland, D., "Who Blinks in Volatile Markets, Individuals or Institutions?", *The Journal of Finance* 57 (5), 2002.

Desai, H., Hogan, C., Eland Wilkins S., "The Reputational Penalty for Aggressive Accounting: Earnings Restatements and Management Turnover", *The Accounting Review* 81 (1), 2008, pp. 83 – 112.

Dong-yan, M., Cong S., "Related Test of Executive Compensation, Equity Incentive and Corporate Performance", *Scientific Decision Making*, 2010.

Eric Helland, Michael Dykuta, "Who is Monitoring the Monitor? Do Outside Director Protect Shareholders' Interests?", *The Financial Review*, 2005.

Fama, E., M. C. Jensen, "Agency Problem and Residual Claims", *Journal of Law and Economic*, 1983.

Fama, Eugene, Michael Jensen, "Separation of Ownership and Control", *Journal of Law and Economics* (26), 1983.

Fan, Joseph P. H., T. J. Wong, "Corporate Ownership Structure and the Informativeness of Accounting Earnings in East Asia", *Journal of Accounting and Economic* 57, 2002.

Francesco Cappa, Raffaele Oriani, Michele Pinelli, Alfredo De Massis., "When does Crowdsourcing Benefit Firm Stock Market Performance?", *Research Policy* 48 (9), 2019.

Georgeta, V., Stefan, C. G., "Does Ownership Structure Influence Firm Value? An Empirical Research towards the Bucharest Stock Exchange Listed Companies", *International Journal of Economics and Financial Issues* 5 (2), 2015.

Giorgio Brunello, Clara Graziano, Bruno Parigi, "Executive Compensation and Firm Performance in Italy", *International Journal of Industrial Organization* 19 (1), 2001.

Grossman, S. J, Hart, O. D., "Takeover Bids, the Free-Rider Problem and the Theory of Corporate Prenatal Sex Determination and Sex-Selective Abortion in Rural Central China", *Bell Journal of Economics* 11,

1980.

Hans-Ulrich Westhausen, "The Escalating Relevance of Internal Auditing as Anti-Fraud Control", *Journal of Financial Crime* 24 (2), 2017.

Hilli, A., Laussel, D., Long, N. V., "Large Shareholders, Monitoring and Dynamics: Toward Pure Managerial", *Journal of Economic Dynamics and Control* (37), 2013.

Hribar Jenkins, N. T., "The Effect of Accounting Restatements on Earnings Revisions and the Estimated Cost of Capital", *Review of Accounting Studies* 9 (2/3), 2004.

Jalil Bagheri, "Overlaps between Human Resources' Strategic Planning and Strategic Management Tools in Public Organizations", *Procedia-Social and Behavioral Sciences*, 2016.

Jennifer Francis, Katherine Schipper, Linda Vincent, "Earnings and Dividend in Formativeness When Cash Flow Rights are Separated from Voting Rights", *Journal of Accounting and Economics* 39 (2), 2005.

Jensen, M., "The Modern Industrial Revolution, Exit and the Failure of Internal Control Systems", *Journal of Finance*, 1993.

Jensen, M. C., Meckling, W. H., "Theory of the Firm: Managerial Behavior, Agency Costs and Ownership Structure", *Journal of Financial Economics*, 1976 (3).

Jespersen, A. H., "Internal Audits of Psycholocial Risks at Workplaces with Certified OHS Management Systems", *Safety Science*, 2016.

Joh, "An Examination of the Relationship of Governance Mechanisms to Performance", *Journal of Management* 27, 2003, pp. 23 – 50.

John Pound, "The Foreground of Governed Corporation", *Harvard Business Review*, 1995.

Johnson, S. R., LaPorta, F. Lopez-de-Silanes, A. Shleifer, "Tunneling", *American Economic Review Papers and Proceedings* (5), 2000.

Juan Ramón Ferrer Lorenzo, María Teresa Maza Rubio, Silvia Abella Garcés, "The Competitive Advantage in Business, Capabilities and Strategy. What General Performance Factors are Found in the Spanish Wine Industry? ", *Wine Economics and Policy* 7 (02), 2018.

Kapopoulos, P., Lazaretou, S., "Corporate Ownership Structure and Firm Performance: Evidence from Greek Firms", *Corporate Governance an International Review* (5), 2007.

Kaserer, C., Moldenhauer, B., "Insider Ownership and Corporate Performance: Evidence from Germany", *Review of Managerial Science* 2 (1), 2015.

Kinney, W., "Auditing Risk Assessment and Risk Management Procedures Auditing", *The Institute of Internal Auditor Research Foundation* 27 (2), 2003.

Krishna Udayasankar, "The Foundations of Governance Theory: A Case for the Resource-Dependence Perspective", *Corporate Ownership & Control* 5, 2008.

Kryzanowski, L., Zhang, Y., "Financial Restatements by Canadian Firms Cross-Listed and Not Cross-Listed in the U. S. ", *Journal of Multinational Financial Management* 23 (23), 2013, pp. 74 – 96.

La Porta, R., Lopez-de-Silanes, F., Shleifer, A., et al., "Corporate Ownership around the World", *Journal of Finance*, 1999.

La Porta, R., Lopez-de-Silanes, F., Shleifer A., et al., "Investor Protection and Corporate Valuation", *Journal of Finance*, 2002.

Lenning, J., Gremyr, I., "Making Internal Audits Business-Relevant", *Total Quality Management & Business Excellence* (28), 2017.

Lins, K., H. Servaes, "Is Corporate Diversification Beneficial in Emerging Markets", *Financial Management* 31, 2002, pp. 5 – 31.

Lourdno Ferreira White, "Executive Compensation and Divided Policy", *Journal of Corporate Finance* (2), 1996.

Lucia Irene Bailetti, Cristina Santini, Stefania Supino, "6 – Sensory Sciences and Competitiveness in the Wine Business", *Woodhead Publishing*, 2019.

Maksim, A. Storchevoi, "The Theory of the Firm and Strategic Management", *Problems of Economic Transition* 57 (9), 2015.

Manyika, J., Brown, B., "The Next Frontier for Competition and Projectivity", *Big Data*, 2012.

Margherita Stupino, Elisa Giacosa, Massimo Pollifroni, "6 – Tradition and Innovation Within the Wine Sector: How a Strong Combination Could Increase the Company's Competitive Advantage", *Woodhead Publishing*, 2019.

Marianna Makri, Peter J. Lane, Luis R. Gomez-Mejia, "CEO Incentives, Innovation, and Performance in Technology-Intensive Firms: a Reconciliation of Outcome and Behavior-Based Incentive Schemes", *Strategic Management Journal* 27 (11), 2006.

Mcconnell, J. J., Servaes, H., "Additional Evidence on Equity Ownership and Corporate Value", *Journal of Financial Economics* 27 (2), 1990.

Michael, R. King, Eric Santor, "Family Values: Ownership Structure, Performance and Capital Structure of Canadian Firm", *Journal of Banking and Finance* 11, 2008.

Michael, C. Jensen, William, H. Meckling, "Theory of the Firm: Managerial Behavior, Agency Costs and Ownership Structure", *Journal of Financial Economics* 3, 1976.

Morck, R., Shleifer, A., Vishny, R. W., "Management Ownership and Market Valuation: An Empirical Analysis", *Journal of Financial Economics* 20 (88), 1988.

Nikos Vafeas, "Board Meeting Frequency and Firm Performance", *Journal of Financial Economics*, 1999.

Palmrose, Z. V., S. Scholz, "The Circumstances and Legal Consequences of non-GAAP Reporting: Evidence from Restatements", *Contemporary*

Accounting Research 21, 2004.

Shleifer, A., Vishny R. W., "Large Shareholders and Corporate Control", *Journal of Political Economy* (3), 1986.

Silvio Menghini, "The New Market Challenges and the Strategies of the Wine Companies", *Wine Economics and Policy* 4 (2), 2015.

Subba Reddy Yarram, John Rice, "Executive Compensation among Australian Mining and non-Mining Firms: Risk Taking, Long and Short-term Incentives", *Economic Modelling* (64), 2017.

Tianshu Zhang, "The Separation of Cash-Flow Rights and Control Rights: Corporate Governance", *Firm Value and Divided Payout*, 2015.

Tirole Jean, "Corporate Governance", *Economic*, 2001.

Tom Atkin, Damien Wilson, Liz Thach, Janeen Olsen, "Analyzing the Impact of Conjunctive Labeling as Part of a Regional Wine Branding Strategy", *Wine Economics and Policy* 6 (02), 2017.

Tommie Singleton, "Managing the Most Critical Internet Security Vulnerabilities: One Effective Approach", *EDPACS* 30 (2), 2002.

Torben, P., Steen, T., "Ownership Structure and Value of the Largest European Firms, the Importance of Owner Identity", *Management and Governance* (7), 2003.

U. S. General Accounting Office, "Financial Statement Restatements: Trends, Market Impacts, Regulatory Responses and Remaining Challenges", *Washington* D. C., 2002.

William, K., "Research Opportunities in Internal Control Quality and Quality Assurance", *Auditing: A Journal of Practice and Theory* 19 (1), 2000.

Wiwattanakantang Y., "Controlling Shareholders and Corporate Value: Evidence from Thailand", *Pacific-Basin Finance Journal* 9 (4), 2001, pp. 323 - 362.

Yan Wendy Wu, "Optimal Executive Compensation: Stock Options or Re-

stricted Stocks", *International Review of Economics and Finance* (20),
2011.

Yermark, D. , "Higher Market Valuation of Companies with a Small Bo-
rard", *Journal of Financial Economic*, 1996.

Yusuf, N. Z. M. , Nor, M. N. M. , Abdullah, S. N. , "Financial Restat-
ements and Corporate Governance among Malaysian Listed Companies",
Managerial Auditing Journal 25 (6), 2010.

图书在版编目（CIP）数据

中国白酒上市公司治理研究／梁利辉，何云著. --
北京：社会科学文献出版社，2021.12
  ISBN 978 - 7 - 5201 - 9517 - 1

  Ⅰ.①中⋯　Ⅱ.①梁⋯②何⋯　Ⅲ.①白酒工业 - 上
市公司 - 工业企业管理 - 研究 - 中国　Ⅳ.①F426.82

  中国版本图书馆 CIP 数据核字（2021）第 258834 号

中国白酒上市公司治理研究

著　　者／梁利辉　何　云

出 版 人／王利民
责任编辑／高　雁
责任印制／王京美

出　　版／社会科学文献出版社·经济与管理分社（010）59367226
　　　　　　地址：北京市北三环中路甲 29 号院华龙大厦　邮编：100029
　　　　　　网址：www. ssap. com. cn
发　　行／市场营销中心（010）59367081　59367083
印　　装／三河市尚艺印装有限公司

规　　格／开　本：787mm × 1092mm　1/16
　　　　　　印　张：15.75　字　数：226 千字
版　　次／2021 年 12 月第 1 版　2021 年 12 月第 1 次印刷
书　　号／ISBN 978 - 7 - 5201 - 9517 - 1
定　　价／148.00 元